Rames Abdelhamid

Das Modula-2 Umsteigerbuch

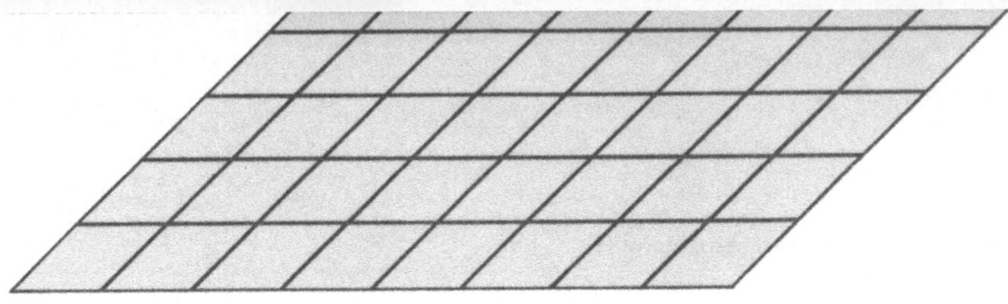

Rames Abdelhamid

DAS MODULA-2 UMSTEIGERBUCH

Von Turbo Pascal
zu TopSpeed Modula-2

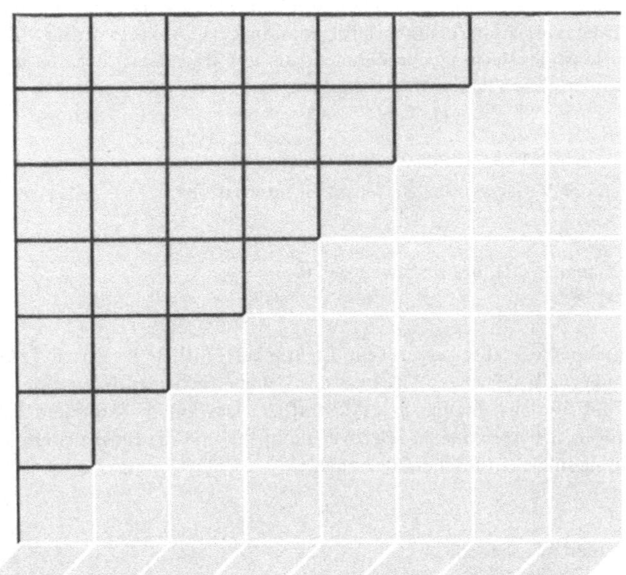

CIP-Titelaufnahme der Deutschen Bibliothek

Abdelhamid, Rames:
Das Modula-2 Umsteigerbuch: von Turbo Pascal
zu TopSpeed Modula-2 / Rames Abdelhamid. –
Braunschweig: Vieweg, 1990

Das in diesem Buch nthaltene Programm-Material ist mit keiner Verpflichtung oder Garantie irgendeiner Art verbunden. Der Autor und der Verlag übernehmen infolgedessen keine Verantwortung und werden keine daraus folgende oder sonstige Haftung übernehmen, die auf irgendeine Art aus der Benutzung dieses Programm-Materials oder Teilen davon entsteht.

Der Verlag Vieweg ist ein Unternehmen der Verlagsgruppe Bertelsmann International.

Umschlaggestaltung: Schrimpf und Partner, Wiesbaden

ISBN-13:978-3-528-04751-1 e-ISBN-13:978-3-322-83809-4
DOI: 10.1007/978-3-322-83809-4

Zu diesem Buch

Für wen ist es gedacht?

Dieses Buch richtet sich an Leser, die bereits Erfahrungen mit Turbo Pascal gemacht haben und nun mit TopSpeed Modula-2 unter MS-DOS arbeiten möchten. Es wird nicht erwartet, daß Sie ein Super-Profi sind. Sie sollten aber auch kein absoluter Anfänger mehr sein und bereits eigene Pascal-Programme geschrieben haben. Was ein Quelltext ist, was eine Prozedur, was eine Variable ist, wird hier nicht mehr erklärt.

Welche Funktion hat es?

Dies ist ein Umsteigerbuch. Es geht darin nicht um einen detaillierten Vergleich von Turbo Pascal und TopSpeed Modula-2. Das Buch soll Ihnen die Sprache Modula-2 nahebringen, den Umstieg von Pascal erleichtern und Sie in die Lage versetzen, Aufgaben und Probleme, die sich in der Praxis häufig stellen, mit TopSpeed Modula-2 zu lösen. Es setzt dabei Ihr Wissen als Pascal-Programmierer voraus. Der Titel des Buches hätte deshalb auch lauten können: "Mit dem Wissen und den Erfahrungen eines Turbo Pascal 3/4/5-Programmierers TopSpeed Modula-2 erlernen und praktisch anwenden". Aber der hätte nicht auf das Cover gepaßt.

Wie ist es aufgebaut?

Im folgenden ersten Kapitel geht es auf wenigen Seiten sehr knapp um einige allgemeine Aspekte von Modula-2.

Um die zweckmäßige Installation und die Bedienung des Compilersystems geht es im zweiten Kapitel. Hier wird auch gezeigt, wie einfache Modula-Programme aufgebaut sind, was beim Schreiben der Quelltexte zu beachten ist, wie sie kompiliert und getestet werden.

Thema des dritten Kapitels sind die unterschiedlichen Datentypen, die Ihnen zur Verfügung stehen. Außerdem werden zahlreiche Operatoren und Standardprozeduren beschrieben, die in Verbindung mit den vorgestellten Typen benutzt werden. Die Deklaration von Konstanten und Konsequenzen der Typenbindung sind weitere Schwerpunkte dieses Kapitels.

Es folgt dann ein kurzes Kapitel über die verschiedenen Schleifentypen und Kontrollstrukturen. Ein Kapitel über Prozeduren und Funktionen schließt sich an.

Das sechste Kapitel ist der Behandlung lokaler und externer Moduln vorbehalten, außerdem wird die Verwendung sog. opaker Datentypen vorgeführt.

Im siebten Kapitel werden Schwerpunkte der Softwareentwicklung mit Modula-2 besprochen. Sie lesen hier unter anderem etwas über:

Datenein- und -ausgabe,
Stringbehandlung,
Dateioperationen,
Directory-Operationen,
Bildschirm-Operationen und Fenstertechnik,
Kommandozeile und Environment,
Exitprozeduren,
Mathematische Operationen,
Sortieren,
Drucken,
etc.

Es folgt ein größeres Kapitel über die Programmierung mit Zeigern, das so aufgebaut wurde, daß es auch für Programmierer geeignet ist, die mit Pointern noch keine größeren Erfahrungen gemacht haben.

Das Kapitel "Low-Level-Programmierung" behandelt systemnahe Operationen mit den sog. niederen Sprachelementen. Es geht um Adressoperationen, Interrupts, Operationen auf Bitniveau usf. Hier werden auch die vordefinierten Spezialtypen für die systemnahe Programmierung vorgestellt.

Das zehnte Kapitel gibt Ihnen eine kurze Einführung in das Thema Coroutinen.

Mit dem Thema Tracing wird das Buch abgeschlossen. In diesem Kapitel wird gezeigt, wie man - sozusagen als Vorstufe des Debuggens - Prozeduraufrufe und die Veränderung von Variablen verfolgen kann.

Im Anhang finden Sie zunächst eine Aufstellung mit den wichtigsten Compilerdirektiven. Dann wird gezeigt, wie man TopSpeed Modula-2 im Batchbetrieb nutzen kann.

Das sich anschließende Verzeichnis enthält eine Liste mit den Prozeduren, die in diesem Buch zur Sprache kommen. In einer zweiten Liste sind (von den Grafikbefehlen abgesehen) alle Turbo Pascal-Prozeduren und -Funktionen und ihr Pendant in TopSpeed Modula-2 aufgeführt.

Was steht nicht drin?

Zu TopSpeed Modula-2 gehört eine sehr umfangreiche Bibliothek. Da dies kein vollständiger Ersatz des Handbuches sein kann und soll, mußte eine Auswahl getroffen werden. Ich habe mich auf die Themen beschränkt, mit denen man es in der Praxis am häufigsten zu tun hat. Nicht behandelt werden die Bereiche Grafik, und 80x87-Support. Der Komplex Coroutinen etc. wird nur einführend besprochen.

Eine knappe und übersichtliche Darstellung des komplette Sprachumfanges finden Sie in "TopSpeed Modula-2 griffbereit" von Anton Liebetrau, das ebenfalls im Vieweg Verlag erschienen ist. Ferner befaßt sich das Buch "Parallele Programmierung mit Modula-2" von Ernst A. Heinz ausführlich mit der Programmierung quasiparalleler Prozesse.

TopSpeed Modula-2 unterscheidet sich in einigen Punkten von "Standard"-Modula-2. Das Buch stellt keine Vergleiche zwischen diesem Modula und anderen Implementierungen an, die sich mehr an den Quasi-Standard halten. Es konzentriert sich allein auf diesen Compiler und die TopSpeed-Bibliothek.

Die Beispiele

Ein Listing ist oft aufschlußreicher als seitenlange Erklärungen. Sie finden daher viele Beispiele in diesem Buch. Es gibt zum einen lauffähige Programme (einen einfachen Taschenrechner, einen Dateimonitor, ein Dateiprogramm, einen File Finder und und und). Zum anderen Routinen und Moduln, die Sie in eigene Programme "einbauen" können (Dateiauswahlboxen, Prozeduren für das Lesen und Schreiben von Records, einen Druck- und ein Bildschirmmodul u.v.m.). Die durchweg ausbaufähigen Beispiele sollen Sie vor allem zum Experimentieren und Weiterprogrammieren ermuntern.

Die Diskette

Wenn Sie keine Lust haben, die Listings abzutippen, schicken Sie DM 20.- an:

Rames Abdelhamid
Postfach 1101
6095 Gustavsburg

Sie erhalten dann die Quelltexte auf Diskette (geben Sie bitte das Format mit an). Kritik, Anregungen etc. werden unter dieser Adresse ebenfalls sehr gern entgegengenommen.

Der Compiler

Das Buch basiert auf der Version 1.16 des TopSpeed Modula-2 Compilers für MS-DOS. Der Compiler wurde freundlicherweise von der Firma Lauer & Wallwitz, Wiesbaden zur Verfügung gestellt.

Inhalt

1 Modula-2

In diesem kurzen Kapitel geht es um einige allgemeine Aspekte von TopSpeed Modula-2.

Modula-2 war lange Zeit keine besonders populäre Sprache in der PC-Welt. Es fehlte der Turbo-Effekt: das Erscheinen eines in vielerlei Hinsicht attraktiven Compilers, der für gehörige Resonanz in den Fachzeitschriften und bei den Programmierern sorgte. Mit TopSpeed Modula-2 von JPI hat sich das geändert.

TopSpeed Modula-2 ist, aus verschiedenen Gründen, auch für Turbo Pascal-Programmierer, die auf eine mächtigere Sprache umsteigen wollen, sehr interessant.

- Beide Sprachen haben den gleichen Vater: Modula-2 ist wie Pascal von Professor Niklaus Wirth von der ETH Zürich entwickelt worden. Das Anfang der 80er Jahre vorgestellte Modula-2 wurde als Nachfolger von Pascal konzipiert: leistungsfähiger, zeitgemäßer und praxisgerechter, aber ebenso leicht zu erlernen und zu benutzen. Wer sich mit der klaren Logik von Pascal angefreundet hat, wird mit Modula keine Probleme haben. Der Übergang von Pascal zu Modula verlangt also keine tiefgreifende Umorientierung, wie etwa ein Wechsel zu C.
- Pascal und Modula haben den gleichen Vater, Turbo Pascal und TopSpeed Modula den gleichen Onkel*: Nils Jensen war - bevor er mit einigen Kollegen seine eigene Firma JPI (Jensen & Partners International) gründete - bei Borland an der Entwicklung von Turbo Pascal beteiligt. Auch diese 'Kontinuität' - man hat es in gewisser Weise mit einem Turbo Modula zu tun - erleichtert das Umsteigen.
- TopSpeed Modula-2 wartet für relativ wenig Geld mit einem sehr schnellen, optimierenden Compiler, einem 'intelligenten' Linker und einer sehr gut ausgestatteten Bibliothek auf. Diese liegt (zum größten Teil) auch im Quelltext vor. Das gestattet die Anpassung an eigene Bedürfnisse und hilft bei Problemen und Unklarheiten mit Prozeduren.

---

*Die Begriffe Pascal und Turbo Pascal werden von hier an, genauso wie Modula, Modula-2, und TopSpeed Modula-2 synonym benutzt.

- TopSpeed Modula-2 widerlegt ein hartnäckiges Vorurteil, das da heißt: "Mit Modula kann man keine schnellen Programme schreiben". Die Programme sind ähnlich kompakt wie Turbo-Programme und sie sind sehr schnell. Zu Pascal besteht in dieser Hinsicht kein Unterschied. Einige Tests in Fachzeitschriften attestierten sogar ein höheres Ausführungstempo als C.
- TopSpeed-Modula-2 ist im kommerziellen Bereich einsetzbar. Zum einen unterstützt das Sprachkonzept die Teamarbeit und die Entwicklung sehr großer und komplexer Softwaresysteme. Zum anderen läßt diese Implementierung keine Zweifel an ihrer Professionalität aufkommen. Für TopSpeed Modula ist im übrigen eine OS/2 Version verfügbar, auf die man für Turbo Pascal noch wartet.

Spezifische Eigenschaften von Modula-2

Modula bringt Sie zu einem disziplinierten, klaren Programmierstil und zu einem transparenten Design größerer Programme. Zur Klarheit von Modula-Programmen tragen die lesbaren, sich praktisch selbst dokumentierenden Quelltexte bei. Die übersichtliche Architektur größerer Programme wird vor allem mit der modularen Programmierung erreicht (die der Sprache - *MODU*ular *LA*nguage - den Namen gegeben hat).

Sie werden mit Moduln zuerst zu tun haben, wenn Sie beim Schreiben Ihrer Programme die Bibliothek des Compilers benutzen. Später werden Sie eigene (Bibliotheks-) Moduln entwickeln, um besser strukturierte Software zu entwickeln und, um diese Bibliothek zu erweitern. Aber was ist eine Bibliothek?

Der Sprachkern von Modula ist relativ klein. Außer den etwa zwei Dutzend Standardprozeduren sind alle Prozeduren und Funktionen sowie einige Datentypen in Bibliotheksmoduln untergebracht, aus denen sie vor der Benutzung importiert werden müssen. Wenn Sie bisher in Turbo Pascal 4 oder 5.x programmiert haben, kennen Sie das Prinzip bereits. Dort müssen Sie z.B. die Routine *ClrScr* zum Löschen des Bildschirms aus der Unit *Crt* importieren, um sie in einem Programm aufrufen zu können.

In Pascal gehören auch Prozeduren wie *WriteLn*, *Read*, *Rewrite* etc. zum vergleichsweise großen Sprachkern. Nicht so in Modula-2: Ein- und Ausgabeprozeduren, Dateioperationen usw. sind nicht Teil des eigentlichen Sprachumfanges. Wenn Sie einen String am Bildschirm ausgeben möchten, müssen Sie dafür aus dem Bibliotheksmodul *IO* die Prozedur *WrStr* importieren. Wenn Sie eine Datei erzeugen möchten, müssen Sie aus dem Modul *FIO* die Prozedur *Create* und den Datentyp *File* importieren. Die entsprechende Anweisung sieht so aus:

```
FROM FIO IMPORT Create,File;
```

Bibliotheksmoduln stellen dem Programm, das auf sie zugreift, 'Dienstleistungen' zur Verfügung. Hier eine Liste einiger TopSpeed Bibliotheksmoduln und der Dienstleistungen, die sie bereitstellen:

Modul	**Dienstleistung**
MATHLIB	Mathematische Operationen
Str	Stringoperationen
FIO	Dateioperationen
IO	Ein-/Ausgabeoperationen
Window	Fenstertechnik

Man kann zwei Arten von Moduln unterscheiden: Moduln, die zur besseren Strukturierung eines Programmes geschrieben werden, und Moduln, in denen häufig benötigte Dienstleistungen zusammengefaßt und für mehrere Programme bereitgehalten werden. Im ersten Fall wird eine Aufgabe, ein Problem in weniger komplexe Untereinheiten aufgeteilt. Für diese Teilbereiche werden dann Lösungen entwickelt und ausgetestet, die später integriert werden (etwa die Komponenten eines Editors, wie Druckmodul etc). Die andere Art von Moduln sind mit mehr oder weniger universell einsetzbaren Werkzeugkästen vergleichbar, auf die eine Vielzahl von Programmen bzw. Programmierern zugreifen kann (z.B. Bildschirmroutinen).

Moduln bestehen aus zwei Komponenten, die - im Gegensatz zu den Unit-Teilen *Implementation* und *Interface* - auch in verschiedenen Dateien abgelegt werden. Im sog. *IMPLEMENTATION MODULE* befindet sich der eigentliche Quelltext. Im *DEFINITION MODULE* wird beschrieben, welche Dienstleistungen der Modul für seine sog. "Kundenmoduln" erbringen kann.

Der *DEFINITION MODULE* bildet die Schnittstelle zwischen dem Modul und seiner Umgebung. Mehr als dieses 'Interface' ist von einem Modul in seiner Umgebung nicht sichtbar. Aus dieser Datei geht nicht hervor, wie das Innere des Moduls beschaffen ist, wie seine Dienstleistungen implementiert sind, welche Datentypen verwendet werden usf.

Einzelne (Bibliotheks-) Moduln können separat zu Objektdateien kompiliert werden. Diese werden - wie die TPU-Dateien von Turbo Pascal - mit dem Hauptmodul gelinkt. Sie müssen beim Erstellen von lauffähigen EXE-Dateien nicht jedesmal neu kompiliert werden, was die Turnaround-Zeiten senkt. Damit unterscheiden sich Moduln fundamental von Includefiles. Includefiles sind ausgelagerte Teile eines Quelltextes. Moduln sind dagegen die relativ eigenständigen Subsysteme eines Softwaresystems. Includefiles können nicht separat kompiliert werden und sie enthalten keine von außen unsichtbaren 'privaten' Strukturen.

Auch ein Modula-Hauptprogramm, das prinzipiell selbst zum Bibliotheksmodul werden kann, trägt die Bezeichnung MODULE. Folgende Bezeichnungen ersetzen also die gewohnten Termini:

Pascal	**Modula-2**
Program	MODULE
Unit	DEFINITION MODULE
	IMPLEMENTATION MODULE

Mit der Entscheidung, ein Programm modular aufzubauen, entsteht praktisch automatisch eine Hierarchie abnehmender Komplexität und Mächtigkeit. Die Moduln niederer Stufe stellen dabei Dienstleistungen bereit, auf die Moduln höherer Ebene und Mächtigkeit aufbauen. Die Details der Dienstleistungen sind auf höheren Ebenen nicht mehr sichtbar bzw. müssen nicht mehr beachtet werden.

Dahinter steht ein *Information Hiding* genanntes Prinzip, das besagt: ein Programm sollte aus möglichst unabhängigen Untereinheiten bestehen. Programme oder Programmteile, die auf diese Untereinheiten zugreifen, sollen dies nur über eine klar definierte Schnittstelle tun können. Details, Informationen über die Implementierung der Komponente bleiben möglichst verborgen. Von außen ist kein Zugriff auf interne Datenstrukturen der Untereinheit möglich. In Modula-2-Programmen wird das mit

- Prozeduren mit lokalen Variablen,
- lokalen Moduln,
- externen Moduln und
- opaken Datentypen

verwirklicht. Lokale Moduln fungieren in Programmen als Datenkapseln. Sie sind als versiegelte Prozeduren vorstellbar, deren lokale Variablen über die gesamte Laufzeit erhalten bleiben und nach außen unsichtbar gehalten werden können. Im Gegensatz zu den externen (Bibliotheks-) Moduln sind sie Teil des Quelltextes.

Mit opaken Datentypen stellt ein Modul Datenstrukturen zur Verfügung, deren Details vollständig verborgen bleiben. Der 'Benutzer' kann mit dem opaken Typ arbeiten, er kann mit bestimmten Prozeduren aus diesem Modul Operationen mit diesem Typ ausführen, aber er weiß weder, wie der Typ, noch wie die Prozeduren wirklich aussehen, weil ihre vollständige Definition verborgen bleibt. Opake Typen entlasten so von der Beschäftigung mit u.U. hochkomplizierten Datenstrukturen, stellen aber deren Leistungsfähigkeit zur Verfügung.

Information Hiding zielt auf:

- Klar gegliederte, übersichtliche Programme.
- Gute Wartbarkeit: Wenn die Schnittstelle einer Untereinheit (ein Prozedurkopf, ein Definitionsmodul) erhalten bleibt, kann die Implementierung jederzeit verändert werden, ohne daß das Gesamtprogramm davon betroffen wird und neu getestet oder sogar umgeschrieben werden muß. Anpassungs- oder überholungsbedürftige Komponenten können mit geringem Aufwand ausgetauscht werden. Bei der Verwendung opaker Typen ist es sogar möglich, im nachhinein ganze Datenstrukturen zu modifizieren, ohne daß das Auswirkungen auf das Programm selbst hat.
- Mehrfachverwendbarkeit von Moduln in mehreren Programmen.
- Abstrahieren vom Programmcode: Wenn eine Komponente (sei das eine Prozedur oder ein Modul) einmal ausgetestet (und bei Moduln: kompiliert) wurde, können Sie sie "vergessen" - Sie operieren auf zunehmend höheren Abstraktionsniveaus und müssen sich nicht mit Details beschäftigen, die in einem bestimmten Kontext unwichtig sind.

Modula-2 ist eine Sprache mit strenger Typenbindung. Das ist die Voraussetzung dafür, daß bereits beim Compilieren die meisten Fehler erkannt werden können. Konsequent praktiziertes Information Hiding und die Typenbindung machen Modula zu einer sehr sicheren Sprache. Information Hiding schützt vor unliebsamen, oft schwer identifizierbaren Seiteneffekten und Fehlern, die auf Unübersichtlichkeit zurückzuführen sind. Typisierung erzwingt ein diszipliniertes Vorgehen, das allein schon für eine deutliche Minimierung der Fehlerträchtigkeit sorgt.

Um die Flexibilität des Programmierers nicht einzuengen, ist es möglich, die Typenbindung, wo es nötig ist, zu umgehen. Denn Flexibilität ist ein weiteres wesentliches Merkmal von Modula-2. Modula ist eine echte Hochsprache, unterstützt aber trotzdem die systemnahe Programmierung besser als Pascal. Zudem werden quasiparallele Prozesse unterstützt. Prozedurtypen, offene Array-Parameter, Funktionen, die alle Typen (auch Felder etc.) zurückgeben können, sind weitere Merkmale, die Modula-2 zu einer Sprache machen, mit der man praktisch alle Aufgabenstellungen der PC-Programmierung lösen kann.

2 Die Entwicklungsumgebung

In diesem Kapitel lesen Sie,
- *wie Sie das Compilersystem auf Ihrer Festplatte installieren,*
- *die integrierte Entwicklungsumgebung bedienen und*
- *ein Programm schreiben, kompilieren und testen.*

2.1 Installation und Start

Die Disketten

Das TopSpeed-System wird auf drei 5 1/4"-Disketten ausgeliefert. Auf der ersten Diskette *SYSTEM* befinden sich der Compiler *M2.EXE*, ein dazugehöriges Overlayfile sowie Dateien mit Hilfstexten, Fehlermeldungen und der Definition der Menüstruktur.

Auf der Diskette Nummer 2 ist die TopSpeed Bibliothek mit den Definitionsmoduln (**.DEF*) und den Objektdateien (**.OBJ*) untergebracht. Außerdem finden Sie dort eine Reihe von Beispielprogrammen.

Die dritte Diskette enthält die Quelltexte der TopSpeed-Bibliothek. Sie sollten diese unbedingt auf Ihre Festplatte kopieren. Die Quelltexte sind nämlich ein wichtiges 'Nachschlagewerk', falls es z.B. beim Programmieren zu Ungewissheiten über die Funktionsweise einer Prozedur. kommt. Auf dieser Diskette gibt es ferner ein Unterverzeichnis *CORE*, mit einer weiteren Bibliothek. Sie benötigen diese Bibliothek, wenn Sie Programme mit TopSpeed Modula-2 rekompilieren oder weiterentwickeln wollen, die unter einem anderen Modula-System entworfen wurden. Diese Bibliothek ist weniger effizient programmiert und sollte deshalb nur für Portierungen benutzt werden.

Sie finden in diesem Verzeichnis auch eine Datei *DIVERSE.TXT*, mit einigen sehr praktischen Routinen, die Sie in Ihre Programme einbinden können.

Die Installation auf der Festplatte

Die Installation des Systems müssen Sie von der DOS-Ebene vornehmen. Legen Sie auf Ihrer Festplatte die nötigen Unterverzeichnisse an und kopieren Sie die Dateien dort hinein. Das Unterverzeichnis mit dem Compiler muß zumindest die Dateien *M2.** enthalten. Wenn Sie nicht mit einem Redirection-File (s.u.) arbeiten möchten, müssen Sie auch die Bibliothek von der zweiten Diskette dort hineinkopieren. Alle übrigen Dateien können Sie in weiteren Unterverzeichnissen Ihrer Wahl unterbringen. Beispielsweise empfiehlt sich eine solche Verzeichnisstruktur und die Anlage eines Redirection-Files (s.u.):

`C:\M2`	- Compiler (Disk #1)
`C:\M2\LIB`	- Bibliothek (Disk #2)
`C:\M2\SOURCE`	- Quelltexte (Disk #3)
`C:\M2\CORE`	- Zweite Bibl. (Disk #3, falls nötig)

Quelltexte, **.OBJ*- und **.EXE*-Dateien Ihrer eigenen Programme können Sie ebenfalls in Unterverzeichnissen ablegen:

`C:\M2\PROGS`	- Eigene Programme (Quelltexte)
`C:\M2\OBJ`	- Eigene Programme (OBJ-Files)
`C:\M2\EXEF`	- Eigene Programme (EXE-Files)

Hinweis: Der Betrieb mit zwei 360 kByte-Floppies ist möglich, aber durch die häufigen Dateizugriffe beim Compilieren und Linken recht langsam und nicht empfehlenswert. Wenn Sie so arbeiten wollen, muß die *SYSTEM*-Disk in Laufwerk *A:* liegen, die Bibliotheksdiskette in *B:*. Starten Sie das System von *B:* aus mit *A:M2*. Kontrollieren Sie ständig den verbleibenden Speicherplatz!

Das Redirection-File

Wenn Sie ein Programm schreiben und kompilieren, finden Sie danach in der Regel die Quelltextdatei (*.MOD*), mindestens eine Sicherungskopie (*.BAK*), eine Mapdatei (*.MAP*) des Linkers und schließlich das *.EXE*- und das *.OBJ*-File. Hinzu kommen die Texte, Backups und Objektdateien Ihrer Moduln.

Um hier nicht bald die Übersicht zu verlieren, empfiehlt es sich, Unterverzeichnisse zu benutzen. Das TopSpeed System unterstützt das durch ein sog. Redirection-File. In dieser ASCII-Datei, die Sie mit jedem Editor schreiben können, steht, was das System wo suchen bzw. speichern soll. Die Datei muß unter dem Namen *M2.RED* im gleichen Verzeichnis wie *M2.EXE* gespeichert werden und wird beim Programmstart automatisch eingelesen. In ihr werden Dateinamen bzw. Dateigruppen (mit Hilfe von Wildcards) Suchpfade zugewiesen. Das geschieht in folgender Schreibweise:

```
Datei(gruppe) = Pfad_1;Pfad_2
```

Verschiedene Pfade werden durch ein Semikolon getrennt. Das aktuelle Verzeichnis wird mit einem Punkt festgelegt.

```
M2.OVL = .;D:\
```

sorgt dafür, daß das Overlayfile des Compilers entweder im aktuellen Verzeichnis oder auf der RAM-Disk *D:* gesucht wird. Die Anweisungen

```
*.MOD = C:\M2\PROGS;C:\M2\SOURCE
*.OBJ = C:\M2\OBJ
```

veranlassen das System, immer dann, wenn es Dateien mit der Extension *.MOD sucht*, zuerst in den beiden Verzeichnissen *PROGS* und *SOURCE* nachzuschauen. *Gespeichert* werden solche Files im ersten angegebenen Verzeichnis. Objektdateien werden im Verzeichnis *C:\M2\OBJ* gesucht und gespeichert.

Um Ihren Arbeitsplatz übersichtlich zu halten, sollten Sie von dieser Möglichkeit unbedingt Gebrauch machen. Sie können z.B., wie oben vorgeschlagen, die gesamte Bibliothek in einem eigenen Unterverzeichnis *LIB* verstauen und das in einem Redirectionfile bekanntgeben. Außerdem kann man für jeden Dateityp (**.MOD*, **.DEF*, **.OBJ* usw) ein eigenes Verzeichnis anlegen.

Hinweis: Man kann ein Redirectionfile auch innerhalb der integrierten Entwicklungsumgebung einlesen lassen. Ein eventuell vorher geladenes File verliert dann seine Wirkung. Gehen Sie dafür ins Menü OPTIONEN/SETUP und wählen Sie REDIREKTION LADEN. Mit dieser Option ist es möglich, sich mehrere unterschiedliche Redirectionfiles bereitzuhalten. Das kann z.B. dann interessant sein, wenn sich mehrere Programmierer den Compiler 'teilen' oder wenn Sie mit projektbezogenen Unterverzeichnissen arbeiten.

Nutzung einer RAM-Disk

Die im Vergleich zu Turbo Pascal relativ langen Turnaround-Zeiten sind auch auf die häufigen Plattenzugriffe beim Compilieren und Linken zurückzuführen. Der Compiler erzeugt außerdem bei jedem RUN-Lauf zunächst eine Objektdatei und dann die *EXE*-Datei die er schließlich abarbeitet.

Wenn Sie über keine schnelle Platte verfügen, können Sie das Austesten Ihrer Programme etwas beschleunigen, indem Sie mit einer RAM-Disk arbeiten, auf die Sie möglichst große Teile des Systems auslagern. Achten Sie bei XT's aber darauf, daß das TopSpeed-System mindestens 384 kByte RAM benötigt, sonst bricht das Programm bereits beim Start mit einer entsprechenden Fehlermeldung ab.

Angenommen die komplette Bibliothek mit den **.DEF*- und **.OBJ*- Dateien befindet sich in einem Verzeichnis *C:\M2\LIB*. Beim Start von Modula kann man die am häufigsten benötigten Files von einer Stapeldatei auf die RAM-Disk *D:* kopieren lassen (eine solche Datei ist weiter unten abgedruckt). Dem Compiler wird das mit dem folgenden Redirectionfile *M2.RED* mitgeteilt:

```
ASMLIB.* = D:\
FIO.* = D:\
```

```
IO.* = D:\
LIB.* = D:\
RTL.* = D:\
STORAGE.* = D:\
STR.* = D:\
SYSTEM.* = D:\
FLOATEXC.* = C:\M2\LIB
GRAPH.* = C:\M2\LIB
MATHLIB.* = C:\M2\LIB
PROCESS.* = C:\M2\LIB
PROCTRAC.* = C:\M2\LIB
WINDOW.* = C:\M2\LIB
```

Sie kommen dann mit etwa 100kByte auf der virtuellen Platte aus. Wenn Sie über eine größere RAM-Disk verfügen, können Sie erstens die gesamte Bibliothek auslagern und zweitens mit folgenden zusätzlichen Zeilen:

```
*.EXE = D:\
*.OBJ = D:\
M2.$$$ = D:\
```

die Ausführungszeiten noch etwas drücken. Mit den ersten beiden Anweisungen werden auch die beim Run- bzw. Compilierlauf erzeugten *EXE*- und *OBJ*-Dateien auf der RAM-Disk abgelegt. Sie müssen die Dateien am Ende der Sitzung natürlich auf die Festplatte kopieren! Zu der dritten Zeile: Der Editor legt eine temporäre Datei mit dem Namen *M2.$$$* an, die beim Verlassen des Systems wieder gelöscht wird. Die Datei darf während der Arbeit mit der Umgebung nicht gelöscht oder verändert werden. Sie können sie aber bedenkenlos auf dem virtuellen Laufwerk plazieren.

TopSpeed Modula-2 starten

Wenn Sie keine Batchdatei geschrieben haben, die Ihnen das abnimmt, wechseln Sie in das Unterverzeichnis mit dem Compiler und geben Sie M2 und RETURN ein. Sie gelangen dann in das Hauptmenü des Systems.

Die folgende Stapeldatei kopiert einen Teil der Bibliothek auf die RAM-Disk und startet dann das System:

```
ECHO OFF
CLS
IF NOT EXIST D:IO.DEF GOTO LOAD
CD M2
M2
GOTO Ende
:LOAD
CD C:\M2\LIB
```

```
COPY SYSTEM.* D:\ >NUL
COPY IO.* D:\>NUL
COPY STORAGE.* D:\>NUL
COPY FIO.* D:\>NUL
COPY RTL.* D:\>NUL
COPY STR.* D:\>NUL
COPY LIB.* D:\>NUL
COPY ASMLIB.* D:\>NUL
CD..
M2
:Ende
CD\
CLS
```

Wenn Sie eine EGA- oder VGA-Karte und gute Augen besitzen, können Sie das Programm mit M2/43 bzw. M2/50 im 43-Zeilen-Modus (EGA) bzw. im 50-Zeilen-Modus (VGA) starten.

2.2 Die Bedienung der Entwicklungsumgebung

TopSpeed Modula bietet Ihnen eine Arbeitsumgebung mit Editor, Compiler und Linker, deren Arbeitsprinzip Sie von Turbo Pascal kennen. Auch hier können Sie Ihre Programme schreiben, kompilieren und zu Testzwecken laufen lassen, ohne die Umgebung verlassen zu müssen. Die Bedienung ähnelt der der Borland-Oberflächen, so daß Sie kaum neue Kommandos erlernen müssen. Allein die Vielzahl der Optionen und Möglichkeiten ist am Anfang vielleicht etwas verwirrend.

TopSpeed Modula-2 kann über ein System von Pop-Up-Menüs oder mit Kurzbefehlen (etwa ALT+C für COMPILE) gesteuert werden. In den Menüboxen wählen Sie die einzelnen Punkte entweder mit den Cursortasten an und drücken RETURN, oder Sie tippen einfach den Anfangsbuchstaben der gewünschten Option ein. ESC bricht die gewählte Operation ab. Sie werden nach kurzer Zeit vermutlich überwiegend mit den einprägsamen Kurzbefehlen arbeiten: das geht am schnellsten.

Hilfe

Mit der Taste F1 erreichen Sie überall eine recht brauchbare, kontextsensitive Hilfefunktion, die Ihnen alle notwendigen Informationen zu Ihren Optionen gibt. Mit den Cursortasten und RETURN können Sie dort oft weitere

Informationen zu bestimmten Unterthemen abrufen. Wenn Sie ein zweites Mal F1 drücken, wird das Inhaltsverzeichnis der Hilfstexte angezeigt.

Fenster

Die meisten Menüpunkte öffnen ein Fenster mit weiteren Untermenüs, Eingabefeldern oder Informationstexten. Diese Fenster stapeln sich dann auf Ihrem Bildschirm. Mit der ESC-Taste verschwindet das oberste Fenster, und Sie gelangen in das darunterliegende. Aktive Fenster haben einen doppelten Rahmen, die anderen einen einfachen.

Das Fenstersystem wurde übrigens mit dem Bibliotheksmodul Window geschrieben, der Ihnen ebenfalls zur Verfügung steht.

2.2.1 Der Editor

Im Gegensatz zu Turbo Pascal kann man mit diesem Editor vier Texte, mit jeweils bis zu 500 kByte Umfang (zusammen max. 1MB), gleichzeitig bearbeiten. Eine Zeile darf bis zu 500 Zeichen lang sein. Der Editor ist vom Hauptmenü aus über die Option EDITIEREN oder von jeder Stelle in der Umgebung mit ALT+E zu erreichen.

Die Editorfunktionen können über Menüboxen oder Kurzbefehle (á la WordStar) erreicht werden. Ein Beispiel: Einen Suchauftrag können Sie mit ^QF geben. Wenn Sie ^Q eingeben, wird nach kurzer Zeit ein Menü mit den weiteren Optionen eingeblendet. Auf diese Weise können Sie drei Menüs aufrufen:

^Q	Quickmenü (Cursorbewegungen, Suchen/Ersetzen etc.)
^K	Blockmenü (Blockoperationen)
^O	Optionenmenü des Editors (verschiedene Einstellungen).

Bei Eingabe eines kompletten Befehls (z.B. ^QF) erscheinen diese Menüs nicht.

Verwechseln Sie das letzte Menü nicht mit dem wichtigen OPTIONEN-Menü *des Systems*. Dort lassen sich verschiedene Einstellungen für Compiler, Linker, Editor etc. verändern. Dieses läßt sich entweder vom Hauptmenü aus anwählen oder mit ALT+O von jedem Fenster aus erreichen.

Bevor Sie einen Text editieren, bzw. ein neues Textfenster öffnen können, müssen Sie auf die entsprechende Aufforderung hin einen Dateinamen eingeben. Der Editor kann keine Texte ohne Namen bearbeiten.

Hier nun eine Übersicht über die wichtigsten Editorbefehle:

Editor-Hauptmenü

Mit F9 erreichen Sie aus dem Editor ein Pop-Up-Menü, von dem aus Sie Laden, Speichern, Dateien umbenennen und die K,Q und O-Menüs anwählen können. Bis auf den Punkt Umbenennen sind diese Optionen auch ohne dieses Menü erreichbar.

Speichern

F2 oder ^KD speichert den gerade editierten Text. ALT+F2 speichert alle editierten Texte in den vier Puffern.

Laden

F3 fragt nach dem zu ladenden Text. Mit ALT+F3 können Sie aus einer Pickliste (der zuletzt editierten Texte) auswählen.

Dateinamen

Wenn Sie nach F3 auf die Frage nach dem Dateinamen nur RETURN (ohne vorherige Eingabe) drücken, wird das Inhaltsverzeichnis eingeblendet, und Sie können mit den Cursortasten die gewünschte Datei auswählen. SPACE wechselt die Darstellungsart. Die Suchmaske lautet für die Textfenster 1 und 2 **.MOD*, für die anderen beiden **.DEF*. Dies läßt sich im OPTIONEN-Menü *des Systems* (ALT+O) im Untermenü EDITOR mit dem Punkt STANDARD DATEINAMEN verändern.

Fenstergröße

Das Textfenster kann mit der F5-Taste größer oder kleiner 'gezoomt' werden.

Cursorsteuerung

Die folgende Tabelle zeigt die Befehle für die Cursorbewegung:

^QR	^PgUp	Textanfang	^S	←	Zeichen links
^QC	^PgDn	Textende	^D	→	Zeichen rechts
^QE	^Home	Fensteranfang	^E	↑	Zeile höher
^QX	^End	Fensterende	^X	↓	Zeile tiefer
^QS	Home	Zeilenanfang	^A	^←	Wort links
^QD	End	Zeilenende	^F	^→	Wort rechst
^QB	Blockanfang		^R	PgUp	Seite höher
^QK	Blockende		^C	PgDn	Seite tiefer
^QP	Letzte Cursorpos.				
^QY	Löschen bis Zeilenende				
^QG	Gehe zu Zeile ...				

Tabelle 2-1 Die Befehle für die Cursorsteuerung des Editors

Suchen und Ersetzen

^QF	Suchen
^QE	Ersetzen
^L	Letzte Suche/Ersetze-Operation wiederholen

Tabelle 2-2 Die Befehle für Suchen und Ersetzen

Suchoptionen

w	Sucht ganzes Wort	g	Ersetzt im gesamten Text
l	Ersetzt in diesem Block	r	Ersetzt bis zum Textende
n	Ersetzt ohne Rückfrage	x	Ersetzt x Male
b	Sucht rückwärts	u	Ignoriert Groß/Kleinschr.
rb	Ersetzt rückwärts bis Textanfang		

Tabelle 2-3 Die Suchoptionen des Editors

Diese Optionen können kombiniert werden: *nwgu* ersetzt den Suchstring ohne Rückfrage im gesamten Text, soweit er als Wort vorkommt. Groß- und Kleinschreibung werden dabei ignoriert. Sie können mit Wildcards suchen, wenn Sie in den Suchstring mit *^PA* ein Wildcardzeichen einfügen. Als Wildcard fungiert 'das Gesicht'.

Blockoperationen

^KB	Markiert Blockanfang
^KK	Markiert Blockende
^KH	Blendet die Markierung aus
^KT	Markiert Wort
^KL	Markiert Zeile
^KC	Kopiert Block an Cursorposition
^KV	Verschiebt Block an Cursorposition
^KY	Löscht den Block
^KW	Speichert diesen Block
^KR	Lädt Block von Platte
^KP	Druckt diesen Block
^KI	Verschiebt den Block horizontal

Tabelle 2-4 Die Blockbefehle des Editors

Weitere wichtige Befehle

^O	öffnet das Optionenmenü (des Editors!).
^OV/INS	wechselt zwischen Insert- und Overwrite-Modus.
^OI	schaltet Autoindent ein/aus.
^N	fügt unter der aktuellen Zeile eine neue ein.
^P	erlaubt, ein Control-Zeichen als Text einzugeben. Wenn Sie z.B. ein Pfeilsymbol eingeben wollen (z.B. ^Q) geben Sie ^P^Q ein.
^QL	Zeile retten (Undo)
Es können zwei Merker gesetzt und angesprungen werden.	
^Q1/^Q2	setzt Merker 1/2 an der aktuellen Cursorposition.
^K1/^K2	springt Merker 1/2 an.

Fehlerkorrektur

Modula unterscheidet zwischen Groß- und Kleinschreibung. Alle Schlüsselworte müssen groß geschrieben werden. Auch bei Bezeichnern nimmt es Modula sehr genau: "Index" ist für den Compiler nicht dasselbe wie "index" oder "INDEX". Deshalb sind die beiden folgenden Operationen sehr nützlich: ^U versetzt das Wort, in dem der Cursor steht, in Großschrift. SHIFT+F7 schreibt das Wort so, wie das letzte gleiche Wort. Wenn Sie zuerst "Index" geschrieben haben und den Cursor dann auf das Wort "INdeX" setzen, macht der Editor nach SHIFT+F7 ein "Index" daraus.

Arbeiten mit mehreren Texten

Sie erreichen die einzelnen Textpuffer von jeder Stelle der Umgebung aus mit ALT+1 bis ALT+4. Wenn Sie in ein leeres Fenster wechseln, werden Sie zur Eingabe des Dateinamens aufgefordert. Wenn Sie ESC drücken, gelangen Sie zurück zu Ihrem Ausgangspunkt. Nach RETURN ohne Eingabe eines Namens wird ein Verzeichnis eingeblendet, aus dem Sie mit den Cursortasten eine Datei auswählen können. Mit SPACE wird die Darstellungsart gewechselt.

Es ist möglich, eine Datei gleichzeitig in zwei Fenstern zu halten. Eine Veränderung in einem Fenster wird automatisch auch im anderen vollzogen. Sie können lange Texte also an zwei Stellen betrachten und/oder editieren ohne, daß es bei Veränderungen zu Versionsproblemen kommen kann.

Textteile können zwischen den Fenstern kopiert werden. Markieren Sie den gewünschten Textteil zunächst als Block (^KB/^KK). Wechseln Sie dann in das andere Textfenster und gehen Sie mit dem Cursor an die Stelle, an die der Block kopiert werden soll. Geben Sie ^KG und die Nummer des Textfensters ein, aus dem der Block importiert werden soll (oder bestätigen Sie mit RETURN den Vorschlag des Editors).

Einstellungen

Im OPTIONEN-Menü *des Systems* (erreichbar mit ALT+O) können Sie im Unterpunkt EDITOR u.a. folgende Schalter setzen:

Automatisch Sichern Auf ON gesetzt, bewirkt dieser Schalter, daß alle geänderten Quelltexte automatisch abgespeichert werden, bevor ein Programm in der Umgebung gestartet, ein DOS-Kommandoprozessor nachgeladen oder die Umgebung verlassen wird. Auf OFF gestellt, wird jeweils nachgefragt, ob man speichern möchte.

Anzahl Backupdateien Hier können Sie angeben, wieviele Backupdateien beim Speichern der Quelltexte angelegt werden sollen. Die jüngste Sicherungskopie hat die Extension *.BAK*, die nächst ältere *.BK2* usf. 0 bis 9 sind als Optionen möglich.

Das Editieren beenden

^KQ schließt das aktive Editorfenster und leert den gerade benutzten Textpuffer. Mit ESC (oder F10) können Sie den Editor verlassen und ins Hauptmenü wechseln.

Das Dateimenü

Wird vom Hauptmenü aus (DATEI) oder mit ALT+D von jedem Fenster aus erreicht. Die Funktionen WÄHLEN DATEI, LADEN DATEI, SICHERN DATEI, ALLES SICHERN können aus dem Editor heraus aktiviert werden (s.o). Hier die anderen Funktionen:

Hauptmodul setzen legt den Namen des Hauptmoduls (i.e. Hauptprogramm) fest. Diese Information ist für Linker und Makefunktion bzw. beim Laufenlassen eines Programmes innerhalb der Umgebung von Bedeutung. Der Name des Moduls wird, wenn hier nichts angegeben wurde, vor jedem MAKE, LINK oder RUN abgefragt. Daher sollten Sie mit ALT+DH immer den Namen des Programmes bekanntgeben, das Sie bearbeiten und testen möchten.

Neues Verzeichnis wechselt das Festplatten-Verzeichnis.

Verzeichnis zeigen zeigt die Directory. Sie können hier eine Maske (z.B. *ED*.MOD*) vorgeben und mit der SPACE-Taste die Darstellungsart wählen.

Betriebssystem lädt einen Kommandoprozessor nach. Mit der Eingabe von EXIT am DOS-Prompt gelangen Sie zurück in die Arbeitsumgebung. Sie erreichen die DOS-Ebene auch mit dem Kurzbefehl ALT+B.

Externes Programm führt einen einzelnen DOS-Befehl bzw. ein Programm aus. Mit ALT+P erreichen Sie diese nützliche Funktion auch in anderen Menüs und vom Editor aus.

Farben und Größe der Fenster

Wenn Ihnen die Farben nicht gefallen, können Sie diese ändern, indem Sie die SCOLL-LOCK-Taste drücken. Sie gelangen dann in ein Menü, von dem aus Sie auch die Position und Größe des letzten aktiven Fensters auf dem Bildschirm manipulieren können.

Wenn Sie RETURN drücken, können Sie die Farben der verschiedenen Bildschirmbereiche festlegen. Mit PgUp und PgDn wechseln Sie den Bereich (z.B. vom Editorfenster in die Statusleiste; mit * erreichen Sie die Menüleiste). Der Text des ausgewählten Bereiches blinkt dann. Nun können Sie mit den Cursortasten die Vordergrund- und die Hintergrundfarben festlegen. Beenden Sie die Auswahl mit dem Drücken von SCROLL-LOCK.

Wenn Sie bei roter Schrift auf giftgrünem Hintergrund und einer lila-blauen Statusleiste angelangt sind, können Sie CTRL+U drücken, um die alte Einstellung zurückzuholen.

Verlassen der Umgebung

Sie beenden Ihre Sitzung entweder mit dem Menüpunkt QUITT im Menü DATEI oder mit dem Kurzbefehl ALT+X. Wenn Sie die automatische Sicherung (s.o.) nicht aktiviert haben, werden Sie, soweit editierte Dateien vorhanden sind, gefragt, ob diese gespeichert werden sollen.

Wie bei den neueren Turboprodukten 'merkt' sich auch das TopSpeed System, was Sie zuletzt getan haben. Beim nächsten Start können Sie Ihre Arbeit dann an der gleichen Stelle und mit den gleichen Schalterstellungen fortsetzen. Die entsprechenden Daten sind in dem 'Sessionfile' M2.SES abgelegt. Diese Datei wird ignoriert, wenn Sie den Compiler mit M2/n starten.

Kurzbefehle

Zahlreiche Funktionen des Systems können Sie, wo auch immer Sie sich gerade befinden, über Kurzbefehle ansprechen. Tabelle 2-5 gibt Ihnen eine Übersicht über diese 'Shortcuts'.

ALT+B	lädt einen DOS-Kommandoprozessor. Mit EXIT gelangen Sie zurück in die Arbeitsumgebung.
ALT+C	startet den Compiler.
ALT+D	verzweigt in das Dateimenü.
ALT+E	springt in das Editorfenster.
ALT+I	blendet ein Informationsfenster ein.
ALT+L	startet den Linker.
ALT+M	startet die Make-Funktion.
ALT+n	springt in Textpuffer n (1-4).
ALT+O	verzweigt in das Optionenmenü, wo Sie Einstellungen von Linker, Compiler, Editor usw. ändern können.
ALT+P	führt ein externes Programm oder einen DOS-Befehl aus.
ALT+R	startet die Make-Funktion und läßt dann das erzeugte Programm in der Umgebung laufen (RUN).
ALT+X	beendet die Sitzung.

Tabelle 2-5 Übersicht über die Kurzbefehle der Entwicklungsumgebung.

2.2.2 Compiler, Linker und Makefunktion

Der Compiler übersetzt den Quelltext Ihrer Programme in Maschinensprache, den sogenannten Objektcode. Sie können einzelne Bibliotheksmoduln getrennt kompilieren und als Objektdateien auf der Festplatte abspeichern. Auch die TopSpeed-Bibliothek befindet sich in Form von **.OBJ*-Dateien auf der Festplatte. Der Linker bindet zusammengehörige Objektdateien zu einem lauffähigen Programm.

Wenn Sie ein Programm geschrieben haben und daraus nun eine lauffähige EXE-Datei erstellen möchten, wird zunächst der Compiler aufgerufen. Ist das Programm fehlerfrei, legt er eine Objektdatei gleichen Namens (mit der Extension *.OBJ*) auf der Festplatte ab. Der nächste Schritt ist das Linken. Hierbei werden die Objektdatei Ihres Programmes und alle benötigten Codeteile aus der Bibliothek gebunden und dann eine *EXE*-Datei erzeugt.

Der Linker geht dabei 'intelligent' vor, d.h. er entnimmt den Objektdateien lediglich die tatsächlich benötigten Daten und Codefragmente und bindet diese zusammen. Es werden auch nicht einfach komplette Bibliotheksmoduln eingebunden, sondern eben nur jene Teile aus den Moduln, die ihr Programm wirklich benötigt. Das sorgt für sehr kompakte *EXE*-Dateien.

Make ist eine Funktion, die ebenfalls ein *EXE*-File erzeugt. Sie sorgt aber zunächst dafür, daß alle Moduln, die zu Ihrem Programm gehören und deren Quelltexte seit der letzten Compilierung editiert wurden, neu kompiliert werden. Ebenso alle Moduln dieses Programmes, die ihrerseits auf solche veränderten Moduln zugreifen. Erst dann ruft Make den Linker auf.

Sie werden deshalb im allgemeinen (selbst wenn Ihr Programm nur aus einem Modul besteht) nicht mit dem Linker, sondern mit der Makefunktion arbeiten, weil das der einfachste Weg ist, eine *EXE*-Datei zu erzeugen. Sie müssen dann nicht zuerst den Compiler und dann den Linker aufrufen, sondern nur ALT+M drücken. Bei größeren Projekten mit vielen Moduln wird Ihnen die Arbeit abgenommen, jedes Teil einzeln zu kompilieren und das Ganze dann zu linken. Außerdem ist immer die Aktualität aller eingebundenen Komponenten gewährleistet.

Compiler, Linker oder Make aufrufen

Wenn Sie einen Modul kompilieren wollen, rufen Sie den Compiler entweder vom Hauptmenü aus (COMPILIEREN) auf oder von jeder beliebigen Stelle in der Entwicklungsumgebung mit ALT+C. Wird er vom Editor aus gestartet, übersetzt er die aktuelle Textdatei, andernfalls werden Sie aufgefordert, den Namen der Datei anzugeben. Die Übersetzung kann mit ESC abgebrochen werden.

Wenn der Compiler einen Fehler findet, bricht er seine Arbeit (im Gegensatz zu Turbo Pascal) nicht sofort ab. Bis zu 60 Fehler werden zwischengespeichert und können dann im Editor einzeln angesprungen und korrigiert werden. Wie das geht, soll gleich gezeigt werden.

Wollen Sie ein lauffähiges Programm erzeugen, rufen Sie am besten Make mit ALT+M auf. Wenn Sie im Dateimenü kein Hauptmodul angemeldet haben (ALT+DH), müssen Sie dann den Namen des Hauptprogrammes (Main Module) angeben, bzw. den Namen des zuletzt bearbeiteten Hauptmoduls mit RETURN bestätigen. Die Fehlerregistrierung etc. erfolgt wie beim Kompilieren. Es werden nur fehlerfreie Moduln gelinkt. Der Makevorgang kann mit ESC abgebrochen werden.

Wenn Sie wünschen, daß *sämtliche* Moduln eines Programmes, nicht nur jene, deren Quelltext seit dem letzten Compilerlauf editiert wurde, rekompiliert werden, wählen Sie mit ALT+O das Optionenmenü und dort den Punkt KOMPLETTES MAKE. Diese Operation (die der Funktion BUILD in Turbo Pascal 4/5 entspricht) kann notwendig werden, wenn der Linker einen *DATE/TIME-ERROR* meldet, weil er entdeckt hat, daß Moduln von unterschiedlichen Versionen eines anderen Moduls ausgehen. Es ist aber recht unwahrscheinlich, daß das passiert.

Den Linker starten Sie mit ALT+L. Während er die Objektdateien zu lauffähigen Programm bindet, erzeugt er, falls gewünscht, ein Map-File. Der Linkvorgang kann mit ESC abgebrochen werden. Der Linker erzeugt nur dann eine EXE-Datei, wenn im Linklauf keine Fehler auftreten.

Hinweis: Damit der Linker weiß, mit welcher Version eines Moduls bei der Kompilierung gearbeitet wurde, legt der Compiler in der Objektdatei einen sog. Version-Record ab, der den

Zeitpunkt der letzten Veränderung des *Definitionfiles* enthält. Ausschlaggebend ist also nicht der Zeitpunkt der Speicherung der Quelltext- oder Objektdatei, sondern der Definitionsdatei. Diese Files (*.*DEF*) bilden die *Schnittstellen zwischen Moduln*, deren Konsistenz überprüft wird.

Stellen Sie sich vor, ein Programm greift auf die Moduln *Input* und *Output* zu, die beide wiederum auf den Modul *Screen* zugreifen. Würde keine Versionsüberprüfung vorgenommen, wäre folgendes denkbar: Sie schreiben den Modul *Screen*, kompilieren ihn und legen ihn als Objectfile ab. Nach dem Schreiben und kompilieren der übrigen Moduln verändern Sie aus bestimmten Gründen die Prozeduren die *Screen* exportiert. Sie müssen dann auch die Definitionsdatei *SCREEN.DEF* verändern.

Angenommen, Sie passen anschließend *Input* an diese neuen Gegebenheiten an, vergessen aber *Output* entsprechend zu modifizieren. Wenn Sie schließlich ein lauffähiges Programm erzeugen wollen, würde der Linker versuchen, eine *EXE*-Datei zu binden in der *Input* von der *neuen*, *Output* aber von der *alten* Version von *Screen* ausgehen. Diese Situation wird durch die Analyse des Versionrecords verhindert.

In den Objektdateien gibt es außerdem einen sog. Include-Record. Darin wird dem Linker mitgeteilt, welche weiteren Moduln ein Modul importiert. So genügen ihm der Name des Hauptmoduls und diese Verweise in den Objektdateien, um ein komplettes Projekt linken zu können.

2.3 Ein Programm editieren und testen

Kommen wir zur Praxis. Gehen Sie mit ALT+E in den Editor, geben Sie das folgende Programm ein, und speichern Sie es dann mit F2. Das Programm soll 10 Zahlen aus einem Array ausgeben:

```
MODULE No1;
FROM   IO IMPORT WrCard;
VAR    x   : CARDINAL;
       Feld: ARRAY[1..10] OF CARDINAL;
BEGIN
  FOR x := 1 TO 10 DO
    Feld[x]:=x;          (* Initialisierung *)
  END;
  FOR x := 1 TO 10 DO
    WrCard(Feld[x],2);     (*Ausgabe*)
  END;
END No1.
```

Legen Sie mit ALT+DH *No1* als Main-Module fest. *No1* bleibt solange als Hauptmodul definiert, bis Sie diesen Eintrag wieder ändern.

Sie können das Programm nach der Eingabe mit ALT+R (für RUN) innerhalb der Umgebung starten. Mit dem RUN-Befehl wird zuerst ein Make initiiert, d.h. *No1* wird kompiliert, dann gelinkt und so ein *EXE*-File erzeugt. Danach wird das Programm, sofern Sie keine Fehler gemacht haben, gestartet. Wenn das Programm abgearbeitet ist, gelangen Sie mit ESC zurück in die Arbeitsumgebung.

Kommandozeilen-Parameter

Sie können einem Programm, das mit RUN aus der Umgebung gestartet wird, Parameter via Kommandozeile übergeben. Rufen Sie dazu mit ALT+O das OPTIONEN-Menü auf und dort PROGRAMMSTART. Wählen Sie nun KOMMANDOZEILE und geben Sie die Parameter ein.

Stoppuhr

In diesem Menü gibt es außerdem einen Schalter STOPPUHR. Auf ON gestellt bewirkt er, daß nach dem Abarbeiten eines Programmes dessen Ausführungszeit eingeblendet wird.

DOS-Bildschirm

ALT+F5 zeigt den letzten DOS-Bildschirm bzw. die letzte Bildschirmausgabe Ihres Programmes.

Fehler korrigieren

Die Fehler, die der Compiler entdeckt, werden zwischengespeichert und können im Editor nacheinander angesprungen und behoben werden. Mit F8 setzen Sie den Cursor an die nächste, mit F7 an die letzte Fehlerposition. In der untersten Bildschirmzeile erscheint die jeweilige Fehlermeldung.

Der Cursor zeigt mit F7 oder F8 auch dann stets korrekt auf die letzte/nächste Zeile, in der ein Fehler entdeckt wurde, wenn Sie Zeilen eingefügt oder gelöscht haben.

Sie sollten mit diesen und anderen Möglichkeiten des Systems etwas experimentieren, um sie schnell und sicher nutzen zu können. Schreiben Sie z.B. einmal WrCard in der vorletzten Zeile falsch. Setzen Sie den Cursor auf dieses Wort und drücken Sie SHIFT+F7. Nach der Fehlerkorrektur können sie die Kompilierung mit ESC oder ALT+C fortsetzen.

Hinweis: Sie können die Fehlerregistrierung während der Kompilierung im Optionenuntermenü COMPILER abschalten. Der Compiler stellt dann, wie in Turbo Pascal, seine Arbeit beim ersten Fehler ein.

Laufzeitfehler

Durch die strenge Typenprüfung ist Modula-2 eine relativ 'sichere' Sprache. Die meisten Fehler, die ein Programmierer begehen kann, werden bereits bei der Übersetzung des Programmes festgestellt. Es sind aber eben nur die meisten. Die Fehler, die der Compiler nicht entdecken kann, treten erst zur

Laufzeit des Programmes auf. Aber auch die Ursache solcher Fehler läßt sich meist mit Hilfe der integrierten Umgebung feststellen. Wenn mit der jeweiligen Compilerdirektiven (siehe Anhang) für eine Index-, Stackprüfung etc. gesorgt ist, werden entsprechende Laufzeitfehler abgefangen und die Fehlerquelle kann im Sourcecode aufgespürt werden.

In der Testphase Ihrer Programme sollten Sie diese Compilerdirektiven festlegen, indem Sie im OPTIONEN-Menü COMPILER wählen und dort die LAUFZEITÜBERPRÜFUNG auf ON setzen (zwischen OFF und ON wird mit RETURN umgeschaltet). Beachten Sie bitte, daß im Quellcode plazierte Direktiven dieser Einstellung vorgehen. Ist die Fehlerprüfung nicht aktiv, wird das Programm, je nach Art des Fehlers, weiterlaufen und/oder mehr oder minder bizarre Ergebnisse liefern.

Um einen Laufzeitfehler herbeizuführen, lassen Sie das Beispielprogramm einmal über die Grenze des Arrays hinaus auf dessen Elemente zugreifen, indem Sie aus der 10 eine 100 machen:

```
FOR x := 1 TO 100 DO ...
```

Starten Sie das Programm dann mit ALT+R. Es wird 10 Zahlen und dann folgende Meldung ausgeben:

```
"Runtime Error: Index Out Of Range Abort/Continue/Find?"
```

Find setzt den Cursor auf die Passage des Quelltextes, die den Fehler herbeigeführt hat. *Continue* setzt das Programm weiter fort (seien Sie mit dieser Option vorsichtig). *Abort* bricht das Programm ab.

Wenn das Programm außerhalb der Umgebung gestartet wurde, können Sie die Fehlerstelle trotzdem lokalisieren. Nach dem Auftreten des Fehlers kann folgende Meldung erscheinen:

```
"Runtime Error [25CE/0078:0040] Index Out OF Range Continue y/n"
```

Notieren Sie die Fehleradresse und drücken Sie n. Rufen Sie den Compiler auf, gehen Sie mit ALT+O ins OPTIONEN-Menü, wählen Sie den Unterpunkt PROGRAMMSTART und dann LAUFZEITFEHLER SUCHEN. Geben Sie den Namen des Programmes und die Fehleradresse ein. Die entsprechende Datei wird dann in ein Editorfenster geladen und der Cursor an die Fehlerposition gesetzt.

Wichtig: Die Identifizierung von Laufzeitfehlern ist nur möglich, wenn ein vom Linker erzeugtes Map-File existiert. Ob der Linker diese *.MAP-Datei anlegen soll oder nicht, legen Sie im OPTIONEN-Menü im Untermenü LINKER mit MAP DATEI ERZEUGEN ON/OFF fest. Wenn der Quelltext zwischenzeitlich nicht verändert wurde, können Sie diese Datei zur Not auch mit einem nachträglichen Linklauf erzeugen lassen.

2.4 Modula-2-Programme schreiben

Hier geht es nun um einige Details, die beim Editieren von Modula-2 Quelltexten zu beachten sind. Um Schreibweisen, um reservierte Wörter, Standardbezeichner, Kommentare etc.

Schreibweisen

Modula-2 unterscheidet streng zwischen Groß- und Kleinschreibung. Wer sich an die Toleranz von Turbo Pascal gewöhnt hat, wird deshalb am Anfang gnadenlos mit Fehlermeldungen eingedeckt. Wenn eine Prozedur z.B. *WrStr* heißt, muß Sie auch so aufgerufen werden; *WRSTR*, *wrstr*, *Wrstr* etc. werden nicht erkannt.

Das gilt auch für Bezeichner und Schlüsselwörter. Schlüsselwörter werden generell GROSS geschrieben ("*Begin*" sagt dem Compiler nichts). Selbstgewählte Bezeichner können Sie schreiben, wie Sie wollen, aber Sie müssen eine Schreibweise im ganzen Programm beibehalten (*Index, INDEX, index* sind für den Compiler nicht das gleiche).

Bezeichner

Beachten Sie beim Vergeben von Namen bitte folgendes:

- Ein Bezeichner muß stets mit einem Buchstaben beginnen.
- Es können Ziffern und andere Buchstaben folgen, aber weder die deutschen Umlaute, noch Sonder- oder Satzzeichen.
- Die Länge eines Bezeichners ist beliebig.
- In TopSpeed Modula-2 ist der Unter_strich in Bezeichnern zugelassen.

Reservierte Wörter

Es gibt eine Reihe von Wörtern, die Sie nicht als Bezeichner vergeben dürfen. Diese Schlüsselwörter werden stets GROSS GESCHRIEBEN. In Tabelle 2-6 sind diese Wörter aufgelistet:

AND	END	LABEL	REPEAT
ARRAY	EXIT	LOOP	RETURN
BEGIN	EXPORT	MOD	SET
BY	FOR	MODULE	THEN
CASE	FORWARD	NOT	TO
CONST	FROM	OF	TYPE
DEFINITION	GOTO	OR	UNTIL
DIV	IF	POINTER	VAR
DO	IMPLEMENTATION	PROCEDURE	WHILE
ELSE	IMPORT	QUALIFIED	WITH
ELSIF	IN	RECORD	

Tabelle 2-6 Reservierte Wörter in TopSpeed Modula-2

Standardbezeichner

Standardbezeichner haben in Modula-2 eine feste Bedeutung, können aber in Programmen trotzdem vom Programmierer vergeben und damit umdeklariert werden. Sie sollten so etwas besonders dann tun, wenn Sie für Verwirrung sorgen oder verhindern wollen, daß irgend jemand Ihre Programme warten oder auch nur verstehen kann. Es folgt Tabelle 2-7 mit einer Liste dieser Wörter, die ebenfalls immer GROSS zu schreiben sind:

ABS	DISPOSE	LONGREAL	SHORTADDR
ADDRESS	EXCL	LONGWORD	SHORTCARD
ADR	FALSE	MAX	SHORTINT
BITSET	FLOAT	MIN	SIZE
BOOLEAN	HALT	NEW	TRUE
BYTE	HIGH	NIL	TRUNC
CAP	INC	NULLPROC	VAL
CARDINAL	INCL	ODD	VSIZE
CHAR	INTEGER	ORD	WORD
CHR	LONGCARD	PROC	
DEC	LONGINT	REAL	

Tabelle 2-7 Standardbezeichner in TopSpeed Modula-2

Kommentare

Im Gegensatz zu Pascal ist nur diese Kommentarschreibweise zulässig:

```
(* das ist ein Kommentar *)
```

Die geschweiften Klammern { und } bezeichnen in Modula Mengen. Kommentare können überall plaziert werden, solange sie keine Bezeichner etc. zerstören:

```
x:= b (*jetzt kommt gleich ein Pluszeichen*) + y;
```

ist zulässig. Die folgende Zeile wird aber eine Fehlermeldung auslösen:

```
v:= 7.1(*Kommentar*)93;
```

Kommentare können beliebig geschachtelt werden. Das ist z.B. dann recht praktisch, wenn Codeteile zeitweise deaktiviert werden sollen wie hier:

```
...
(*
Erase(TempDat); (* löscht die temporäre Datei *)
*)
...
```

Compilerdirektiven

werden, wie in Pascal, in Kommentarklammern im Text plaziert. Vor der Direktive steht das $-Zeichen. Die Anweisung

```
(*$I+*)
```

aktiviert z.B. die Indexprüfung. Compilerdirektiven können aufgezählt werden:

```
(*$I-,R-,S-*)
```

Auch bei den Compilerdirektiven wird zwischen Groß- und Kleinschreibung unterschieden: *(*$i-*)* interpretiert der Compiler als Kommentar. Eine Liste der Direktiven finden Sie im Anhang. Include-Files gibt es in Modula-2 übrigens nicht.

Die Struktur eines Modulaprogrammes

Ich möchte Ihnen nun zeigen, wie ein einfaches Modula-2 Programm aufgebaut ist, bevor dann einzelne Komponenten in den folgenden Kapiteln dieses Buches besprochen werden. Ein Modula Hauptprogramm hat diese allgemeine Struktur:

```
MODULE Programmname;
Importliste
Deklarationen
BEGIN
  Anweisungsblock
END Programmname.
```

Sie sehen unten ein kleines Modula-2 Programm, das die folgenden Ausführungen illustrieren soll. Daneben finden Sie dasselbe Programm zum Vergleich noch einmal in Turbo Pascal. Der Pascal Quelltext ist in diesem Fall deutlich kürzer. Lassen Sie sich davon nicht irritieren. Bei größeren Programmen unterscheiden sich Pascal- und Modulaquelltexte in der Länge nur unwesentlich.

Modula-2

```
MODULE Demo;
FROM IO IMPORT WrStr,WrLn;
FROM Window IMPORT Clear;
VAR  i:CARDINAL;

PROCEDURE SayHello;
BEGIN
  WrStr('Hallo!!!');
  WrLn;
END SayHello;

BEGIN
  Clear;
  FOR i := 1 TO 22 DO
     SayHello;
  END;
END Demo.
```

Pascal

```
Program Demo;
Uses Crt;

Var i:Word;

Procedure SayHello;
Begin
  WriteLn('Hallo!!!');
End;


Begin
  ClrScr;
  For i := 1 TO 22 do
    SayHello;
End.
```

Ein Modula-2-Programm trägt die Bezeichnung MODULE. Die Schreibweise des Programmnamens muß die Bedingungen erfüllen, die auch für andere Bezeichner gelten. Programm- und Dateiname müssen identisch sein. Mehr als acht Zeichen sind also nicht möglich. Es sei denn, Sie schalten die Modulnamen-Überprüfung im Menü OPTIONEN/COMPILER aus.

Die Importliste

Mit der Importliste wird dem Compiler bekanntgegeben, auf welche Prozeduren, Funktionen und Datenstrukturen aus welchen Bibliotheksmoduln das Programm zugreift. Im obigen Beispiel sind das die Prozeduren *WrStr* und *Wrln* aus dem Bibliotheksmodul *IO* und *Clear* aus *Window. WrStr* gibt einen String aus, *WrLn* sorgt für einen Zeilenvorschub. Diese Funktionen sind in Pascal nicht getrennt. *Clear* räumt den Bildschirm wie sein Pendant *ClrScr* in Pascal. Diese Funktion muß auch in Turbo Pascal mit *Uses* aus einem Bibliotheksmodul (*Crt*) importiert werden.

Der Deklarationsteil

Deklarationen erfolgen in Modula ebenso wie in Pascal. Sie können Konstanten, Typen, Variablen, Prozeduren, Funktionen, Moduln und Labels deklarieren. Die Reihenfolge und Anordnung der Deklarierung ist Ihnen freigestellt, wie das folgende Beispiel zeigt:

```
...
VAR   InsMode  : BOOLEAN;
TYPE  String   = ARRAY[0..100] OF CHAR;
VAR   KopfZeile: String;
CONST Grwszq   = 44.6;
...
```

Auch die Mischung von Variablen- bzw. Typendeklarationen mit Prozedurdeklarationen ist möglich. Das hat den Vorteil, daß man globale Variablen etc., die nur für den Anweisungsteil eines Programmes gedacht sind, direkt vor diesem definieren kann. Das macht den Quelltext lesbarer:

```
MODULE XY;
FROM...
VAR ... (* globale Variablen für alle Programmteile *)

PROCEDURE P1;
...
END P1;

PROCEDURE P2;
...
END P2;

VAR c:CARDINAL; (* wird nur im Hauptteil benutzt *)
BEGIN  (* Anweisungsteil *)
...
END XY.
```

Bei gleichen Typen sind Aufzählungen möglich:

```
VAR Betrag, ZwSumme, Summe:REAL; (* in einer Zeile *)
    x,
    c,
    m: SHORTINT; (* über mehrere Zeilen *)
```

Die Vereinbarung einer Variablen *XYZ*, deren Typ noch nicht definiert ist, wird mit der Fehlermeldung

```
Unbekannter Name -> XYZ
```

geahndet. Diese Meldung erhalten Sie auch, wenn Sie eine Variable benutzen, die nicht deklariert wurde.

Die einzelnen Zeilen des Deklarationsteils werden von einem Semikolon abgeschlossen - es sei denn, es handelt sich um eine Aufzählung über mehrere Zeilen.

Der Anweisungsblock

Den Deklarationen folgt der Anweisungsblock des Programmes, der mit einem *BEGIN* eingeleitet wird. Das Programm wird mit einem *END* und dem Programmnamen, gefolgt von einem Punkt, abgeschlossen. Die abschließende Wiederholung des Bezeichners ist auch für Prozeduren vorgeschrieben: dem letzten *END* einer Prozedur folgt der Prozedurnamen und ein Semikolon.

Einzelnen Anweisungen folgt ein Semikolon. Vor einem *END*, einem *ELSE* und einem *UNTIL* (einer *REPEAT*-Schleife) kann man darauf verzichten. Sie können mehrere Anweisungen, durch Semikola getrennt, in einer Zeile unterbringen.

Anweisungsblöcke dürfen leer sein:

```
PROCEDURE warte;
BEGIN
  REPEAT
  UNTIL KeyPressed()
END warte;
```

Alle Zuweisungen erfolgen mit dem gleichen Zuweisungsoperator := wie in Pascal. Gleichheit wird ebenfalls mit dem = Operator geprüft.

In den nächsten Kapiteln werden Ein- und Ausgabeoperationen noch nicht besprochen. Sie werden allerdings bei verschiedenen Beispielen benutzt. Deshalb hier eine kurze Erläuterung einiger Modula-2 Prozeduren aus dem Bibliotheksmodul *IO* (für die Ein-/Ausgabeoperationen). Eine genauere Besprechung folgt später.

Prozedur	Bedeutung
`WrCard(c,3);`	Gibt die Kardinalzahl c mit 3 Stellen aus
`WrInt(i,3);`	...das Gleiche mit der Integerzahl i.
`WrStr('Egon');`	Gibt den String 'Egon' aus.
`WrLn;`	Löst einen Zeilenvorschub aus.
`c := RdCard();`	Liest eine Kardinalzahl c von Tastatur ein.
`i := RdInt();`	...und eine Integerzahl
`t := RdKey();`	Nimmt ein Zeichen von Tastatur entgegen.

Sie erkennen, daß sich die strenge Typenbindung von Modula-2 auch bei den Ausgabe- und Eingabeoperationen bemerkbar macht, die im Gegensatz zu Pascal jeweils auf einen Typ spezialisiert sind. Eine generelle Ausgabeprozedur wie *WriteLn* in Pascal gibt es in Modula nicht.

3 Datentypen, Konstanten und Labels

In diesem Kapitel lesen sie etwas über
- *die Standardtypen von TopSpeed Modula-2,*
- *selbstdefinierte Typen (Aufzählungs- und Unterbereichstypen, Arrays, Records und Mengen),*
- *Standardprozeduren, Operatoren und Anweisungen in Zusammenhang mit diesen Typen,*
- *Typenkompatibilität,*
- *Konstanten- und Labeldeklarationen.*

3.1 Datentypen

Es werden jetzt die Datentypen beschrieben, mit denen Sie in TopSpeed Modula-2 arbeiten können. Außerdem geht es um Operatoren sowie Standardfunktionen und -prozeduren, die im Zusammenhang mit diesen Typen verwendet werden können. "Standard" bedeutet, daß diese Funktionen bzw. Prozeduren Teil des Sprachkerns sind und nicht aus einem Bibliotheksmodul importiert werden müssen.

Es geht zuerst um die einfachen Typen wie Integers. Danach werden die vom Programmierer definierten Typen, wie Arrays, betrachtet. Dort werden Sie auch etwas über Strings lesen, die in Modula nicht zu den vordefinierten Typen gehören.

Der Typ *POINTER* wird später in einem separaten Kapitel über Zeiger besprochen. Auf die speziellen Typen für systemnahe Operationen (*WORD* etc.) wird in Kapitel 9 eingegangen.

3.1.1 Standardtypen

Zu den Standardtypen zählen verschiedene numerische Typen, der Typ *BOOLEAN* und der Typ *CHAR*.

3.1.1.1 Numerische Typen

In der nachstehenden Tabelle finden Sie eine Liste der ganzzahligen Standardtypen von TopSpeed Modula-2. Deren Pendant in Turbo Pascal wird ebenfalls aufgeführt. Lediglich der Typ *LONGCARD* findet in Pascal keine Entsprechung. Einander entsprechende Typen belegen in beiden Sprachen den gleichen Speicherplatz und decken den gleichen Wertebereich ab. Das Pendant zu dem Pascal-Typ *Word* ist in Modula-2 der Typ *CARDINAL*. Der Typ *WORD* hat in Modula-2 eine völlig andere Bedeutung! Hierauf wird in Kapitel 9 eingegangen

	TopSpeed Modula	**Turbo Pascal 4/5**
Typ	*INTEGER* (2 Bytes)	*Integer*
Bereich	-32.768 bis +32.767	
Typ	*LONGINT* (4 Bytes)	*LongInt*
Bereich	-2.147.483.648 bis +2.147.483.647	
Typ	*SHORTINT* (1 Byte)	*ShortInt*
Bereich	-128 bis +127	
Typ	*CARDINAL* (2 Bytes)	*Word*
Bereich	0 bis 65.535	
Typ	*LONGCARD* (4 Bytes)	--
Bereich	0 bis 4.294.967.295	
Typ	*SHORTCARD* (1 Byte)	*Byte*
Bereich	0 bis 255	

Tabelle 3-1 Ganzzahlige Standardtypen in TopSpeed Modula-2 und Turbo Pascal

Gleitkommazahlen werden mit den in der folgenden Tabelle aufgeführten Typen dargestellt.

	TopSpeed Modula	Turbo Pascal 4/5
Typ	*REAL* (4 Bytes)	*Real* (6 Bytes)
Bereich	$\pm 1.2 * 10^{-38}$ bis $3.4 * 10^{38}$	$\pm 2.9 * 10^{-39}$ bis $1.7 * 10^{38}$
Genauigkeit	6	11
Typ	*LONGREAL* (8 Bytes)	--
Bereich	$\pm 2.3*10^{-308}$ bis $1.7*10^{308}$	
Genauigkeit	15	

Tabelle 3-2 Gleitkommatypen in TopSpeed Modula-2 und Turbo Pascal

Beachten Sie bei Portierungen die Unterschiede beim Fließkommatyp *REAL* in beiden Sprachen. In Turbo Pascal sind mit Coprozessor (bzw. Emulator) weitere Typen verfügbar, die TopSpeed Modula-2 nicht kennt.

Bei konstanten Zuweisungen von REAL-Zahlen muß der Dezimalpunkt stets angegeben werden: *r := 125* führt zu einer Fehlermeldung, wenn r als REAL deklariert wurde; mit *r:=125.* gibt sich der Compiler zufrieden. Diese Zuweisung hätte man übrigens auch so

```
r := 1.25E2;
```

schreiben können.

Arithmetische Operatoren

Für *ganze* Zahlen stehen die Operatoren +, -, *, *DIV* und *MOD* zur Verfügung, die Sie bereits von Pascal her kennen. Beachten Sie, daß *, *DIV* und *MOD*, + und - vorgehen. Die Reihenfolge der Auswertung von Ausdrücken kann mit Klammern beeinflußt werden. Klammern benötigen Sie auch bei manchen Operationen mit negativen Werten, da zwei Operatoren nicht nebeneinander stehen dürfen:

```
x := y + (-3);
```

Mit Realzahlen sind die Operatoren +, -, * und / zu benutzen.

Sie können keine arithmetischen Ausdrücke mit Fließkomma- *und* ganzen Zahlen bilden. Den Versuch quittiert der Compiler mit der Fehlermeldung

```
"inkompatibler Typ in Ausdruck"
```

Benutzen Sie in diesem Fall die Routinen zur Typumwandlung. Wenn Sie einen Operator für *REAL*-Zahlen mit ganzen Zahlen benutzen (z.B. *IntegerZahl_1/IntegerZahl_2*), wird ein `"Typkonflikt"` gemeldet.

Arithmetische Standardfunktionen und -prozeduren

Die Funktion *ABS* ermittelt den absoluten Wert einer ganzen oder reellen Zahl.

```
c := ABS(-5);   (* ergibt 5   *)
r := ABS(-1.2); (* ergibt 1.2 *)
```

Die Funktion *ODD(x)* liefert den Wert *TRUE*, wenn *x* ungerade ist, bei geraden Zahlen hingegen *FALSE*.

Die Standardprozeduren *DEC* und *INC* können auf alle Aufzählungstypen, und ganze Zahlen (Integer- und Kardinalzahlen) angewandt werden. Als Ergebnis wird der "Nachfolger" zurückgegeben:

```
INC(Zahl); (* entspricht Zahl := Zahl + 1 *)
DEC(Zahl); (* entspricht Zahl := Zahl - 1 *)
```

Es ist möglich, anzugeben, um wieviel die jeweilige Variable zu erhöhen bzw. zu erniedrigen ist:

```
INC(Zahl,s); (* entspricht Zahl := Zahl + s *)
DEC(Zahl,s); (* entspricht Zahl := Zahl - s *)
```

Die Funktionen *MAX* und *MIN* ergeben die höchsten und niedrigsten Werte, die ein *Typ* annehmen kann. Wenn der Typ *C* als *CARDINAL* definiert ist:

```
TYPE C = CARDINAL;
```

ergibt *MAX(C)* 65535. Auch folgende Zuordnung ist möglich:

```
...
x := MAX(CARDINAL); y := MAX(INTEGER); r := MAX(REAL);
...
```

Diese Funktionen dürfen auch bei der Deklaration von Konstanten benutzt werden. So könnten z.B. die Konstanten *MaxInt* und *MaxCard* vereinbart werden:

```
CONST MaxCard = MAX(CARDINAL); MaxInt = MAX(INTEGER);
```

Wenn über einen solchen Maximalwert hinaus gezählt wird (etwa mit: *c:=MaxCard+1;*), kommt es bei eingeschalteter Laufzeitüberprüfung zu einem Runtime Error. Andernfalls geht es mit dem niedrigsten Wert des jeweiligen Typs weiter.

Standardprozeduren zur Typumwandlung

In Modula-2 ist eine Zuweisung oder ein Vergleich unterschiedlicher Typen *unzulässig*. Eine Ausnahme bilden *CARDINAL*- und *INTEGER*-Variablen, die einander zugewiesen werden dürfen, wenn sich ihre Wertebereiche decken. Das gilt auch für *SHORTINT*- und *SHORTCARD*- sowie *LONGINT*-

und *LONGCARD*-Variablen. Die Zuweisung einer negativen *INTEGER*-Zahl an eine *CARDINAL*-Variable löst den Laufzeitfehler

```
"Subrange Value Out OF Range"
```

aus.

Bevor Variablen anderer Typen einander zugewiesen werden können, muß eine Typ*umwandlung* oder ein Typ*transfer* vorgenommen werden. Eine Möglichkeit des Transfers unterschiedlicher Typen ist diese:

```
VAR
  l: LONGINT;
  c: CARDINAL;
  i: INTEGER;
  r: REAL;
  ...
    l:=LONGINT(c);
    r:= REAL(i);
    c:= CARDINAL(i);
  ... (etc.)
```

Ein Transfer darf nicht auf der linken Seite einer Zuweisung stehen. Der Transfer in dieser Art ist mit *sämtlichen* Typen möglich. Wenn Sie einen Transfer mit einfachen Typen, Aufzählungs- oder Unterbereichstypen vornehmen, führt TopSpeed Modula-2 automatisch eine Typ*umwandlung* durch. Die Nutzung ist also gefahrlos möglich.
Bei anderen Typen (Strings, Feldern usw.) müssen Sie jedoch prüfen, inwieweit das Ergebnis einen Sinn ergibt. Ein Transfer verändert die Daten nicht, er sorgt lediglich für eine Uminterpretation des ihnen zugrundeliegenden Bitmusters. Eine Umrechnung der Werte erfolgt nur bei der Typumwandlung (lesen Sie hierzu auch Kapitel 3.1.3).

Eine Typ*umwandlung* kann mit den Prozeduren *FLOAT*, *TRUNC*, *VAL* und *ORD* vorgenommen werden. Sie sollten dieser Methode besonders dann den Vorzug geben, wenn Sie beabsichtigen, portierbare Programme zu schreiben.

FLOAT wandelt ganze Zahlen in Fließkommazahlen vom Typ *REAL* um.

```
...
VAR c:CARDINAL; i:INTEGER; s:SHORTINT; r:REAL
...
i:= -32; c := 45; s:=-2;
r := FLOAT(i);        (* ergibt: -3.2E+1  *)
r := FLOAT(c);        (* ergibt:  4.50E+1 *)
r := FLOAT(s);        (* ergibt: -2.00E+1 *)
```

TRUNC wandelt eine Fließkommazahl in eine ganze Zahl um, indem die Nachkommastellen entfernt werden.

```
r:= 23.7;
c := TRUNC(r); (* ergibt 23 *)
```

ORD verwandelt eine beliebige *INTEGER*-Zahl in eine *CARDINAL*-Zahl.

```
c := ORD(i);
```

Wenn *i* den Wert -3 hat, ergibt die Umwandlung für *c* 65533.

Mit *VAL(Typ,Wert2)* werden beliebige Typen konvertiert:

```
...
VAR c:CARDINAL; s:SHORTINT; r:REAL
...
c := VAL(CARDINAL,r);
r := VAL(REAL,s);
...
```

Vergleichsoperatoren

Modula-2 kennt die in der folgenden Tabelle aufgeführten Vergleichsoperatoren. Der Operator <> kann durch das Symbol # ersetzt werden.

Symbol	Bedeutung
=	gleich
<>, #	ungleich
<	kleiner
<=	kleiner gleich
>	größer
>=	größer gleich

Tabelle 3-3 numerische Vergleichsoperatoren

Wegen der strengen Typenbindung ist es in Modula nicht möglich, unterschiedliche Typen zu vergleichen.

Darstellungsformen

Zahlen können im Dezimal-, Hex- und Oktalsystem dargestellt werden. Hexzahlen wird ein *H* angehängt, oktale Zahlen werden mit einem angehängten *B* kenntlich gemacht. Hier ein Beispiel

```
x:= 99    (* dezimal *)
y:= 7B    (* oktal   *)
z:= 0B800H  (* hexadezimal; in Pascal: $B800 *)
```

Achten Sie darauf, daß Hexzahlen mit einer Ziffer beginnen, sonst hält der Compiler die Zahl für einen Bezeichner. Schreiben Sie also *0B800H* statt *B800H*.

3.1.1.2 Der Typ *CHAR*

Mit *CHAR*-Variablen lassen sich, wie in Pascal, alle Zeichen des IBM-Zeichensatzes verarbeiten. Eine Variable dieses Typs belegt 1 Byte. Die Zuordnung eines Zeichens zu einer Variablen ist in Modula-2 auf verschiedene Arten möglich.

Es sind zwei Schreibweisen zulässig:

`c:= 'A';` oder `c:= "A";`

c := 'A"; löst eine Fehlermeldung aus (ebenso wie das in Pascal übliche *c := #32*; *#* ist in Modula ein Vergleichsoperator). Außerdem ist eine Zuordnung über die Ordnungszahl in oktaler Schreibweise möglich:

```
c:= 7C;       (* ASCII 7 *)
WrChar(c);  (* "beep" *)
```

Die oktale Schreibweise - die mit einem angehängten *C* kenntlich gemacht wird - ist insbesondere dann notwendig, wenn Sie Zeichen darstellen möchten, deren ASCII-Code unterhalb von 32 liegt (etwa die Pfeilsymbole etc.), oder das DEL-Zeichen mit dem Code 127.
Sie können diese Zeichen aber auch dezimal mit der *CHR*-Funktion darstellen. Ein Programm, das die Ordnungszahl jedes Zeichens dezimal, dual, oktal und in Hexschreibweise ausgibt, folgt im Kapitel 7.4.

Variablen vom Typ *CHAR* können mit den in Tabelle 3-3 aufgeführten Operatoren verglichen werden. "Größer" oder "kleiner" richtet sich nach der Ordnungszahl im ASCII-Zeichensatz.

Standardfunktionen für den Typ *CHAR*

Die *ORD*-Funktion ermittelt die Ordnungszahl des Zeichens im ASCII-Zeichensatz.

```
...
VAR x: CARDINAL;
...
x := ORD("c"); (* ergibt für x den Wert 99 *)
x:= ORD('c') + ORD('d'); (* ergibt 199 *)
```

Umgekehrt wandeln Sie mit der *CHR*-Funktion eine Ordnungszahl in ein Zeichen um:

```
VAR cr:CHAR;
...
cr := CHR(99); (* "c" *)
```

Auf diese Weise können Sie alle Zeichen des kompletten Zeichensatzes darstellen.

```
cr := CHR(16); (* dezimal *)
cr := CHR(10H);(* hexadezimal *)
```

In beiden Fällen gibt *WrChar(cr)* ein Pfeilsymbol aus.

Die Funktion *CAP* entspricht der *UpCase*-Funktion in Pascal:

```
cr := CAP("c"); (* ergibt C *)
```

Beachten Sie, daß *CAP* die deutschen Umlaute nicht umwandeln kann.

DEC und *INC* können ebenfalls auf Variablen vom Typ *CHAR* angewandt werden:

```
INC("A"); (* ergibt "B" *)
DEC("B"); (* ergibt "A" *)
```

3.1.1.3 Der Typ BOOLEAN

Wahrheitswerte sind Ihnen von Pascal ebenfalls vertraut. Eine Variable vom Typ *BOOLEAN* belegt ein Byte im Speicher und kann die Werte *TRUE* oder *FALSE* annehmen. Der Wert *TRUE* ist größer als der Wert *FALSE*. Die Zuweisung erfolgt wie in Pascal:

```
VAR b,
    NormalTemp: BOOLEAN;
...
b := TRUE;
NormalTemp := Temperatur < 100;
...
```

Logische Operatoren

Auch in Modula-2 können Sie mit den logischen Operatoren *AND*, *OR* und *NOT* Ausdrücke bilden. Anstelle von *AND* können Sie das Symbol & benutzen und für *NOT* die Tilde ~ (ASCII 126).

TopSpeed Modula-2 nimmt eine Kurzschluß-Auswertung von Ausdrücken vor, die mit *AND* und *OR* verknüpft sind. Das bedeutet, daß die Prüfung eines Ausdrucks aus Geschwindigkeitsgründen abgebrochen wird, sobald das Ergebnis feststeht. Da bei einer Verknüpfung mit *AND* das Ergebnis feststeht, wenn der erste Ausdruck *FALSE* ist, wird der Rest des Ausdrucks nicht mehr untersucht. Wenn in diesem Beispiel

```
IF (z > 0) AND (z < 10) ...
```

z den Wert -1 hat, wird nicht mehr überprüft, ob dieser Wert auch kleiner als 10 ist. Bei der Verknüpfung mit *OR* wird die Auswertung beendet, wenn der erste Ausdruck *TRUE* ergibt, da das Ergebnis dann auf jeden Fall *TRUE* ist.

Beachten Sie auch die Hierarchie der Operatoren, die die folgende Tabelle zeigt.

Priorität	**Operator**
1(hoch)	NOT
2	* / DIV MOD AND
3	+ - OR
4(niedr.)	= <> > >= < <= IN

Tabelle 3-4 Die Hierarchie der Operatoren

Zur Steuerung der Auswertungsreihenfolge werden Klammern benutzt. Deshalb wurde im obigen Beispiel:

```
IF (z > 0) AND (z < 10) ...
```

geschrieben. Ohne die Klammern wäre zunächst der Ausdruck *0 AND Z* ausgewertet worden, weil *AND* eine höhere Priorität als die beiden Vergleichsoperatoren hat. Danach hätte der Compiler einen "Syntaxfehler" gemeldet.

3.1.2 Selbstdefinierte Typen

Kommen wir jetzt zu den Datenstrukturen, die Sie als Programmierer selbst definieren, zu Aufzählungs- und Unterbereichstypen, Arrays, Records und Mengen.

3.1.2.1 Aufzählungstypen

Wie in Pascal können auch in Modula-2 Aufzählungstypen definiert werden. Die Benutzung dieser Typen kann dazu beitragen, Programme klarer und besser lesbar zu gestalten. Aufzählungstypen mit weniger als 256 Werten belegen 1 Byte, andernfalls 2 Byte. Die Deklaration

```
TYPE Noten = (sehr_gut,gut,befriedigend,ausreichend,mies);
```

definiert einen neuen Datentyp *Noten*. Damit werden zugleich auch die Werte festgelegt, die eine Variable dieses Typs annehmen kann. Die Bezeichnung eines Wertes darf nur einmal auftauchen (in einer Definition *und* innerhalb eines Blockes). Eine Variable dieses Typs wird folgendermaßen deklariert:

```
VAR Schulnote: Noten;
```

Die Werte eines Aufzählungstyps sind gemäß ihrer Aufzählung geordnet, d.h im obigen Beispiel ist *befriedigend* der Nachfolger von *gut*, etc. Entsprechend kann die Ordnungszahl jedes Wertes mit der *ORD*-Funktion ermittelt werden:

```
n := ORD(ausreichend)
```

ergibt 3, weil der erste in der Liste angegebene Wert immer die Ordnungszahl 0 hat. Die Prozeduren *INC* und *DEC* können ebenfalls benutzt werden:

```
Schulnote := gut;
INC(Schulnote); (* Pascal: inc oder succ *)
```

Auch *INC(Schulnote,2)* oder *DEC(Schulnote,2)* sind zulässig. Wenn die Schulnote bereits *mies* ist, d.h. der höchste Wert erreicht ist, den die Variable *Schulnote* annehmen kann, führt eine weitere Inkrementierung zu dem Laufzeitfehler

```
"Enumeration Value Out Of Range"
```

Das gleiche gilt für eine Dekrementierung, wenn die Variable bereits den niedrigsten definierten Wert hat.

Variablen von Aufzählungstypen können

- miteinenader verglichen werden,
- in *CASE*-Anweisungen (vgl. nächstes Kapitel) benutzt werden,
- an Prozeduren übergeben werden,
- in Schleifen als Zählvariable benutzt werden:

```
FOR Schulnote := sehr_gut TO mies DO
  WrCard(ORD(Schulnote),3); WrLn;
END;
```

Werte können einer Variablen mit *:=* zugeordnet werden. Ein direktes Einlesen der Werte von *Schulnote* ist aber nicht möglich, ebenso wie eine direkte Ausgabe, etwa mit *WrStr*, nicht funktioniert. Allerdings kann über die Ordnungszahl mit Hilfe der *VAL*-Funktion der Variablen ein Wert zugeordnet werden. Dafür muß mit einer Hilfsvariable gearbeitet werden:

```
WrStr('Geben Sie Ihre Note ein:');
n := RdCard();                (* Einlesen über Hilfsvariable*)
DEC(n);                       (* weil von 0 an gezählt wird *)
Schulnote := VAL(Noten,n);      (* Ermittlung des Wertes *)
...
```

3.1.2.2 Unterbereichstypen

Mit Hilfe von Typendefinitionen ist es auch in Modula-2 möglich, den Wertebereich, den eine Variable eines Grund- oder Aufzählungstyps annehmen kann, einzugrenzen. Dabei begrenzen zwei Konstanten (ganze Zahlen, *CHAR* oder selbstdefinierte Aufzählungstypen, aber z.B. keine Fließkommazahlen) den zulässigen Spielraum der Variablen. Die zweite Konstante darf nicht kleiner als die erste sein.

Bei der Deklaration werden Anfangs- und Endwert, durch zwei Punkte getrennt und in *eckige* Klammern gesetzt (Pascal: *keine* Klammern). Hier ein paar Beispiele:

```
...
TYPE Noten = (sehr_gut,gut,befriedigend,ausreichend,mies);
                    (* ein selbstdefinierter Aufzählungstyp *)
TYPE GrossBuchstaben = ["A".."Z"];
     NormaleNoten    = [gut..ausreichend];
     KinderZahl      = [0..20];
     Temperatur      = [-50..100];
VAR  AussTemp  : Temperatur;
     Buchstabe : GrossBuchstaben;
     Kinder    : KinderZahl;
     N         : NormaleNoten;
...
```

Die gültigen Werte, die eine solche Variable annehmen kann, sind vom Typ des entsprechenden *Grundtyps*. Bei *Kinder* ist es der Typ *CARDINAL* und bei *AussTemp INTEGER*, weil der Grundtyp dann automatisch *INTEGER* ist, wenn die gesetzte Untergrenze eine negative Zahl ist. Bei positiven Werten ist er automatisch *CARDINAL*. Sie können einen bestimmten Grundtyp aber folgendermaßen vorschreiben:

```
TYPE KleineZahlen = INTEGER[0..20];
```

Mit Unterbereichstypen sind alle Operationen durchführbar, die auch mit dem jeweiligen Grundtyp gestattet sind. Da der Grundtyp von *AussTemp* der Typ *INTEGER* ist, können alle für Integer-Zahlen zulässigen Operationen auch mit *AussTemp* durchgeführt werden.

Wenn mit der Compilerdirektive *$R+* die Unterbereichsüberprüfung eingeschaltet wird (s. Anhang), bricht das Programm mit einem Laufzeitfehler ab, sobald Werte verarbeitet werden, die außerhalb des von Ihnen definierten Unterbereiches liegen.

```
...
BEGIN
  (*$R+*)  (* Range Check On !*)
```

```
    WrStr("geben Sie die Temperatur ein:");
    AussTemp:= RdInt();
  ...
```

Wenn hier nun der Wert 9000 eingegeben wird, bricht das Programm mit der Fehlermeldung:

```
"Run Time Error: Subrange Value out of Range"
```

ab. Wenn Sie im Quelltext Werte zuordnen, die außerhalb des Zulässigen liegen, weist Sie der Compiler Sie mit der Meldung:

```
"Konstante nicht im gültigen Bereich"
```

auf diesen Fehler hin.

3.1.2.3 Arrays

Eindimensionale Felder werden in Modula-2 ebenso wie in Pascal deklariert:

```
TYPE Feld = ARRAY[0..1000] OF CARDINAL;
VAR  Zahlenfeld: Feld;
```

oder direkt (und anonym) in der *VAR*-Deklaration:

```
VAR Liste: ARRAY[1..20] INTEGER;
```

Die Speicherbelegung eines Feldes ergibt sich aus dem Produkt der Zahl der Feldelemente und dem Speicherbedarf des einzelnen Elementes. Als Indextyp sind die Typen *INTEGER*, *CARDINAL*, *CHAR*, *BOOLEAN*, sowie Aufzählungs- und Unterbereichstypen zulässig. Dazu noch ein paar Beispiele:

```
TYPE Noten = (sehr_gut,gut,befriedigend,ausreichend,mies);
     F= ARRAY[1..5] OF CARDINAL;
VAR  Durchschnitt: ARRAY[sehr_gut..mies] OF CARDINAL ;
     LFeld       : ARRAY SHORTINT OF CHAR;
     Feld1,Feld2 : F;
```

Feld1 und *Feld2* sind Arrays mit fünf Elementen vom Typ *CARDINAL*. Das dritte Element von *Feld1* wird z.B. mit

`x:= Feld1[3];` oder `Feld1[3] := y;`

angesprochen. *Durchschnitt* ist ein Feld dessen Elemente ebenfalls vom Typ *CARDINAL* sind. Der Index ist allerdings vom (selbstdefinierten) Typ *Noten*. Das vierte Element wird wie folgt angesprochen:

`x := Durchschnitt[ausreichend];` oder
`Durchschnitt[ausreichend]:=y;`

Beim Zugriff auf ein Element des Feldes *LFeld*, z.B. mit

```
WrChar(LFeld[i]);
```

muß die Variable *i* vom Typ *SHORTINT* sein, weil der Typ einer Indexvariablen kompatibel zum Indextyp sein muß. Andernfalls beschwert sich der Compiler mit der Fehlermeldung

```
"Index hat falschen Typ"
```

Bei positiven Werten ist der Indextyp automatisch *CARDINAL*, bei negativen *INTEGER*. Solange der jeweilige Wertebereich nicht verlassen wird, sind *INTEGER* und *CARDINAL* als Typen von Indexvariablen austauschbar.

Der Umgang mit *mehrdimensionalen* Arrays ist Ihnen von Pascal ebenfalls bekannt. Hier zunächst die beiden Schreibweisen im Deklarationsteil von Modula- und Pascal-Programmen.

Modula-2:

```
TYPE Tabelle = ARRAY[1..10] OF ARRAY[1..50] OF INTEGER;
(* oder kürzer: *)
TYPE Tabelle = ARRAY[1..10],[1..50] OF INTEGER;
```

Pascal:

```
Type Tabelle = Array[1..10] Of Array[1..10] Of Integer;
(* oder kürzer: *)
Type Tabelle = Array[1..10,1..50] Of Integer;
```

In Pascal gibt es bei der abgekürzten Schreibweise also nur zwei Klammern. Auch beim Zugriff auf die Elemente eines solchen Feldes sind zwei Schreibweisen zulässige :

```
x := Tabelle[2][10];  (* Spalte 2, Reihe 10 *)
```

oder

```
x := Tabelle[2,10];   (*    "       "     *)
```

Beide Varianten sind Ihnen von Pascal vertraut. Bei einem Zugriff außerhalb der Indexgrenzen kommt es, bei aktivierter Array-Index-Prüfung (Compilerdirektive *$I+*), zu dem Laufzeitfehler

```
"Index Out Of Range"
```

Die 64kByte-Grenze

Beachten Sie, daß auch in Modula keine Datenstruktur, und so auch kein Array, größer als 64kByte sein kann. Wenn Sie versuchen etwas derartiges zu deklarieren, beschwert sich der Compiler mit der Meldung:

```
"Objekt zu groß"
```

Außerdem darf die Gesamtheit der (statischen) Variablen ebenfalls max. 64kByte an Speicherplatz belegen. Bei Überschreiten dieses Wertes meldet der Compiler:

```
"Allokationsfehler (Daten): 64K überschritten"
```

Wie man diese Grenze mit Hilfe von Zeigervariablen umgehen kann, wird im Kapitel über Zeiger vorgeführt.

Aggregate

Aggregate stellen eine Möglichkeit dar, einem kompletten *eindimensionalen* Array, mit einer einzigen Anweisung, konstante Werte zuzuweisen. Zum Beispiel so:

```
Feld1 := F(90,80,70,60,50);
```

Vor der Klammer wird der *Typ* des Feldes genannt. Hier wurden den Elementen im Array *Feld1* fünf Werte zugewiesen. Eventuell vorhandene alte Werte werden dadurch überschrieben. Die für Initialisierungen geeigneten Aggregatzuweisungen sind mit Arrays aller Typen möglich:

```
TYPE RealFeld=ARRAY[1..3] OF REAL;
VAR  r:RealFeld;
BEGIN
  r := RealFeld(1.2,3.4,5.6);
```

Wenn Sie zuviele oder zuwenige Werte angeben oder versuchen, eine Variable *in* einem Aggregat unterzubringen, wird das mit einer Fehlermeldung des Compilers quittiert.

Vergleiche von Arrays

Es ist möglich, zwei Felder *gleichen Typs* auf Gleichheit zu prüfen. Zulässig sind:

`IF Feld1 = Feld2 THEN ...` und `IF Feld1 # Feld2 THEN ...`

Zuweisungen von Arrays

Sie können Felder *gleichen Typs* einander direkt zuweisen:

```
Feld1 := Feld2;
```

Dadurch ist es z.B. möglich, in einem zweidimensionalen Feld 'Zeilen' (die ja eindimensionale Arrays sind) umzukopieren:

```
TYPE Reihe = ARRAY [1..10] OF CARDINAL;
     Tab   = ARRAY[1..5] OF Reihe;
```

```
VAR  Tabelle: Tab;
...
  Tabelle[5] := Tabelle[1]; (* kopiert Zeile 1 in 5 *)
```

Arrays als Parameter

Sie können komplette Felder mit zwei Verfahren an Prozeduren und Funktionen übergeben.

Arrays können, wie in Turbo Pascal, unter Angabe ihres Typs übergeben werden:

```
...
TYPE F   = ARRAY [1..5] OF CARDINAL;
VAR Feld1: F;

PROCEDURE lst1(liste:F);(* gib den Inhalt des Feldes aus *)
VAR x: CARDINAL;
BEGIN
  FOR x := 1 TO 5 DO
    WrCard(liste[x],5); (* Zahl ausgeben  *)
    WrLn;               (* Zeilenvorschub *)
  END;
END lst1;
...
lst1(Feld1); (* Der Aufruf der Prozedur *)
...
```

Die Prozedur *lst1* ist auf ein Feld vom Typ *F* mit einer bestimmten *Länge* zugeschnitten. Es ist allerdings denkbar, daß Sie eine solche Prozedur für *alle* Felder eines bestimmten Typs schreiben möchten, unabhängig davon, wieviele Elemente diese enthalten. Dieses Problem wird mit sog. offenen Arrayparametern gelöst. Die in der Typendefinition festgeschriebenen Indexgrenzen des Feldes interessieren in diesem Fall nicht mehr: nur noch der Typ des Feldes ist von Belang. Der Prozedurkopf sieht dann folgendermaßen aus:

```
PROCEDURE say(liste:ARRAY OF CARDINAL);
```

Aus der Perspektive der Prozedur ist die untere Feldgrenze stets 0. Die obere Grenze, die ihr ja bei dieser Übergabe nicht bekannt ist, muß mit der Standardfunktion *HIGH* festgestellt werden, die die Anzahl der Feldelemente zurückgibt. *Diese Funktion zählt ab 0* und gibt deshalb für ein Feld mit fünf Elementen 4 zurück!

Im folgenden Beispiel wurde die Prozedur *lst1* so umgeschrieben, daß Sie jedes *ARRAY OF CARDINAL* unabhängig von dessen Größe ausgibt:

```
...
TYPE kurz = ARRAY[1..5] OF CARDINAL;
     Lang = ARRAY[1..100] OF CARDINAL;
VAR  KurzFeld: kurz;
     LangFeld: lang;

PROCEDURE lst2(liste:ARRAY OF CARDINAL);
VAR x:CARDINAL;
BEGIN
  FOR x := 0 TO HIGH(liste) DO
    WrCard(liste[x],5);        (* Zahl ausgeben  *)
    WrLn;                      (* Zeilenvorschub *)
  END;
END lst2;
...
```

Der Aufruf von *lst2* unterscheidet sich nicht von dem von *lst1*:

```
...
  lst2(KurzFeld);
  lst2(LangFeld);
...
```

Folgende Zuweisung eines Arrays an ein offenes Array ist *nicht* möglich.

```
...
PROCEDURE lst2(liste:ARRAY OF CARDINAL);
BEGIN
  liste := KurzFeld; (* falsch *)
...
```

Ansonsten werden offene Arrays behandelt wie alle anderen auch. Der Prozedur, die ein offenes Feld erwartet, werden *eindimensionale* Arrays übergeben. Allerdings können diese sich ihrerseits aus Feldern zusammensetzen:

```
TYPE st= ARRAY[0..20] OF CHAR; (* ein String       *)
VAR   s: ARRAY[1..10] OF st;   (* ein String-Array *)

PROCEDURE print(s: ARRAY OF st);
BEGIN
...
(* und der Aufruf: *)
print(s);
...
```

Anonyme Typen

Anonym bedeutet, daß der Typ einer Variablen nicht über eine Typendefinition deklariert wurde, sondern folgendermaßen:

```
VAR TestFeld,TestArray :ARRAY[1..5] OF CARDINAL;
```

Die Übergabe an Prozeduren ist bei anonymen Typen nur dann gestattet, wenn mit offenen Arrays gearbeitet wird. Der Aufruf *lst1(TestFeld)* ist also nicht möglich, wohl aber *lst2(TestFeld)*. Außerdem ist die Zuweisung zu einer anderen Variablen, die nicht ebenfalls in der *gleichen* Deklaration definiert wurde unzulässig:

```
TestFeld := Feld1;
```

wird mit der Meldung "`inkompatibler Typ`" abgelehnt,

```
TestFeld := TestArray;
```

hingegen nicht. Da Aggregate eine Typenangabe verlangen, sind sie mit anonym deklarierten Arrays nicht möglich (vgl. Kapitel 3.1.3).

Strings

Strings sind in Modula nicht als Standardtyp definiert. Das bedeutet allerdings nicht, daß der Umgang mit ihnen hier kompliziert oder gar unmöglich wäre. Im Gegenteil: TopSpeed Modula-2 bietet in punkto Stringhandling mehr als Turbo Pascal. Darauf gehe ich später in einem gesonderten Kapitel ein. Hier ein paar Worte über Strings als Datentypen.

Zeichenketten müssen von Ihnen als *ARRAY OF CHAR* deklariert werden, dessen Untergrenze 0 sein *muß*.

```
TYPE string12 = ARRAY[0..11] OF CHAR;
VAR  FileName : string12;
     s        : ARRAY[0..80] OF CHAR; (* anonym *)
```

Im Gegensatz zu Turbo Pascal weist ein solcher String *kein Längenbyte* im Element 0 auf. Deshalb belegt der String auch tatsächlich nur soviele Bytes an Speicherplatz, wie er deklarierte Elemente hat. Außerdem fällt die Längenbegrenzung auf 255 Zeichen weg (die sich in Pascal ergibt, weil mit *einem* Längen*byte* keine größere Zahl darstellbar ist). D.h. folgende Deklaration ist möglich:

```
CONST Max = 1999;
TYPE  String = ARRAY[0..Max] OF CHAR;
VAR   s: String; (* Ein String mit 2000 Zeichen *)
```

Bei der Zuweisung können Strings in Hochkommata oder Anführungszeichen eingeschlossen werden:

```
s:= "das ist ein String";
s:= 'das aber auch';
```

Innerhalb des Strings kann das jeweils andere Zeichen benutzt werden:

```
s:= '"Wow," sagte sie "was für ein toller String"';
```

Sie können auf einzelne Stringelemente ebenso zugreifen, wie auf die Elemente anderer Arrays: nach der Zuweisung *s:= "EGON"* ergibt *s[2]* O.

Strings können keine nichtdarstellbaren Zeichen enthalten, diese müssen mit dem Operator + angehängt werden:

```
s := "nach dieser Aussage fiept Ihr Computer" + 7C;
s := "Hier folgt ein Pfeil" + CHR(16);
```

Bei der Zuweisung

```
s := "Egon";
```

wird nicht der ganze Platz ausgefüllt, den der String *s* zur Verfügung stellt (2000 Zeichen). Das Ende des Strings wird in diesem Fall nach dem vierten Zeichen automatisch mit einem Byte mit dem ASCII-Code 0 markiert. Daß dieses Markierungsbyte auch zur Stringmanipulation benutzt werden kann, wird noch gezeigt.

Wie bei anderen Arrays können einander nur kompatible Strings zugewiesen werden:

```
TYPE   l: ARRAY[0..50]OF CHAR;
       k: ARRAY[0..10]OF CHAR;
VAR    s1,s2: k;
          ls: l;
...
  s1 := s2;
```

ist zulässig, aber

```
  s1 := ls;
```

wird mit der Meldung "`inkompatible Typen`" vom Compiler abgelehnt. Hierauf wird noch einmal im Abschnitt Zuweisungsfähigkeit gegen Ende des Kapitels eingegangen.

Lesen Sie zu diesem Thema auch das Kapitel "Stringbehandlung" (demnächst in diesem Buch).

3.1.2.4 Records

Sind Ihnen von Pascal her bereits bekannt. Der Umgang mit Ihnen wird Ihnen deshalb auch in Modula keine Probleme bereiten. Hier zunächst ein kurzes Beispiel für die Deklaration eines Records:

```
TYPE String10 = ARRAY[0..10]OF CHAR;
TYPE Adr = RECORD
             Name,
             Vorname,
             Ort: String10;
           END;
VAR  Adresse: Adr;
```

Die Bezeichner innerhalb eines Records sind lokal zu diesem. Der Typ der Komponenten eines solchen Records ist beliebig. Außerdem können Records ihrerseits Records enthalten. Daß auch "rekursive" Records zulässig sind, wird, wenn wir im Kapitel "Zeiger" über Listen sprechen, gezeigt.

Für den Zugriff auf Komponenten eines Records gibt es zwei Möglichkeiten. Wie in Pascal können Sie entweder den Bezeichner des Records gefolgt von einem Punkt und den Namen der Komponente angeben, oder Sie benutzen die *WITH*-Anweisung:

```
... (* zuerst die Eingabe mit der ersten Methode *)
  WrStr('Geben Sie eine Adresse ein');
  RdStr(Adresse.Name);WrLn;
  RdStr(Adresse.Vorname);WrLn;
  RdStr(Adresse.Ort);WrLn;
...  (* und nun die Ausgabe mit der WITH-Anweisung *)
  WITH Adresse DO
    WrStr('Name :');WrStr(Name);WrLn;
    WrStr('Vorn.:');WrStr(Vorname);WrLn;
    WrStr('Ort  :');WrStr(Ort);WrLn;
  END;
...
```

Record-Aggregate

Wie bei den Arrays bieten Aggregate die Möglichkeit, einem Record mit einem einzigen Ausdruck Werte zuzuordnen:

```
...
TYPE SysCon = RECORD
                BuffSize:CARDINAL;
                Printer :SHORTCARD;
                Drive   :CHAR;
              END;
VAR  SysConfig:SysCon;

BEGIN
  SysConfig:=SysCon(512,2,"A");
...
```

Kompatible Records, d.h. Records, die auf dem gleichen Typ basieren, wie die im folgenden Beispiel, können auf Gleichheit und Ungleichheit geprüft werden:

```
...
VAR  Firmen_Adresse, Privat_Adresse:Adr;
...
  IF Firmen_Adresse = Privat_Adresse THEN ...
  IF Firmen_Adresse # Privat_Adresse THEN ...
...
```

ist also zulässig. Solche Records können einander auch zugewiesen werden:

```
...
Firmen_Adresse := Privat_Adresse
...
```

Übergabe an Prozeduren

Records können an Prozeduren übergeben werden:

```
...
VAR  Adresse:Adr;
...
PROCEDURE say(A:Adr);
BEGIN
  WITH A DO
    WrStr('Name :');WrStr(Name);WrLn;
    WrStr('Vorn.:');WrStr(Vorname);WrLn;
    WrStr('Ort  :');WrStr(Ort);WrLn;
  END;
END say;
...
```

und hier der Aufruf dieser Prozedur:

```
say(Adresse);
```

In TopSpeed Modula-2 können Funktionen Records zurückgeben.

Speicherbedarf

Der Speicherbedarf eines Records ergibt sich aus der Summe des Speicherbedarfs seiner einzelnen Komponenten. Das läßt sich mit der Standardfunktion *SIZE* ermitteln, die die Größe eines Objektes in Bytes zurückgibt:

```
WrCard(SIZE(Adresse),5);
```

Wenn Sie wissen möchten, wieviele Bytes ein Record *bis* zu einer bestimmten Komponente (diese eingeschlossen) belegt, müssen Sie die Funktion *VSIZE* benutzen.

```
WrCard(VSIZE(Adr.Vorname),5);
```

gibt 22 aus, da die Komponenten Name und Vorname je 11 Bytes beanspruchen. Beachten Sie bitte, daß an *VSIZE* der *Typ* und nicht die Variable übergeben wird.

Variante Records

sind ebenfalls recht einfach zu verwirklichen. Ich möchte Ihnen das anhand von zwei Routinen demonstrieren, die Teil eines einfachen Adressenverwaltungsprogrammes sein könnten. In diesem Programm sollen verschiedene Adresstypen bearbeitet werden können: Privat-, Kunden- und Händleradressen. Sie alle haben einige Felder (*Name*, *Vorname*, *Ort*) gemeinsam. Allerdings soll bei Händlern die Telexnummer, bei Kunden der gewährte Rabatt etc. erfaßt werden. Bei Privatadressen soll dergleichen überhaupt nicht gespeichert werden.

Hier die Definition eines varianten Records (zur *CASE* Anweisung vgl. Kapitel 4.2.2). Zunächst wird ein Stringtyp erzeugt, dann werden die drei Gruppen von Adressen definiert:

```
TYPE String10 = ARRAY[0..10]OF CHAR;
TYPE AdrTyp   = (Kunde,Haendler,Privat);
(* Der Aufzählungstyp soll als Auswahlfeld dienen *)
```

Nun kann der eigentliche Record definiert werden. *Name*, *Vorname* und *Ort* sind nicht variant, d.h. sie sind Teil *jeder* Adresse. Danach wird im varianten Teil des Records, mit einer *CASE*-Anweisung, zwischen den drei Gruppen unterschieden und jeder dieser Gruppen eine eigene Datenstruktur zugewiesen. Mit der Gruppe *Privat* soll lediglich demonstriert werden, daß ein Variant auch *leer* sein darf:

```
...
TYPE Adr = RECORD
             Name,
             Vorname,
             Ort: String10;
             CASE Gruppe: AdrTyp OF
               Kunde    : KdNummer:CARDINAL;
                          Rabatt  :SHORTINT;
              |Haendler : KontoNr,
                          TelexNr :CARDINAL;
                          Kontakt :String10;
              |Privat   : (* ein Variant kann leer sein *)
             END;
           END;
```

Der variante Teil des Records kann auch eine *ELSE*-Anweisung enthalten, die vor dem *END* zu plazieren ist, das die *CASE*-Anweisung beendet.

Mit `VAR Adresse: Adr;` wird eine Variable *Adresse* dekalriert. Bei der Datenein- und -ausgabe wird die Struktur einzelner Datensätze ebenfalls mit einer *CASE*-Anweisung berücksichtigt. Bei der *Eingabe* muß zuerst ermittelt werden, welcher Gruppe die Adresse zuzuordnen ist. In diesem Beispiel wird einfach nachgefragt (mit der Hilfsvariablen *Taste*) und dann die Recordkomponente *Gruppe* entsprechend 'eingestellt'. Hier die Eingaberoutine:

```
PROCEDURE Eingabe;
BEGIN
  WrStr('Geben Sie eine Adresse ein');WrLn;
  WrStr('Name :'); RdStr(Adresse.Name);
  WrStr('Vorn.:'); RdStr(Adresse.Vorname);
  WrStr('Ort  :'); RdStr(Adresse.Ort);
  WrStr('=> (H)ändler (K)unde (P)rivat <='); (* welche Gruppe ?*)
  Taste := RdKey();
  CASE Taste OF
     'k': Adresse.Gruppe := Kunde;
    |'h': Adresse.Gruppe := Haendler;
    |'p': Adresse.Gruppe := Privat;
  END;

  CASE Adresse.Gruppe OF
    Kunde:    WrStr("Kd.Nr:");Adresse.KdNummer := RdCard();WrLn;
              WrStr("Rab. :");Adresse.Rabatt   := RdShtInt();WrLn;
   |Haendler:WrStr("Konto:");Adresse.KontoNr  := RdCard();WrLn;
              WrStr("Telex:");Adresse.TelexNr  := RdCard();WrLn;
              WrStr("Ansprechpartner:");RdStr(Adresse.Kontakt);
  END;
END Eingabe;
```

Die Ausgabe der Daten erfolgt praktisch durch Umkehrung des Verfahrens. Der Record wird an eine Prozedur übergeben und diesmal mit einer *WITH*-Anweisung bearbeitet. Zuerst wird der invariante Teil ausgegeben, dann, in einer *CASE*-Konstruktion, der variante.

```
PROCEDURE say(A:Adr); (* Ausgaberoutine *)
BEGIN
  WITH A DO
    WrStr('Name:');WrStr(Name);    WrLn;
    WrStr('Vorn:');WrStr(Vorname);WrLn;
    WrStr('Ort :');WrStr(Ort);     WrLn;
```

```
        CASE Gruppe OF
          Kunde:    WrStr("!Kunde!"); WrLn;
                    WrStr("Nr   :"); WrCard(KdNummer,5); WrLn;
                    WrStr("Rab. :"); WrShtInt(Rabatt,2); WrLn;
          |Haendler:WrStr("!Händler!"); WrLn;
                    WrStr("Konto:"); WrCard(KontoNr,5); WrLn;
                    WrStr("Telex:"); WrCard(TelexNr,5); WrLn;
                    WrStr("Ansprechpartner:"); WrStr(Kontakt)WrLn;
          |Privat   :WrStr("!Privatadresse!");
        END;
      END;
    END say;
```

Aufgerufen werden die Prozeduren mit:

```
Eingabe;
say(Adresse);
```

Auch bei varianten Records sind Aggregate zulässig. Ein Aggregat, das sich auf die obige Datenstruktur bezieht, sieht zum Beispiel so aus:

```
BspAdr :=
Adr("Meier","Egon","Mainz",Haendler,1234,43419,"Alf");
```

Beachten Sie, daß auch das Auswahlfeld angegeben wird.

Speicherbedarf

Für die Ermittlung des Speicherbedarfs eines varianten Records ist die Größe seines *größten* varianten Teils maßgebend. In unserem Beispiel ist das jener für Händler. Hierfür werden für Konto- und Telexnummer je 2 Bytes und 11 Byte für den String bereitgestellt. Für Kunden- oder Privatadressen wird kein separater oder weiterer Speicher reserviert. Auch sie werden in dem für diesen Typ allozierten Raum untergebracht (den sie freilich nicht ganz ausfüllen). Zu den 15 Byte für den varianten Teil kommen noch 33 Byte für die drei Strings im statischen Teil und ein Byte für das Auswahlfeld *Gruppe*. Variablen vom Typ *Adr* belegen somit 49 Bytes. Sie können das mit der Standardfunktion *SIZE* überprüfen.

Hinweise:

- Legen Sie vor dem Zugriff auf Komponenten, durch Abfrage oder Zuordnung, fest, mit welchem Teil des varianten Records gearbeitet wird. In unserem Beispiel ist diese 'Einstellung' durch die Ermittlung bzw. Festlegung des Auswahlfeldes *Gruppe* geschehen.
- Greifen Sie nach einer solchen Selektion nicht auf Komponenten zu, die zu einem anderen Variant gehören. Wenn Sie sich für Kunden entschieden haben, dürfen Sie also nicht plötzlich auf Komponenten aus dem Händler-Teil (z.B. *TelexNr*) zugreifen. Wenn Sie das aus Versehen doch getan haben, wird das weder vom Compiler bemängelt, noch führt

dies zu einem Laufzeitfehler, weil TopSpeed Modula-2 das nicht prüft. Sie werden aber unter Umständen mit seltsamen Ergebnissen zu kämpfen haben, deren Ursache nicht ohne weiteres ersichtlich ist.

3.1.2.5 Mengen

Mengen dürfen auf den Typen *CARDINAL*, *SHORTCARD*, *CHAR*, einem Aufzählungstyp oder einem Unterbereichstyp dieser Typen basieren. Negative Integertypen sind nicht zulässig. In TopSpeed Modula-2 kann eine Menge bis zu 65.536 Elemente enthalten (Turbo Pascal: 256).

Die Definition von Mengentypen sieht z.B. folgendermaßen aus:

```
TYPE Noten = (sehr_gut,gut,befriedigend,ausreichend,mies);
TYPE BspMenge    = SET OF [0..3000];
     Buchstaben = SET OF CHAR;
     NotenMenge = SET OF Noten;
     ZeugnisNoten = SET OF [gut..mies];
VAR  M,L: BspMenge;
     B  : Buchstaben;
     N  : NotenMenge;
     x  : BITSET;
```

Der Typ *BITSET* ist ein in Modula-2 bereits vordefinierter Typ mit 16 Elementen (0 bis 15), der hauptsächlich bei der systemnahen Programmierung zum Einsatz kommt (Abbildung eines Maschinenwortes). In Kapitel 9 wird noch einmal auf diesen Typ eingegangen. Immer wenn Sie mit Mengen arbeiten, ohne deren Typ zuvor definiert zu haben, geht der Compiler automatisch vom Typ *BITSET* aus. Das bedeutet, daß der folgende Ausdruck vom Compiler akzeptiert wird:

```
VAR x: CARDINAL;
...
  IF x IN {5..10} THEN ...
```

Dagegen würde

```
  IF x IN {5..100} THEN ...
```

abgelehnt, weil damit der Bereich von *BITSET*, 0 bis 15, überschritten wird. Für eine solche Abfrage müssen Sie also einen neuen Mengentyp definieren.

Variablen werden bestimmte Mengen zugeordnet, indem der *Typ* und die Mengenelemente genannt werden:

```
...
M := BspMenge {1,2,3,4,5};
B := Buchstaben {"a","b","c"};
```

```
N := NotenMenge {gut,befriedigend,ausreichend};
L := BspMenge {}; (* dies ist eine leere Menge *)
```

bei der Definition der Menge *M* wäre auch diese Schreibweise zulässig gewesen:

```
M := BspMenge{1..5};
```

Die geschweiften Klammern erreichen Sie mit ALT+123({) bzw. ALT+125(}). In Pascal werden für Mengen *eckige* Klammern benutzt.

Mengenzugehörigkeit feststellen

Mit dem *IN*-Operator kann geprüft werden, ob ein bestimmtes Element in einer Menge enthalten ist. Das sieht im Prinzip so aus:

```
IF Element IN Menge THEN...
```

Für diese Prüfung gibt es eine Voraussetzungen: *Element* und *Menge* müssen auf dem gleichen Typ basieren. Sie können die Kompatibilität, wo es nötig ist, 'erzwingen', indem Sie den Typ der Mengenelemente in der Definition explizit festlegen:

```
TYPE TestMenge = SET OF SHORTCARD[20..30];
```

Ohne diese Festlegung wäre der Compiler hier vom Typ *CARDINAL* ausgegangen. Der Wert von *Element* darf nicht außerhalb des Wertebereiches der Menge selbst liegen, sonst kommt es zu dem Laufzeitfehler

```
"Enumeration Value Out OF Range"
```

Sie sollten deshalb stets Mengen*typen* definieren, die den gesamten im Programm möglichen Abfragespielraum abdecken. Darauf basierende Variablen oder Konstanten können dann als Teilmengen dieses Typs vereinbart werden und ohne Risiko mit *IN* untersucht werden.

Das folgende Beispiel soll Ihnen dieses Vorgehen zeigen. Es geht dabei um eine einfache Tastaturabfrage. Zuerst wird mit *Tasten* eine Menge aller möglichen Werte definiert. Danach werden für die späteren Abfragen verschiedene Tastengruppen (Untermengen) als Konstanten definiert.

```
MODULE tastset;
FROM  IO IMPORT WrStr,RdKey;
TYPE  Tasten = SET OF CARDINAL[0..255];
CONST F_Tasten       = Tasten {59..68};
      SHIFT_F_Tasten = Tasten {84..93};
      CTRL_F_Tasten  = Tasten {94..103};

VAR   Taste: CARDINAL;
BEGIN
```

```
      REPEAT
        Taste := ORD(RdKey()); (* liest Zeichen von Tastatur *)
        IF Taste = 0 THEN
          Taste := ORD(RdKey()); (* Sondertasten *)
        END;
        IF Taste IN F_Tasten THEN
          WrStr(" eine Funktionstaste");WrLn;
        END;
        IF Taste IN SHIFT_F_Tasten THEN ...
        ...
        (* Eine weitere Möglichkeit der Abfrage :*)
        IF Taste IN Tasten{1..31} THEN
          WrStr('eine "normale" CTRL-Taste')
        END;
      UNTIL Taste = 59; (* bis F1 gedrückt wird *)
    END tastset.
```

Der Einsatz von *IN* ist nicht auf *IF*-Konstruktionen beschränkt:

```
VAR F_Taste_gedrueckt: BOOLEAN;
...
  F_Taste_gedrueckt := Taste IN F_Tasten;
...
```

IN bezieht sich auf einzelne Elemente, nicht auf ganze Mengen. Folgender Ausdruck mit den Mengen *L* und *M*

```
IF L IN M THEN ...
```

wird deshalb mit der Fehlermeldung "`inkorrekter Typ`" abgelehnt. Ob *L* eine Teilmenge von *M* ist, muß mit dem geeigneten Mengenoperator geprüft werden.

Die Mengenoperatoren

Modula-2 kennt die in der folgenden Tabelle aufgeführten Mengenoperatoren, die nur mit kompatiblen Mengen benutzt werden dürfen.

L + M	bildet die Vereinigungsmenge der Mengen *L* und *M*
L - M	bildet die Differenz der Mengen *L* und *M*
*L * M*	bildet die Schnittmenge
L / M	bildet die symmetrische Differenz
L = M	ergibt TRUE, wenn die Mengen identisch sind
L < > M, L # M	ergibt dann FALSE
L < = M	ergibt TRUE, wenn *L* eine Untermenge von *M* ist
L = > M	ergibt TRUE, wenn *L* Grundmenge von *M* ist

Tabelle 3-5 Die Mengenoperatoren in TopSpeed Modula-2

In den beiden letzten Fällen, wird auch bei Mengengleichheit *TRUE* zurückgeliefert. Ob *L* eine wirkliche Untermenge von *M* ist, muß deswegen mit

```
IF (L # M) & (L<=M)...
```

ermittelt werden.

Einfügen und Entfernen von Elementen

Um ein Element in eine Menge einzufügen, bzw. aus einer Menge zu entfernen, werden die Standardprozeduren *INCL* und *EXCL* benutzt. *INCL(M,x)* fügt der Menge *M* das Element *x* ein, *EXCL(M,x)* stellt den ursprünglichen Zustand wieder her.

```
...
L := BspMenge{2,3,4};
INCL(L,1);
...
```

fügt in *L* das Element 1 ein. Sie können konstante Werte oder Variablen einfügen. Das Einfügen eines Wertes, der außerhalb des für den Mengen*typ* definierten Bereiches liegt, führt bei einer Zuweisung im Quelltext zu einer Fehlermeldung des Compilers, andernfalls zu einem Laufzeitfehler.

Speicherbedarf

Mengen belegen im Speicher ein Bit pro Element. Der Speicherbedarf einer Variable vom Typ `TYPE m = SET OF [0..20]` belegt 21 DIV 8 = 3 Bytes.

3.1.3 Zuweisungsfähigkeit

Modula führt bei Zuweisungen, Vergleichen usw. eine strenge Typenprüfung durch. Sie sollten deshalb (auch bei der Konzeption von Datenstrukturen) die folgenden Vorschriften und Restriktionen berücksichtigen.

Unterschiedliche Typen können einander nicht zugewiesen werden. Wenn das bei numerischen Typen notwendig werden sollte, müssen Sie die Umwandlungsprozeduren benutzen. Eine Ausnahme bilden Variablen vom Typ *INTEGER* und *CARDINAL*, *SHORTCARD* und *SHORTINT*, *LONGCARD* und *LONGINT* (sowie deren Unterbereiche). Diese Paare können einander jeweils zugewiesen werden, wenn sich ihr Wertebereich deckt (andernfalls kommt es zu einem Laufzeitfehler). Nach der Deklaration

```
VAR c: CARDINAL;
    i: INTEGER;
```

ist die Zuweisung

```
c := i;
```

gestattet. Nicht erlaubt ist aber die Anweisung

```
c := c + i;
```

weil Modula in Ausdrücken stets strikte Typenbindung verlangt!

Variablen, die auf dem gleichen Typ basieren, können einander zugewiesen werden. Es ist aber nicht zulässig, einander zwei Variablen zuzuweisen, die lediglich auf Typen mit identischer Struktur basieren.

```
TYPE StringTyp  = ARRAY[0..10]OF CHAR;
     AndererTyp = ARRAY[0..10] OF CHAR;
VAR  s1,s2  : StringTyp;
     St     : StringTyp;
     A      : AndererTyp;
     as1,as2: ARRAY[0..10]OF CHAR;
     as_1   : ARRAY[0..10]OF CHAR;
```

StringTyp und *AndererTyp* - obwohl sie die gleiche Struktur aufweisen - sind nicht "äquivalent". Eine Zuweisung der Variablen

```
A := St;
```

wird vom Compiler mit der Fehlermeldung

```
"Ungültige Zuweisung (inkompatible Typen)"
```

abgelehnt. Die folgenden Zuweisungen (genauso wie Vergleiche) werden akzeptiert:

```
s1 := s2;  s1 := St;
```

Betrachten wir nun die anonymen Variablen *as1* und *as2*. Diese können einander natürlich zugewiesen oder miteinander verglichen werden - aber nur weil sie *gemeinsam* deklariert worden sind! Deswegen würde die Zuweisung

```
as_1 := as1;
```

abgelehnt. Ebenso

```
as1 := s1;
```

obgleich beide wiederum identische Strukturen aufweisen. Wie sieht das nun bei Prozedur-Aufrufen aus? An eine Prozedur

```
PROCEDURE p (x:StringTyp);
BEGIN
  ...
END p;
```

können wirklich nur Variablen übergeben werden, die vom Typ *StringTyp* sind. Folgende Anweisungen

```
p(as1);  p(A);
```

werden mit der Meldung

```
"Parameter hat falschen Typ"
```

abgelehnt. Bei Arrays können diese Probleme durch offene Array-Parameter gelöst werden (s.o.). Nur dann können auch anonyme Arrays übergeben werden.

Kompatibilität zwischen zwei Typen besteht auch, wenn der eine ein Unterbereich des anderen ist, oder beide ein Unterbereich eines anderen einfachen Typs sind. Das klingt verwirrend - deshalb noch ein Beispiel. Wir definieren zwei Unterbereichstypen und die dazugehörigen Variablen:

```
TYPE uT1 = [1..15];
     uT2 = [10..20];
VAR  ub1: uT1;
     ub2: uT2;
     c  : CARDINAL;
```

Die Zuweisung

```
ub1 := ub2;
```

ist gestattet, weil *beide* Typen Unterbereichstypen von *CARDINAL* sind (es sei denn, es kommt zu einer Bereichsverletzung). Deswegen wird auch die Zuweisung

```
c := ub2;
```

akzeptiert. Der definierte Wertebereich spielt dabei keine Rolle. *ub1* kann auch an Prozeduren übergeben werden, die einen *CARDINAL*-Wert erwarten:

```
PROCEDURE P(u:CARDINAL);
BEGIN
...
END P;
...
P (ub1);
```

Kompatibilität ist auch beim Zugriff auf Arrays gefordert. Wenn Sie ein Array

```
s:ARRAY[0..10]OF CHAR;
```

definieren, geht der Compiler vom Indextyp *CARDINAL* aus. Er wird deshalb die Anweisung:

```
WrStr(s1[sc]);
```

ablehnen, wenn *sc* vom Typ *SHORTCARD* ist.

Die genannten Vorschriften können Sie bei der Übergabe von Variablen an Prozeduren teilweise ignorieren, wenn Sie mit speziellen Datentypen für die systemnahe Programmierung arbeiten (vgl. Kapitel 9).

Die Trennung der Typen kann mit der Typumwandlung (mit *FLOAT* etc.) und dem Typtransfer umgangen werden. Letzterer ist bei *sämtlichen* Typen möglich. Das Verfahren wurde am Anfang des Kapitels bereits für numerische Variablen gezeigt:

```
c := REAL(r);
```

Dergleichen wird vom Compiler aber z.B. auch für Arrays, Strings und sogar Records akzeptiert. Sehen Sie sich die folgenden Zeilen an:

```
TYPE kurzString=ARRAY[0..10]OF CHAR;
     langString=ARRAY[0..100]OF CHAR;
VAR  c:CARDINAL;
     sk:kurzString;
     sl:langString;
...
  sk := kurzString(sl);
  c := 33;
  sk := kurzString(c);
```

Die Prüfung, ob solche Tranfers bzw. ihre Ergebnisse sinnvoll und zweckmäßig sind, liegt ganz allein bei Ihnen! Der Compiler kann Sie dabei in keiner Weise unterstützen. Im übrigen kann die Portabilität Ihrer Programme eingeschränkt werden.

3.2 Konstanten

Konstanten werden genauso deklariert wie in Pascal:

```
CONST Autor    = "Feinbein";
      BuffSize = 512;
      Puffer   = BuffSize + 100;
      Pi       = 3.1415927;
      ESC      = CHR(27);
      MaxC     = MAX(CARDINAL);  (* s.o.*)
      Trace    = FALSE;
      Scr      = 0B800H;
...
```

Als Konstanten können Zahlen aller Typen, Strings, Zeichen (Typ CHAR), BOOLEAN-Werte sowie Aufzählungs- und Mengenwerte deklariert werden. Außerdem sind Array- und Record-Aggregate zugelassen. Hier ein Array-Aggregat:

```
...
TYPE  PrtCode = ARRAY[1..3] OF SHORTCARD;
CONST UnderLine_on = PrtCode (27,45,1);
      UnderLine_off= PrtCode (27,45,0);
...
```

Ein Record-Aggregat könnte folgendermaßen aussehen:

```
...
TYPE  SysConfig = RECORD
                    BuffSize:CARDINAL;
                    Printer :SHORTCARD;
                    Drive   :CHAR;
                  END;
CONST Config=SysConfig(512,2,"C");
```

Das ist auch bei varianten Records möglich. Das nächste Beispiel bezieht sich noch einmal auf die obige Adressverwaltung mit dem Record *Adr*.

```
CONST Boss=Adr("Meier","Egon","Mainz",Haendler,1234,43419,"???");
```

Sie können auch Mengen als Konstanten definieren, entweder ohne Deklaration auf der Basis von *BITSET* (dann dürfen die Werte nur zwischen 0 und 15 liegen), oder mit einer Typendefinition:

```
...
CONST M = {12,6,9};  (* basiert automatisch auf BITSET *)
TYPE  Tasten = SET OF SHORTCARD[1..255];
```

```
CONST F_Tasten = Tasten{59..68};
...
```

IN Abfragen etc. sind mit solchen Mengen möglich:

```
IF x IN M THEN ...
```

EXCL und *INCL* werden hingegen abgelehnt, weil diese Mengen, wie alle Konstanten (auch konstante Aggregate), nicht mehr verändert werden können.

Alias-Deklarationen

erlauben es, einem bereits definierten Typ eine andere Bezeichnung zu geben. Wenn Sie für *SysConfig* aus dem obigen Beispiel eine Abkürzung benutzen möchten, funktioniert das folgendermaßen:

```
TYPE  SysConfig = RECORD
                    ...
                  END;
CONST SK ::= SysConfig;
VAR   SystemKonfiguration: SK; (* i.e. SysConfig *)
```

Alias-Deklarationen mit ::= können auch benutzt werden, um eine Prozedur eines Bibliotheksmoduls über das DEF-File eines *anderen* Moduls verfügbar zu machen. Im Kapitel 11 wird so etwas gezeigt.

3.3 Labels

Dem Puristen verdreht es den Magen, der Praktiker benutzt es nur heimlich und mit schlechtem Gewissen: Es heißt *GOTO* und verdirbt den Charakter. Jedenfalls behaupten das die Gralshüter der reinen Lehre. Und so sieht der Sündenfall in TopSpeed Modula-2 aus:

```
...
LABEL Start;    (* so wird das Ding deklariert *)
...
BEGIN
  Start:        (* das Label *)
  ...
  IF y > 1 THEN
    GOTO Start; (* würg *)
  END;
...
```

Labels müssen mit dem reservierten Wort *LABEL* lokal deklariert und angesprungen werden. Prozedurübergreifende Sprünge sind mit *GOTO* nicht möglich.

In TopSpeed Modula-2 sind aber auch prozedurübergreifende Sprünge gestattet. Sie werden die Erläuterungen der betreffenden Prozeduren vielleicht erst verstehen, wenn Sie die folgenden Kapitel gelesen haben. Lassen Sie sich deshalb von kryptisch anmutenden Anweisungen nicht abschrecken. Ich behandele die zwei Prozeduren, hier nur deshalb, weil sie eine Art verschärftes *GOTO* darstellen.

Prozedurübergreifende Sprünge werden mit den Prozeduren *SetJmp* und *LongJmp* aus dem Modul *Lib* abgewickelt. Diese Prozeduren werden stets gemeinsam eingesetzt. Hier ihre Köpfe:

```
PROCEDURE SetJmp (VAR Lbl:LongLabel): CARDINAL;
PROCEDURE LongJmp (VAR Lbl:LongLabel;result:CARDINAL);
```

Die Prozedur *SetJmp* legt den aktuellen Zustand einer Prozedur in einem Puffer ab, für den in *Lib* der Typ *LongLabel* definiert ist:

```
TYPE LongLabel = ARRAY[0..3] OF CARDINAL;
```

Nach einem Aufruf liefert *SetJmp* zunächst den Wert 0 zurück. Wenn später in einer anderen Prozedur *LongJmp* aufgerufen wird, wird der in diesem Puffer gespeicherte Zustand wiederhergestellt. Das Programm springt dann quasi zurück zu dem vorangegangenen Aufruf von *SetJmp* und verhält sich so, als habe die Funktion *SetJmp* nicht 0 sondern einen anderen Wert zurückgeliefert. Hierzu ein ein Beispiel.

```
MODULE jump;
FROM IO     IMPORT WrStr,WrLn,RdKey;
FROM Window IMPORT Clear;
FROM Lib    IMPORT SetJmp,LongJmp,LongLabel;
VAR  env: LongLabel;          (* ein Puffer für Prozedurzustand *)

PROCEDURE Laden;
VAR ok: BOOLEAN;
BEGIN
  ...
  (* Versuch, die Datei zu öffnen *)
  (* bei Erfolg steht ok auf TRUE *)
  ...
  IF NOT ok THEN                     (* bei Fehler *)
    LongJmp(env,1);                  (* Rücksprung *)
  ELSE                               (* sonst ...  *)
    WrStr("Lade");
    WrLn;
    ...
    (* Datei laden usw. *)
    ...
```

```
  END;
END Laden;

PROCEDURE Menu;
VAR c: CHAR;
BEGIN
  REPEAT
    Clear;
    IF SetJmp(env) # 0 THEN      (* wenn LongJmp aufgerufen wird *)
      WrStr("Programm wird beendet");                (* Ende durch *)
      RETURN                      (* Rückkehr ins Hauptprogramm *)
    ELSE                                               (* sonst *)
      WrStr("L)aden S)peichern D)rucken E)nde");       (* Menü  *)
      WrLn;
      c := RdKey();
      IF c = "l" THEN                  (* wenn Laden gewählt wird *)
        Laden
      END;
    END;
  UNTIL c = "e";                         (* bis Ende gewählt wird *)
END Menu;

BEGIN
  Menu;
  WrStr("ENDE");
END jump.
```

Hier wird ein simples Menüsystem simuliert. Das Hauptprogramm ruft die Prozedur *Menu* auf. Diese wertet die Eingaben aus, bis Ende gewählt wird. Zu Beginn der Schleife in *Menu* wird *SetJmp* abgefragt (und damit gleichzeitig der aktuelle Zustand der Prozedur in *env* zwischengespeichert). Gibt die Funktion 0 zurück - d.h. wurde nicht von irgendwo *LongJmp* aufgerufen - wird die eigentliche Menüfunktion erfüllt.

Wenn nun in der Prozedur *Laden* etwas schiefläuft, soll das Programm ins Menü zurückspringen und beendet werden. Dafür wird *LongJmp* aufgerufen. Der Aufruf von *LongJmp* mit dem Parameter *env* und einem weiteren Wert <> 0 (!) hat zur Folge, daß der in *env* gespeicherte Zustand wiederhergestellt wird. D.h. das Programm befindet sich 'wieder' in der Prozedur *Menu* und verhält sich, als habe *SetJmp(env)* bei seinem *letzten* Aufruf einen Wert ungleich Null zurückgegeben. Im Beispiel wird daraufhin das Programm beendet, indem mit *RETURN* ins Hauptprogramm zurückgesprungen wird.

Wenn Sie *SetJmp* und *LongJmp* benutzen müssen Sie folgendes beachten:

- *SetJmp* muß stets *vor LongJmp* aufgerufen werden, um einen bestimmten Prozedurzustand speichern zu können.

- Wenn *LongJmp* aufgerufen wird, muß die Prozedur, in der *SetJmp* aufgerufen wurde, immer noch aktiv sein. Auf unser Beispiel bezogen heißt das, daß *LongJmp* nicht mehr aufgerufen werden darf, sobald *Menu* verlassen wurde.

- Lokale Variablen werden aus Geschwindigkeitsgründen möglichst lange in den Registern gehalten. Es ist möglich, daß lokale Variablen der Prozedur die *SetJmp* aufruft, durch einen Rücksprung - also die Wiederherstellung eines älteren Zustandes - überschrieben werden. Um dies zu vermeiden, sollten Sie mit der Compilerdirektive *SW* dafür sorgen, daß diese Variablen nicht in den Registern gehalten, sondern umgehend im Speicher abgelegt werden:

```
VAR (*$W+*)c(*$W-*):CARDINAL;
```

  Durch diese Direktiven wird *c* nach jeder Bearbeitung umgehend in den Speicher verschoben.

4 Schleifen und Kontrollstrukturen

In diesem Kapitel geht es um
- *die FOR-, WHILE-, REPEAT- und LOOP-Anweisungen und*
- *Kontrollstrukturen mit IF und CASE.*

4.1 Schleifen

Modula-2 kennt vier Schleifentypen, von denen Ihnen *WHILE-*, *REPEAT-* und *FOR*-Schleifen von Pascal vertraut sind. Neu dürfte die *LOOP*-Anweisung, eine Art domestizierter Endlosschleife, sein.

4.1.1 *FOR*

Die *FOR*-Schleife sieht in ihrer einfachsten Form folgendermaßen aus:

FOR Zählvariable := Anfangswert *TO* Endwert *DO*
  Anweisung(en);
END;

Eine Klammerung des Anweisungsblockes in ein *BEGIN* und *END* gibt es in Modula nicht. Allerdings ist das *END* obligatorisch, selbst wenn der Anweisungsblock nur eine einzige Anweisung enthält.

```
...
FOR x := 1 TO 10 DO WrStr("Test"); (* á la Pascal *)
...
```

ergibt eine Fehlermeldung. *Anfangs-*, *Endwert* und *Zählvariable* müssen vom gleichen Typ sein. Zulässig sind die Typen *CARDINAL*, *INTEGER*, *CHAR*, außerdem Aufzählungs- und Unterbereichstypen. Die drei Variablen dürfen im Inneren der Schleife nicht verändert werden.

Anfangs- und Endwert können sowohl Konstanten als auch Variablen sein. Die Anzahl der Durchläufe kann also auch zur Laufzeit ermittelt werden:

```
...
WrStr("bis wohin soll ich Zählen? ");
y := RdInt();
FOR x := 1 TO y DO
  WrInt(x,5); WrLn;
END;
...
```

Die Schrittweite beim Durchlaufen der Schleife kann mit der *BY*-Anweisung variiert werden.

```
...
FOR x := 1 TO 20 BY 2 DO    (* ungerade Zahlen bis 19 *)
  WrInt(x,5); WrLn;
END;
...
```

Der Wert der Schrittweite muß vom Typ *INTEGER* oder *CARDINAL* sein. Eine *downto*-Anweisung wie in Pascal gibt es in Modula nicht. Sie müssen stattdessen mit einer negativen Schrittweite arbeiten:

```
...
FOR x := 20 TO 1 BY -1 DO    (* zählt rückwärts *)
  WrInt(x,5); WrLn;
END;
...
```

4.1.2 *REPEAT*

Bei dieser und der *WHILE*-Schleife wird die Anzahl der Durchläufe von Bedingungen abhängig gemacht. Da die Auswertung der Bedingung am Ende des Anweisungsteils erfolgt, wird die *REPEAT*-Schleife *mindestens einmal* durchlaufen. Diese Schleife hat die gleiche Struktur wie in Pascal.

REPEAT
  Anweisung(en);
UNTIL Bedingung;

Bedingung ist ein beliebiger boolescher Ausdruck. Die Schleife wird beendet sobald *Bedingung TRUE* ist.

4.1.3 *WHILE*

Bei dieser Schleife wird die Bedingung *vor* dem Eintreten in die Schleife überprüft. Daher ist es möglich, daß eine *WHILE*-Schleife überhaupt nicht durchlaufen wird, weil die Bedingung nicht erfüllt ist. Die Schleife wird verlassen, sobald der boolesche Ausdruck *Bedingung FALSE* ist:

WHILE Bedingung *DO*
  Anweisung(en);
END;

Auch hier gibt es kein *BEGIN* am Anfang der Anweisungssequenz. Dafür ist das *END* obligatorisch.

```
...
  WHILE x < 10 DO WrStr("Test"); (* á la Pascal *)
...
```

ist nicht zulässig.

4.1.4 *LOOP*

Die *LOOP*-Schleife ist im Grunde eine schnelle, kontrollierbare Endlosschleife. Sie ist nicht nur für echte Endlosschleifen, zum ständigen Aufruf bestimmter Routinen, geeignet. Ihre Anwendung ist nötig, wenn eine Möglichkeit geschaffen werden muß, eine Schleife an mehreren Punkten in ihrem *Inneren* verlassen zu können. Unter Umständen kann sie auch eingesetzt werden, wenn *WHILE*- oder *REPEAT*-Schleifen durch die Überprüfung zahlreicher Bedingungen langsam und schwer durchschaubar werden. Eine *LOOP*-Schleife ist folgendermaßen aufgebaut:

LOOP
  Anweisung(en);
  IF Bedingung THEN *EXIT* END;
END;

Eine solche Schleife wird mit der Anweisung *EXIT* verlassen. Außerdem kann sie mit einem *RETURN* abgebrochen werden. In einer Prozedur wird mit *RETURN* die *LOOP*-Schleife und zugleich die Prozedur verlassen. Beispiele für die Anwendung dieses Schleifentyps finden Sie in mehreren Listings in diesem Buch.

4.2 Kontrollstrukturen

Zur Steuerung des Programmablaufes stellt Ihnen Modula-2 die *IF*- und die *CASE*-Anweisung zur Verfügung.

4.2.1 *IF*

Die allgemeine Form der *IF*-Anweisung ist:

IF Bedingung(en) *THEN*
  Anweisung(en)
ELSIF Bedingung(en) *THEN*
  Anweisung(en)
ELSE
  Anweisung(en)
END;

Beginnen wir mit einer simplen Version:

```
...
IF zahl < 0 THEN
  WrStr("Diese Zahl ist wirklich kleiner als 0 ");
END;
...
```

Im Gegensatz zu Pascal wird *jede* Anweisung nach dem *THEN*, auch wenn sie nur aus einem einzigen Befehl besteht, mit einem *END* abgeschlossen. Dafür fällt das einleitende *BEGIN* auch bei Anweisungsblöcken weg.

ELSE

Nach einem *ELSE* können Sie alternative Anweisungen aufführen, die abgearbeitet werden, wenn die nach dem *IF* genannte Bedingung nicht erfüllt wird:

```
IF x > 10 THEN
  WrStr(">10");
  WrLn
ELSE
  WrStr("<=10");
  WrLn
END;
```

Beachten Sie, daß hier nur der *gesamte* Komplex, die Alternativanweisungen einbegriffen, von einem einzigen *END* abgeschlossen wird.

Die beiden Anweisungssequenzen können beliebig viele Zeilen umfassen. Pro *IF* Anweisung ist nur eine *ELSE*- Verzweigung zulässig. Vor einem *ELSE* oder einem *END* muß kein Semikolon stehen.

ELSIF

ist kein Druckfehler. *ELSIF* kommt zum Einsatz, wenn mehrere Alternativen bereitgestellt werden sollen:

```
IF x < 0 THEN
   WrStr("< 0");
   WrLn
ELSIF x = 0 THEN
   WrStr("= 0");
   WrLn
ELSIF (x > 0) AND (x < 100) THEN
   WrStr( " im Normbereich");
   WrLn
ELSE
   WrStr(" zu hoch!");
   WrLn
END;
```

Die einzelnen Anweisungssequenzen werden nicht durch *BEGIN* und *END* eingeklammert. Lediglich die *gesamte* Kontrollstruktur wird von einem *END* abgeschlossen. Der hier angehängte (nicht obligatorische) *ELSE*-Zweig wird nur dann abgearbeitet, wenn die Bedingungen für *alle* anderen Alternativen nicht erfüllt wurden.

Das Programm prüft der Reihe nach alle Bedingungen. Sobald einer der booleschen Ausdrücke *TRUE* ist, führt es die ihm folgende Anweisungssequenz aus und beendet dann die *gesamte* Prüfung. Das hätte, wäre x = 20, zur Folge, daß nach der Prüfung von

```
ELSIF (x > 0) AND (x < 100) THEN...
```

der folgende Ausdruck nicht mehr untersucht würde:

```
...
ELSIF x > 10 THEN  WrStr(">10")...
...
```

4.2.2 *CASE*

Die *CASE*-Anweisung ist Ihnen von Pascal her vertraut - sie hat in Modula lediglich ein anderes Outfit. Die allgemeine Schreibweise ist:

CASE Selektor *OF*
 Label_1 : Anweisung(en) |
 Label_2 : Anweisung(en) |
 ...
 Label_n : Anweisung(en)

ELSE
Anweisung(en)
END;

Als Datentyp sind für Selektor und Label einfache Typen (aber nicht *REAL*, nicht *LONGREAL*, *LONGINT* oder *LONGCARD*), Aufzählungs- und Unterbereichstypen zulässig. Selektor und Label müssen kompatibel sein. Die Labels sind keine Variablen sondern Konstanten oder konstante Ausdrücke (*"A"*, *47*, *CHR(8)*, *TRUE*), die auch aufgelistet oder aufgezählt werden dürfen:

```
CASE ... OF
  'x','X','q','Q' :...|
  'A'..'Z'        :...|
```

oder auch:

```
  CHR(65)..CHR(90):...|
```

Die einzelnen Anweisungssequenzen beginnen hinter einem Doppelpunkt und werden, mit Ausnahme der letzten, von einem | abgeschlossen. Wenn es keine entsprechende Taste auf Ihrem Keyboard gibt, erreichen Sie dieses Symbol mit ALT und 124 auf dem Nummernblock. Wo Sie es plazieren, ob vor den Labels (wie im folgenden Listing) oder hinter den Anweisungsblöcken (wie oben), bleibt Ihnen überlassen. Eine Klammerung der Anweisungen in *Begin* und *End*, wie Sie sie von Pascal kennen, gibt es hier nicht; auch wenn diese sich über mehrere Zeilen erstrecken.

```
CASE Taste OF
  F1: SaveScreen;
      Clear;
      OpenHelpWin|
  F2: ...
```

Sind ein Label und der Selektor identisch, wird der folgende Anweisungsblock abgearbeitet. Es wird dann *keine weitere Prüfung mehr* vorgenommen und die *CASE*-Konstruktion sofort verlassen.

Am Ende können Sie nach einem *ELSE* einen Anweisungsblock setzen, in den lediglich dann verzweigt wird, wenn kein passendes Label gefunden wurde.

5 Prozeduren und Funktionen

In diesem Kapitel geht es um
- *Prozeduren und Funktionen*
- *die Arten der Parameterübergabe,*
- *FORWARD-Deklarationen und*
- *Prozedurtypen.*

5.1 Prozeduren

Prozeduren unterscheiden sich in Modula und Pascal nicht wesentlich voneinander. In Modula werden Prozeduren unter Angabe ihres Namens beendet:

```
PROCEDURE Test;
BEGIN
  ...
END Test;
```

Prozeduren stehen im Deklarationsteil eines Moduls. Der Anweisungsblock der Prozedur wird, wie gewohnt, zwischen ein *BEGIN* und ein *END* geklammert. Das Semikolon vor dem letzten *END* darf weggelassen werden.

In leeren Prozeduren kann auf das *BEGIN* verzichtet werden:

```
PROCEDURE Dummy(x:CARDINAL);
END Dummy;
```

Eine Prozedur kann ihren eigenen Erklärungsteil haben, in dem Konstanten, Typen, Variablen, lokale Moduln und wiederum Prozeduren deklariert werden. All diese Objekte sind *lokal* zu dieser Prozedur und in deren Umgebung nicht verfügbar. Globale Objekte sind dagegen auch innerhalb der Prozedur verfügbar. Globale Objekte (Variablen, Typen, Prozeduren) werden allerdings innerhalb der Prozedur unsichtbar, sobald ihr Name dort neu vergeben wird.

Lokale Variablen werden zur Laufzeit auf dem Stack gespeichert. Beim Verlassen der Prozedur wird dieser Speicherplatz wieder freigegeben. Dadurch ist die 'Lebensdauer' dieser Variablen begrenzt: die in einer lokalen Variablen abgelegten Werte sind verloren, sobald die Prozedur wieder verlassen wird. (Lesen Sie hierzu auch das Kapitel über lokale Moduln. Die lokalen Variablen solcher Moduln, die Prozeduren in einigen Punkten ähneln, bleiben über die gesamte Laufzeit erhalten)

5.1.1 Einfache Prozeduren

werden wie in Pascal geschrieben und aufgerufen:

```
PROCEDURE Beep;
BEGIN
  WrChar(7C);
END Beep;
```

und hier der Aufruf:

```
...
Beep;
...
```

5.1.2 Prozeduren mit Parametern

Sie können Daten an Prozeduren übergeben. Diese Parameter im Aufruf der Prozedur werden als aktuelle Parameter bezeichnet. Die Parameter in der Übergabeliste des Prozedurkopfes heißen formale Parameter. Den formalen Parametern folgt eine Angabe ihres Typs. Mehrere Parameter gleichen Typs können, durch Kommata getrennt, aufgezählt werden:

```
PROCEDURE Test (a,b,c :INTEGER; r:REAL);
```

Achten Sie beim Aufruf von Prozeduren auf die Identität der Typen der aktuellen und formalen Parameter. Bei Inkonsistenzen beschwert sich der Compiler mit der Meldung:

```
Parameter hat falschen Typ
```

Unterschiede zwischen formalen und aktuellen Parametern werden lediglich bei den Typen *CARDINAL* und *INTEGER*, *SHORTINT* und *SHORTCARD* sowie *LONGINT* und *LONGCARD* geduldet, und dann auch nur, wenn es sich um Wertparameter handelt (s.u.) und es nicht zu Bereichsverletzungen kommt. Der Aufruf im folgenden Programmfragment ist also zulässig:

```
...
PROCEDURE p(a:SHORTCARD);
BEGIN
  WrShtCard(a,5); (* gibt SHORTCARD-Wert aus *)
END p;
```

```
VAR i:SHORTINT;
BEGIN
  i:= 1;
  p(i);
...
```

Der Aufruf von *p(-1)* löst einen Laufzeitfehler aus. Die Reihenfolge von aktuellen und formalen Parametern muß identisch sein. Sie können einer Prozedur soviele Parameter übergeben, wie Sie möchten. Formale Parameter können, wie in Pascal, als Wert- oder Variablenparameter deklariert werden.

5.1.2.1 Wertparameter

Wenn Sie eine Prozedur mit einem Wertparameter deklarieren und aufrufen, sieht das folgendermaßen aus:

```
...
TYPE string = ARRAY[0..10] OF CHAR;
VAR  s: string;                (* eine globale Variable *)
...
PROCEDURE say (Message:string);(* ein Wertparameter     *)
BEGIN
  Caps(Message);
  WrStr(Message);WrLn;
END say;
...
s := 'Hallo!';
say(s);                        (* ergibt HALLO! *)
WrStr(s);                      (* ergibt Hallo! *)
...
```

In der Prozedur *say* wird der übergebene String mit der Prozedur *Caps* in Großbuchstaben umgewandelt und dann auf dem Bildschirm ausgegeben (*Caps* stammt aus dem Bibliotheksmodul *Str* für die Stringbehandlung).

Wenn Sie die Prozedur *say* aufrufen, wird *s* in Form einer *Kopie* innerhalb der Prozedur weiterverarbeitet. Das heißt, die Veränderung von *s* durch *Caps* bleibt eine rein lokale Angelegenheit der Prozedur *say*, von der die Variable *s* nicht betroffen ist. In *s* steht nach dem Aufruf von *say* immer noch "Hallo!" und nicht etwa "HALLO!", weil eben nur der 'Wert' von *s und nicht s selbst* an die Prozedur übergeben wurde.

5.1.2.2 Variablenparameter

Anders sieht es aus, wenn ein Aufruf über die Referenz einer Variablen erfolgt. In diesem Fall wird die Variable selbst (bzw. deren Adresse, i.e. Referenz) an die Prozedur übergeben. Wird die Variable in der Prozedur manipuliert, ist das dann keine auf die Prozedur begrenzte Sache mehr: die Variable wird tatsächlich verändert. Im Prozedurkopf wird diesen Parametern ein *VAR* vorangestellt:

```
PROCEDURE UpCase (VAR S:string);
BEGIN
  Caps(S);
END UpCase;
...

s := "Hallo!";
WrStr(s);         (* ergibt Hallo! *)
UpCase(s);
WrStr(s);         (* ergibt HALLO! *)
...
```

Wenn Sie versuchen, auf diese Weise Konstanten oder Ausdrücke zu übergeben, etwa so:

```
UpCase("Egon");
```

wird Ihnen der Compiler sagen, daß er eine

```
"Variable erwartet"
```

Hinweis: Da bei Variablenparametern das 'Kopieren' entfällt und nur eine Adresse übergeben wird, ist ein solcher 'Call by reference', je nach Datentyp, etwas schneller als ein 'Call by value'. Außerdem wird weniger Platz auf dem Stack benötigt (was z.B. bei großen Arrays von Bedeutung sein kann).

Wert- und Variablenparameter können gemeinsam benutzt werden:

```
PROCEDURE ReadXY(VAR s:string; x,y:CARDINAL);
(* liest an Bildschirmposition x,y einen String ein *)
BEGIN
  GotoXY(x,y); (* GotoXY stammt aus dem Modul Window *)
  RdStr(s);    (* RdStr stammt aus dem Modul IO      *)
END ReadXY;
...
```

aufgerufen wird *ReadXY* mit

```
...
  ReadXY(FileName,1,20);
...
```

Der in *s* eingelesene String steht nach dem Aufruf von *ReadXY* in *FileName*.

5.1.3 Die *RETURN* Anweisung

Die *RETURN*-Anweisung ist das Pendant zur *Exit*-Anweisung in Turbo Pascal. Mit ihr wird die Abarbeitung einer Prozedur an einer *beliebigen* Stelle abgebrochen.

5.2 Funktionen

In Modula-2 heißen auch Funktionen Prozeduren - das Wort *Function* hat keine Bedeutung. Funktionen liefern Ergebnisse zurück. Der Typ des Rückgabewertes wird im Prozedurkopf nach der *obligatorischen* Parameterliste und einem Doppelpunkt aufgeführt. Das Ergebnis der Funktion wird mit *RETURN* zurückgeliefert (nicht mit dem Funktionsnamen, wie Sie das von Pascal gewohnt sind). Hier ein simples Beispiel:

```
PROCEDURE plus(a,b:INTEGER):INTEGER;
BEGIN
  RETURN a + b;
END plus;
```

Plus erhält die zwei Wertparameter *a* und b, addiert sie und liefert die Summe mit *RETURN* zurück. In Pascal sieht diese Funktion so aus:

```
Function plus(a,b:Integer):Integer;
Begin
  plus := a + b;
End;
```

In TopSpeed Modula-2 können Funktionen (im Gegensatz zu Pascal) *beliebige Typen* zurückliefern: mehrdimensionale Felder, Records, was immer Sie wollen! Die folgende Prozedur 'leert' ein zweidimensionales Feld:

```
...
TYPE M = ARRAY[1..5],[1..5]OF CARDINAL;
...
PROCEDURE clear(tab:M):M;
BEGIN
  FOR x := 1 TO 5 DO
    FOR y := 1 TO 5 DO
      tab[x][y] := 0;
    END;
  END;
  RETURN tab
```

```
END clear;
...
  f := clear(f); (* Aufruf *)
...
```

Der Typ des Funktionsergebnisses und der Typ des Wertes, der via *RETURN* zurückgeliefert wird, müssen kompatibel sein.

Sie können innerhalb einer Funktion *RETURN* auch mehrere Male einsetzen, um sie am gewünschten Punkt mit einem bestimmten Ergebnis zu verlassen. Im nächsten Beispiel wandelt die Funktion *UpCase* auch die deutschen Umlaute in Großbuchstaben um.

```
PROCEDURE UpCase(c:CHAR):CHAR;
BEGIN
  CASE c OF
    'ä':c:='Ä'|
    'ö':c:='Ö'|
    'ü':c:='Ü'|
  ELSE
    RETURN CAP(c)
  END;
  RETURN c;
END UpCase;
```

Wenn der übergebene Buchstabe c nicht zu den Umlauten gehört, wird er mit *CAP* umgewandelt und zurückgegeben. Damit ist die Prozedur beendet - weitere Anweisungen werden nicht mehr abgearbeitet.

Wenn die Rückgabe von Funktionsergebnissen von Bedingungen abhängig gemacht wird, muß darauf geachtet werden, daß das gesamte Spektrum von Möglichkeiten berücksichtigt wird. Wird eine Funktion nämlich bis zu ihrem Ende abgearbeitet, ohne daß der Computer auf eine *RETURN*-Anweisung stößt, wird die Ausführung des Programms mit der Meldung

```
"No RETURN from function"
```

abgebrochen. Das würde passieren, wenn man die vorletzte Zeile von *UpCase* entfernt und der Funktion einen Umlaut übergibt.

5.2.1 Funktionen ohne Parameter

Ich habe die Parameterliste einer Funktion oben als obligatorisch bezeichnet, weil es nicht möglich ist, Funktionsprozeduren ohne Parameterlisten zu schreiben. Wenn der Funktion nichts übergeben werden soll, bleibt diese Liste leer. Trotzdem muß sie auch im Aufruf erwähnt werden, weil der Compiler die Funktion beim Aufruf sonst für einen Variablenbezeichner hält.

Im nächsten Beispiel werden die Ja/Nein-Abfragen eines Programmes in einer Funktion zusammengefaßt. Dieser wird kein Wert übergeben. Sie liefert aber einen booleschen Wert zurück:

```
PROCEDURE Ja(): BOOLEAN;
VAR c: CHAR;
BEGIN
  REPEAT
    c := RdKey();   (* Zeichen einlesen *)
    c := CAP(c);    (* in Großbuchstabe *)
  UNTIL (c = 'J') OR (c = 'N');
  IF c = 'J' THEN
    RETURN TRUE  (* Rückgabe *)
  END;
  RETURN FALSE;
END Ja;

BEGIN
  WrStr('Möchten Sie diese Datei löschen ? (j/n)');
  IF Ja() THEN
    WrStr('Lösche...')
    ...
  ELSE
    WrStr('dann eben nicht');
  END;
...
```

Diese leeren Parameterlisten werden Ihnen häufig begegnen, z.B. bei den Routinen für die Eingabe numerischer Werte, die im Gegensatz zu Pascal als Funktionen und nicht als Prozeduren implementiert sind. Eine *CARDINAL*-Zahl wird beispielsweise so von der Tastatur entgegengenommen:

```
c := RdCard(); (* Pascal: Read(c); *)
```

Die Funktion *IOresult* liefert das Ergebnis der letzten E/A-Operation zurück:

```
ErrorCode := IOresult();
```

5.3 Die Infixnotation

Die oben gezeigt Funktion *plus* wird folgendermaßen aufgerufen:

```
i := plus(a,b);
```

TopSpeed Modula-2 gestattet für Prozeduren mit zwei Parametern die sog. Infixschreibweise, die die Lesbarkeit solcher Aufrufe unter Umständen verbessern kann. Dabei wird der Funktionsname in zwei Backslashes eingeschlossen und zwischen die aktuellen Parameter geschrieben. Das sieht dann so aus:

```
i := a\plus\b;
```

Die Infixnotation ist auch bei 'echten' Prozeduren und nicht nur bei Funktionen zulässig.

5.4 *FORWARD*-Deklarationen

Da es in punkto Rekursionen keine Unterschiede zwischen Pascal und Modula gibt, werde ich Ihnen in diesem Kapitel keine Beispiele dazu vorstellen. Im Kapitel über Directory-Operationen finden Sie aber ein Programm, das Verzeichnisbäume rekursiv absucht. Anzumerken ist, daß TopSpeed Modula-2 auch die *FORWARD*-Deklaration kennt, womit z.B. indirekte Rekursionen möglich werden.

Normalerweise dürfen Prozeduren ja erst aufgerufen werden, *nachdem* sie deklariert wurden. Mit einer vorgezogenen Deklaration läßt sich diese Vorschrift jedoch umgehen. Dabei wird eine Kopie des kompletten Prozedurkopfes, gefolgt von dem Wort *FORWARD vor* dem ersten Aufruf plaziert.

Hierzu ein kleines Beispiel. Es gibt darin eine Prozedur *Message*, die an der übergebenen Bildschirmposition eine Nachricht ausgibt. Wenn der Programmierer nun eine Position außerhalb des zulässigen Bereiches übergibt (z.B. in der 34. Zeile), initiiert die Routine eine Fehlermeldung. Die Prozedur *ErrorMsg*, die die Fehlermeldungen stets in der untersten Zeile ausgibt, soll sich aber ihrerseits der Ausgabeprozedur *Message* bedienen. Mit der *FORWARD* Deklaration sieht die Lösung des Problems so aus:

```
...
  FROM IO     IMPORT WrStr,WrChar;
  FROM Window IMPORT GotoXY;
  TYPE string = ARRAY[0..30] OF CHAR;

(* hier die FORWARD Deklaration von Message : *)
PROCEDURE Message(s:string;x,y:CARDINAL); FORWARD;

PROCEDURE ErrorMsg(s: string);
BEGIN
  WrChar(7C);            (* fiep                           *)
  Message(s,1,25);       (* Fehlermeldung mit Message ausgeben *)
END ErrorMsg;
```

```
PROCEDURE Message(s: string; x,y: CARDINAL);
BEGIN
  IF (x > 25) OR (y > 80) THEN    (*  an falscher Position ?  *)
    ErrorMsg("Falsche Bildschirmposition"); (* Fehlermeldung   *)
    RETURN;                                 (* ... und Abbruch *)
  END;                                      (* ansonsten       *)
  GotoXY(x,y);                 (* an Bildschirmposition gehen *)
  WrStr(s);                    (*  und die Nachricht ausgeben *)
END Message;
...
```

Wenn Sie auf die Idee kommen, in *ErrorMsg* falsche Werte anzugeben, führt das in eine Endlosschleife, die von einem Stack-Überlauf 'beendet' wird.

5.5 Prozedurtypen

Bisher haben wir in Variablen Daten abgelegt. In Modula-2 ist es aber auch möglich, Prozeduren und Funktionen in Variablen zu speichern.

Ein einfaches Beispiel soll demonstrieren, wofür das gut sein kann. Für die Ausgabe von Strings auf den Bildschirm benutzt man die Prozedur *WrStr*, die die entsprechende DOS-Funktion aufruft und deshalb ein wenig langsam ist. Man kann eine schnellere Prozedur programmieren, nennen wir sie *Print*, die direkt in den Bildschirmspeicher schreibt, sehr schnell ist, aber u.U. nicht auf jedem Rechner zufriedenstellend läuft. Was tun? Soll man aus Kompatibilitätsgründen auf den Tempogewinn verzichten oder gewisse Rechnerkonfigurationen ignorieren?

Es gibt Programme, die zeigen, daß es noch eine dritte Alternative gibt. Vielleicht kennen Sie die *Norton Utilities*. Man kann dort das Programm *NU.EXE* mit der Option */d0* starten, dann schreibt es direkt und sehr schnell in den Bildschirmspeicher, sonst benutzt es die DOS-Routine. In eigenen Programmen könnte man das, *immer* dann wenn es um die Stringausgabe geht, mit dieser oder einer ähnlichen Konstruktion erreichen:

```
...
  IF direkteAusgabe THEN (* eine boolesche Var. *)
    Print(s);
  ELSE
    WrStr(s);
  END;
...
```

Prozedurtypen sind da eine schönere und praktischere Lösung. Mit ihnen ist es möglich, eine Variable, z.B. *OutPut*, zu deklarieren, in der entweder die schnelle Routine oder *WrStr* abgelegt ist. Mit dieser Variablen kann wie mit einer normalen Prozedur gearbeitet werden. Der Aufruf von *OutPut* sorgt dann entweder für eine direkte oder für die DOS-Ausgabe. Im übrigen kann diese Variable natürlich auch wie eine Variable benutzt werden: man kann sie in Arrays ablegen, einer anderen Prozedurvariablen zuweisen, mit einer anderen Prozedurvariablen vergleichen etc. Die Ablage von Prozedurvariablen in Arrays oder Records wird z.B.interessant, wenn es darum geht, bestimmte Anweisungsfolgen in einem Programm erst zur Laufzeit festzulegen.

Wenn zwei Prozeduren *einer* Prozedurvariablen zugewiesen werden sollen, muß die Struktur ihrer Prozedurköpfe die gleiche ist. D.h., daß in unserem Beispiel *Print* und *WrStr* die gleichen formalen Parameter aufweisen müssen. Der Kopf von *WrStr* sieht so aus:

```
PROCEDURE WrStr (S:ARRAY OF CHAR);
```

Damit liegt auch der Kopf von *Print* fest.

```
PROCEDURE Print (s:ARRAY OF CHAR);
BEGIN                    (* schnelle Textausgabe *)
...
```

Die Prozedur muß nicht, wie in Pascal üblich, als *FAR* deklariert werden. Für die Prozeduren *Print* und *WrStr* soll jetzt ein Typ definiert werden. Bei der Deklaration von Prozedurtypen muß festgelegt werden, welche Prozeduren die Variablen dieses Typs künftig speichern sollen. Deswegen folgt dem Bezeichner und dem Schlüsselwort *PROCEDURE* eine 'Beschreibung' eines Prozedurkopfes. Das sieht für einen Prozedurtyp, der hier *OutProc* genannt wird, so aus:

```
TYPE OutProc = PROCEDURE(ARRAY OF CHAR);
```

Variablen vom Typ *OutProc* können ausschließlich solche Prozeduren speichern, die ein *ARRAY OF CHAR* als Wertparameter erwarten.

Sie können natürlich auch Typen für Prozeduren mit (mehreren) Variablenparametern, für Funktionen etc. definieren. Wenn Sie einen Typ für Prozeduren definieren möchten, die keine Werte erhalten oder zurückgeben, deklarieren Sie Ihn entweder folgendermaßen

```
TYPE P = PROCEDURE;
```

oder Sie benutzen den vordefinierten Typ *PROC* (der ebenso definiert ist).

Die Variablendeklaration sieht in unserem Beispiel so aus:

```
VAR OutPut: OutProc;
```

OutPut kann Prozeduren speichern, denen Daten vom Typ *ARRAY OF CHAR* übergeben werden. Die Variable ist also nicht nur auf *Print* und *WrStr* zugeschnitten. Sie können ihr, wenn Sie z.B. eine Ausgabeumleitung realisieren

Dateien schreibt. Wichtig ist, daß all diese Prozeduren ein *ARRAY OF CHAR* erwarten müssen. Die Zuweisung einer Prozedur erfolgt wie bei jeder anderen Variablen:

```
OutPut := Print;
```

oder

```
OutPut := WrStr;
```

Beachten Sie, daß bei der Zuweisung von Funktionen nur der Name der Prozedur *ohne Klammern* genannt wird, weil hier tatsächlich die Prozedur übergeben wird, nicht deren Rückgabewert.

Die Variable *OutPut* kann, nachdem ihr eine Prozedur zugewiesen wurde, auch wie eine Prozedur benutzt werden:

```
...
FOR i := Anf TO Ende DO
  OutPut(F[i]); (* Ausgabe eines Stringarrays F *)
END;
...
```

OutPut kann also aufgerufen werden wie *WrStr* oder *Print*. Wie die Strings dann ausgegeben werden, hängt davon ab, welche der betreffenden Routinen zuvor in *OutPut* abgelegt wurde. Das kann mit einer Abfrage geklärt werden oder, wie bei "NU.EXE", mit einem Kommandozeilenargument. Hierfür schreiben wir eine Funktion, die das erste Argument von der Kommandozeile identifiziert und, wenn ein "d" übergeben wurde, die schnelle Routine zurückliefert, sonst die langsamere:

```
PROCEDURE Mode():OutProc;
VAR m: CHAR;
BEGIN
  ParamStr(m,1);               (* 1. Parameter M zuweisen *)
  IF m = d THEN                (* wenn Übergabe von d     *)
    RETURN Print;              (* schnelle Ausgabe        *)
  END;
  RETURN WrStr;                (* sonst: normale Ausgabe  *)
END Mode;
```

Die Prozedur *ParamStr* (aus dem Bibliotheksmodul *Lib*) legt das erste Kommandozeilenargument in *m* ab (vgl. Kapitel 7.10). Ist dies "d", liefert *Mode* *Print* zurück. Der Aufruf von *OutPut* hat dann im gesamten Programm die Benutzung von *Print* zur Folge.

Es folgt nun das Listing des Beispielprogrammes. Auf die Programmierung von Print wurde verzichtet - für Demonstrationszwecke soll eine 'Simulation' genügen. Eine schnelle Ausgabeprozedur wird aber im Kapitel über Low-Level-Programmierung entwickelt.

```
MODULE ptyp;
FROM IO  IMPORT WrLn,RdKey,WrStr;
FROM Lib IMPORT ParamStr;
TYPE OutProc = PROCEDURE(ARRAY OF CHAR); (* ein Prozedurtyp   *)
VAR  OutPut: OutProc;                    (* und die Variable  *)

PROCEDURE Print(s:ARRAY OF CHAR);(* schnelle Textausgabe *)
BEGIN
  WrStr(s);WrLn;                        (* "Simulation"         *)
END Print;

PROCEDURE Mess(M:OutProc);              (* Übergabe an Prozedur *)
BEGIN
  IF M = Print THEN
    OutPut("Ausgabe mit Print")
  ELSE
    OutPut("Ausgabe mit WrStr");
  END;
END Mess;

PROCEDURE Mode():OutProc;              (* Rückgabe durch Funktion *)
VAR m: CHAR;
BEGIN
  ParamStr(m,1);                       (* 1. Parameter M zuweisen *)
  IF m = 'd' THEN                      (* wenn Übergabe von "d"   *)
    RETURN Print;                      (* schnelle Ausgabe        *)
  END;
  RETURN WrStr;                        (* sonst: normale Ausgabe  *)
END Mode;

VAR x:CARDINAL;
BEGIN
  OutPut := Mode();              (* gewünschte Ausgabe ermitteln *)
  Mess(OutPut);                  (* Meldung *)
  FOR x := 1 TO 10 DO
    OutPut("Das ist ein Test!!!")
  END
END ptyp.
```

Hinweis: Wenn Sie dieses Programm testen möchten, können Sie es entweder kompilieren und linken und dann aus dem DOS mit *PTYP* bzw. *PTYP* d aufrufen, oder in der Entwicklungsumgebung starten. Dort werden Kommandozeilenargumente über den Menüpunkt KOMMANDOZEILE des OPTIONEN/PROGRAMMSTART-Menüs an die Programme übergeben. Nach dem Start erscheint eine Meldung über das Ausgabeverfahren, dann werden 10 Zeilen, entweder mit *WrStr* oder der (Dummy-)Prozedur *Print* ausgegeben.

Prozedurvariablen können, wie das Programm zeigt, so wie andere Variablen auch, an Prozeduren übergeben und von Funktionen zurückgeliefert werden. Mit

```
OutPut := Mode();
```

wurde der Prozedurvariablen *OutPut* die in der Funktion *Mode* ermittelte Ausgaberoutine zugewiesen. Wenn Sie die Prozedurvariable *OutPut* ohne vorherige Initialisierung benutzen, versuchen Sie eine nicht definierte Prozedur aufzurufen! Drücken Sie dann am besten die Taste mit der Aufschrift "Reset", die Sie an der Frontseite ihres Rechners finden.

Mit der Anweisung

```
Mess(OutPut);
```

wird der "Wert" der Variablen *OutPut* an eine Prozedur übergeben, die eine Meldung über das gewählte Ausgabeverfahren ausgibt.

Folgendes ist bei Zuweisungen von Prozedurvariablen zu berücksichtigen:

- Zuweisungen von Prozeduren an Prozedurvariablen werden nur akzeptiert, wenn der Kopf der Prozedur der Typdeklaration der Prozedurvariablen entspricht.
- Prozedurvariablen können einander nur zugewiesen werden, wenn sie auf dem gleichen Typ basieren.
- Es dürfen keine Standardprozeduren zugewiesen werden, sondern ausschließlich von Ihnen definierte Prozeduren oder solche aus den Bibliotheksmoduln.
- Es dürfen keine Prozeduren zugewiesen werden, die innerhalb *anderer* Prozeduren lokal deklariert wurden.

Sie können eine Prozedurvariable 'parken', indem Sie ihr den Wert *NULLPROC* zuweisen. Ein nachfolgender Aufruf dieser Variablen hat einen Laufzeitfehler und die Meldung:

```
"Attempt to call NULLPROC"
```

zur Folge. *NULLPROC* hat für Prozedurvariablen die Funktion, die *NIL* für Zeiger hat.

6 Moduln

Haupt- oder Programmoduln haben Sie bereits kennengelernt. In diesem Kapitel geht es nun um die beiden anderen Modultypen, um
- *externe Moduln und*
- *lokale Moduln.*

Außerdem werden
- *opake Datentypen*

vorgestellt.

6.1 Externe Moduln

Externe Moduln erbringen für andere Moduln bestimmte Dienstleistungen. In ihnen sind *funktional zusammengehörige* Prozeduren, Funktionen, Datenstrukturen etc. zusammengefaßt. Ein Modul wird also nicht wahllos zusammengebastelt. Es handelt sich vielmehr um eine gezielte Zusammenstellung von Objekten in einem thematischen oder problembezogenen Rahmen.

Man kann zwei Arten von Moduln unterscheiden: Moduln, die zur besseren Strukturierung des Programmes geschrieben werden, und Moduln, in denen häufig benötigte Dienstleistungen zusammengefaßt und für mehrere Programme bereitgehalten werden. Im ersten Fall wird eine Aufgabe, ein Problem in weniger komplexe Untereinheiten aufgeteilt. Für diese Teilprobleme werden dann Lösungen entwickelt und ausgetestet, die später integriert werden. Die andere Art von Moduln, Bibliotheksmoduln, sind mit mehr oder weniger universell einsetzbaren Werkzeugkästen vergleichbar, auf die eine Vielzahl von Programmen bzw. Programmierern zugreifen wird. Diese beiden Typen, die sich lediglich von ihrer Bestimmung her unterscheiden, werden hier zuerst besprochen. Der dritte Typ - lokale Moduln - wird am Ende des Kapitels behandelt.

Trennung von Definition und Implementierung

Moduln bestehen aus zwei Komponenten. Im sog. *IMPLEMENTATION MODULE* befindet sich der eigentliche Quellcode. Im *DEFINITION MODULE* wird beschrieben, welche Dienstleistungen der Modul erbringen kann. Diese Beschreibung ist die Schnittstelle, über die der Modul mit seiner Umgebung kommuniziert. Es sind also zunächst drei Typen von Moduln zu unterscheiden.

Typ	**Bezeichnung**
Hauptmoduln	*MODULE*
Definitionsmoduln	*DEFINITION MODULE*
Implementationsmoduln	*IMPLEMENTATION MODULE*

Hinzu kommen später die lokalen Moduln.

Mehr als die Schnittstelle ist von einem Modul in seiner Umgebung nicht sichtbar, sein Inneres bleibt verborgen. Aus dem *DEFINITION MODULE* geht nicht hervor, wie das Innere des Moduls beschaffen ist, wie seine Dienstleistungen implementiert sind.

Moduln werden separat kompiliert und liegen dann als Objektdatei vor, die vom Linker in ein Programm eingebunden wird. Die Möglichkeit der separaten Compilierung verkürzt Ihre Entwicklungszeiten: von einem einmal fertiggestellten und übersetzten Modul wird nur noch der Objektcode in Ihr Programm eingebunden. Die zeitraubende Compilierung entfällt.

Moduln können in kompilierter Form weitergegeben werden, ohne daß der Quellcode bekanntgegeben werden muß. Für den Empfänger liefert die Definitionsdatei die Beschreibung der Dienstleistungen (korrekte Prozeduraufrufe etc.). Es werden im Gegensatz zu Turbo Pascal (4/5) stets mindestens zwei Dateien weitergegeben: der *DEFINITION*-Modul (**.DEF*) und die linkfähige Objektdatei (**.OBJ*).

Wie die Dienstleistungen in ein Programm eingebunden werden, wissen Sie bereits. Der aufrufende Modul (auch Kunde genannt) importiert Sie aus dem Bibliotheksmodul:

```
FROM Window IMPORT Clear;
```

importiert die Prozedur *Clear* zum Löschen des Bildschirmfensters aus dem Bibliotheksmodul *Window*.

Wenn Sie bisher in Turbo Pascal 4.0 oder 5.x programmiert haben, ist das nichts Neues für Sie. Auch dort müssen Sie die Prozedur *ClrScr* mit *Uses Crt*; aus einem Modul, einer Unit importieren, bevor Sie sie benutzen können. Allerdings werden in Pascal mit der *Uses*-Anweisung komplette Units zur Verfügung gestellt. In Modula-2 wird mit dem gezeigten *IMPORT*-

Verfahren genau spezifiziert, was importiert wird. Etwas anders ist das beim sog. qualifizierten Import, auf den ich noch zu sprechen komme.

6.1.1 Definitionsmoduln

Ein Bibliotheksmodul besteht aus einem Definitions- und einem Implementationsteil. Während beide Komponenten (*Interface* und *Implementation*) im Quelltext einer Pascal-Unit zusammengefaßt werden, werden sie in Modula-2 in zwei getrennten, gleichnamigen Dateien mit den Extensionen *.DEF* und *.MOD* abgelegt.

Der Definitionsmodul ist die Schnittstelle zwischen einem Bibliotheksmodul und den Moduln, die seine Prozeduren und Daten importieren. Hier sind alle Objekte aufgeführt, die der Modul exportieren kann und die damit auch von außen sichtbar sind. Das können Typen, Variablen, Konstanten, Prozeduren, Funktionen sein. Dieser Modul sagt also, welche Dienstleistungen der Modul dem aufrufenden Programm bereitstellen kann.

Der Compiler prüft anhand dieses Moduls die Korrektheit der Aufrufe der Modulfunktionen etc. durch andere Moduln. Um die Konsistenz der Schnittstellen zu sichern, werden die jeweiligen **.DEF*-Dateien von TopSpeed Modula-2 *jedesmal* automatisch mitkompiliert, wenn ein Modul Objekte eines anderen Moduls importiert. Sie müssen diese Datei nicht selbst kompilieren. Das spart Arbeit, und Sie bleiben von der gesamten Versionsproblematik verschont.

Die Stimmigkeit zwischen dem Aufruf durch ein "Kunden"-Modul und den Prozeduren eines "Lieferanten-"Moduls überprüft der Compiler also nur anhand des *Definitions*moduls. Daher sind z.B. auch zirkuläre Modul-Aufrufe problemlos möglich. Weil den Compiler bei seiner Prüfung allein die Definitionsdatei interessiert, ist es, wenn eine solche existiert, sogar möglich, ein aufrufendes Programm zu kompilieren, obwohl die Implementationsmoduln seiner Lieferantenmoduln noch gar nicht geschrieben und/oder kompiliert wurden. Ein *EXE*-File kann man in diesem Fall natürlich nicht erzeugen.

Ich möchte Ihnen das Schreiben eines Bibliotheksmoduls jetzt anhand eines Beispiels demonstrieren. Der Modul *Printer* soll Ihren Programmen ein paar Druckerroutinen zur Verfügung stellen: zum Drucken eines Strings, zum Auslösen eines Resets sowie Prozeduren zum Ein- und Ausschalten des Double-Strike-Modus. Es geht hier lediglich darum, zu zeigen, wie ein Bibliotheksmodul entwickelt wird - mit dem Thema Drucken befaßt sich Kapitel 7.7.

Der erste Schritt ist das Schreiben des Definitionsmoduls. In diesem Fall ist das eine recht einfache und überschaubare Angelegenheit. Zunächst folgt die Deklaration als Definitionsmodul mit der Zeile

```
DEFINITION MODULE Printer;
```

Dieser Modul definiert alle Objekte, die andere Moduln aus dem Bibliotheksmodul Printer importieren können. Bei Prozeduren wird deren vollständiger Kopf aufgeführt. Damit ist auch ihre korrekte Verwendung im Kundenmodul dokumentiert.

```
DEFINITION MODULE Printer;
  PROCEDURE LPrint(s:ARRAY OF CHAR);
       (* gibt einen String aus        *)
  PROCEDURE Reset;
       (* löst einen Druckerreset aus  *)
  PROCEDURE FF;
       (* löst einen Seitenvorschub aus *)
  PROCEDURE DStrike_on;
       (* Doublestrike ein             *)
  PROCEDURE DStrike_off;
       (* Doublestrike aus             *)
END Printer.
```

Ein solcher Modul enthält keinen Anweisungsblock. Ein Definitionsmodul muß mit der Extension *.DEF* abgespeichert werden. Sie sollten es sich zur Angewohnheit machen, Definitionsmoduln ausführlich zu kommentieren. Selbst wenn Sie Ihre Bibliothek anderen nicht zur Verfügung stellen bzw. stellen müssen, rationalisiert es die eigene Arbeit doch erheblich, wenn man sich bei Unklarheiten nur den betreffenden Definitionsmodul in den Editor holen muß.

Hinweise: Wenn Sie in einem Definitionsmodul ein Objekt definieren, das seinerseits Bezug nimmt auf ein Objekt eines anderen Moduls, muß dieses andere Objekt in den Definitionsmodul importiert werden. Das hört sich kompliziert an, ist aber ganz einfach. Angenommen, Sie haben einen Modul geschrieben, in dem Fehlermeldungen auf eine besondere Art ausgegeben werden. Das geschieht mit der Prozedur

```
PROCEDURE ErrMess(M:string);
BEGIN
  ...
END ErrMess;
```

Dieser wird die Fehlermeldung als String übergeben. Den Typ *string* haben Sie zuvor in einem Modul *Strings* definiert. In diesem Fall muß dann auch der Definitionsmodul eine Importliste aufweisen, durch die der Typ *string* hier zugänglich gemacht wird. Das könnte so aussehen:

```
DEFINITION MODULE err;
  FROM Strings IMPORT string;
  PROCEDURE ErrMess(M:string);
END err.
```

Mit Konstanten- oder Aliasdeklarationen können Sie über eine Definitionsdatei Objekte anderer Moduln zur Verfügung stellen. In der TopSpeed-Bibliothek geschieht das häufig. Z.B. sind zahlreiche Stringoperationen aus dem Modul *Str* aus Geschwindigkeitsgründen tatsächlich in Maschinensprache geschrieben und im Modul *AsmLib* untergebracht worden. Sie können diese aber (um die Gliederung der Bibliothek aufrecht zu erhalten) trotzdem aus *Str* importieren. Dafür sorgen folgende Zeilen in *STR.DEF*:

```
CONST Caps     = AsmLib.Caps;
      Compare  = AsmLib.CompareStr;
      ...
```

Die Prozedurköpfe für *Caps* etc. sind mit Kommentarklammern stillgelegt. Sie dienen nur noch Ihrer Information über den korrekten Aufruf - wie die Quelltexte dieser Prozeduren in *STR.MOD*.

Im oben abgedruckten Definitionsmodul *PRINTER.DEF* wurden die Köpfe der Prozeduren aufgeführt, die Printer exportieren kann. Diese Prozeduren können, nachdem sie importiert worden sind, so und nicht anders in anderen Moduln aufgerufen werden. Ein Testprogramm für *Printer* könnte folgendermaßen aussehen:

```
MODULE P_Test;
FROM Printer IMPORT LPrint, DStrike_on, DStrike_off;
BEGIN
  LPrint('Das ist ein Test...');
  DStrike_on;
  LPrint('und das ist fett gedruckt ... ');
  DStrike_off;
  LPrint('und das wieder normal!');
END P_Test.
```

Das Programm *P_Test* hat nur drei Prozeduren aus *Printer* importiert. Es ist also keineswegs nötig, 'alles' zu importieren, sondern eben nur das, was Sie wirklich benötigen. Der Linker wird auch später nur solche Codeteile in Ihr Programm einbinden, die Sie auch wirklich benutzen, und nicht etwa den Objektcode des kompletten Moduls. Im übrigen wird ein Modul (bzw. die benötigten Codeteile) nur einmal an Ihr Programm angelinkt - egal wie oft er insgesamt (in allen Moduln dieses Programmes) importiert wurde.

6.1.2 Implementationsmoduln

Nun zu dem Implementationsmodul, in dem die einzelnen Routinen usw. codiert sind. Er beginnt mit der Zeile:

```
IMPLEMENTATION MODULE Printer;
```

dann folgt (falls nötig) eine interne Liste, über die der Modul seinerseits alle von ihm *intern* benötigten Objekte importiert. Diese Liste unterscheidet sich nicht von den Importlisten anderer Moduln:

```
FROM FIO                  (* aus der Bibliothek für Dateioperationen *)
IMPORT WrChar,WrStr,WrLn,   (* Ausgaberoutinen                      *)
       PrinterDevice,       (* DOS-FileReferenz zum Ansprechen      *)
                            (* des Druckers                         *)
       File;                (* Dateityp                             *)
```

Dann können wie gewohnt *intern* verwendete Konstanten, Typen, Variablen etc. deklariert werden.

```
CONST ESC = CHR(27);                    (* für Druckercodes       *)
VAR LPT: File;                          (* der Drucker als Datei *)
```

Diese Daten sind nach außen, also für andere Moduln, die Printer in Anspruch nehmen, *unsichtbar*, da sie in *PRINTER.DEF* nicht aufgeführt wurden. Die Werte globaler Variablen eines Moduls bleiben, wie die globalen Variablen eines Hauptmoduls, über die gesamte Laufzeit erhalten.

Jetzt können die einzelnen Prozeduren des Moduls programmiert werden. Die Prozedurköpfe im Implementationsmodul müssen mit jenen des Definitionsmoduls identisch sein. Außerdem müssen *alle* Prozeduren, die im Definitionsmodul deklariert sind, im Implementationsmodul erscheinen. Umgekehrt ist das nicht notwendig.

Hinweis: In diesem Beispiel wird der Drucker wie eine Datei angesprochen, die (von mir) als *LPT* bezeichnet wird. Das Prinzip werden Sie von Pascal kennen. Normalerweise muß jedes *File* geöffnet werden. Die Prozedur *Open* liefert dann eine Filereferenz zurück, mit der, anstelle des Dateinamens, weitergearbeitet wird. Wenn der Drucker angesprochen werden soll, ist das in TopSpeed Modula nicht nötig. Man kann aus *FIO* eine Standard-Filereferenz importieren, die in der Konstanten *PrinterDevice* abgelegt ist. Benutzt man diese, kann der Drucker ohne ein vorhergehendes *Open* angesprochen werden. Lesen Sie zu diesem Thema auch das Kapitel 7.7.

```
IMPLEMENTATION MODULE Printer;
FROM  FIO IMPORT WrChar,WrStr,WrLn,PrinterDevice,File;
CONST ESC = CHR(27);
VAR   LPT: File;
```

```
PROCEDURE LPrint(s:ARRAY OF CHAR); (* ein übergebener String *)
BEGIN
   LPT := PrinterDevice;           (* Drucker als Datei      *)
   WrStr(LPT,s);                   (* Ausgabe                *)
   WrLn(LPT);                      (* und Zeilenvorschub     *)
END LPrint;

PROCEDURE PrinterCode(C:SHORTINT);
(* diese Prozedur gibt die Steuercodes aus. Zuerst wird ein  *)
(* Escape gesendet, dann der eigentliche, an die Prozedur    *)
(* übergebene Code. ESC wurde als Konstante definiert        *)
BEGIN
  LPT := PrinterDevice;            (* Drucker als Datei      *)
  WrChar(LPT,ESC);
  WrChar(LPT,CHR(C));     (* Ausg. d. übergebenen Steuercodes *)
END PrinterCode;

PROCEDURE Reset;
BEGIN
  PrinterCode(64)
END Reset;

PROCEDURE DStrike_on;
BEGIN
  PrinterCode(71)
END DStrike_on;

PROCEDURE DStrike_off;
BEGIN
  PrinterCode(72)
END DStrike_off;

PROCEDURE FF;
BEGIN
  LPT := PrinterDevice;            (* Drucker als Datei      *)
  WrChar(LPT,CHR(12))
END FF;

END Printer.
```

Hinweis: Der Modul kann nach dem Editieren mit ALT+C kompiliert werden und befindet sich dann als Objektdatei auf Ihrer Platte (*PRINTER.OBJ*). Sie können seine Funktionsfähigkeit mit dem Testprogramm überprüfen. Starten Sie dieses mit ALT+R. In diesem Fall muß *Printer* zuvor nicht kompiliert werden, weil mit ALT+R zuerst ein Make ausgeführt wird. Danach wird das erzeugte *EXE*-File abgearbeitet. Wenn Sie nur eine *EXE*-Datei erzeugen wollen, rufen Sie mit ALT+M die Make-Funktion für das automatische Kompilieren und anschließende Linken auf.

Aus dem Dienstleistungsangebot unseres Bibliotheksmoduls kann sich jetzt jeder andere Modul mit entsprechenden Importlisten bedienen. Die Korrektheit der Aufrufe überprüft der Compiler anhand der Angaben in der *DEF*-Datei.

Die Prozedur *PrinterCode* wurde nicht im Definitionsmodul erwähnt. Das heißt, daß diese Prozedur von außen, also von anderen Moduln, nicht importiert, geschweige denn aufgerufen werden kann. Diese Prozedur, genauso wie die oben deklarierten Variablen und die Konstante ESC, ist *lokal* zu diesem Modul und kann nur intern verwendet werden. Ebenfalls von außen unsichtbar ist die Implementierung der exportierten Prozeduren. Wie die Prozedur *LPrint* programmiert wurde, ob die Daten via 'Datei' übergeben werden, ob der Programmierer direkt den Druckerport anspricht, ist dem aufrufenden Programm unbekannt. Der Modul *Printer* erbringt für andere Moduln u.a. die Dienstleistung *LPrint*. Wie er das tut, spielt nach außen hin keine Rolle.

Es ist auch - solange die Schnittstelle *PRINTER.DEF* nicht verändert wird - jederzeit möglich, *Printer* zu modifizieren, ohne die Quelltexte der aufrufenden Moduln anzutasten. Nach einer solchen Änderung und Kompilierung von *Printer* ist lediglich ein neuer Linklauf nötig. Sie müssen sich dabei auch keine Sorgen um irgendwelche Seiteneffekte machen, da die 'Reichweite' lokaler Variablen aus *Printer* an der Grenze des Moduls endet. Wenn die Schnittstelle *PRINTER.DEF* verändert wird, muß das Gesamtprogramm mit Make rekompiliert werden.

Der Anweisungsteil von Implementationsmoduln

Der Bibliotheksmodul *Printer* enthielt im Implementationsteil nur Deklarationen von Prozeduren. Implementationsmoduln können aber auch einen eigenen Anweisungsblock aufweisen. Dieser Block wird *vor* dem Abarbeiten des Anweisungsteils des *aufrufenden* Moduls abgearbeitet, d.h. vor dem eigentlichen *Programmstart*. Sie können in diesem Block z.B. automatische Initialisierungen vornehmen lassen. In unserem Beispielmodul *Printer* findet sich in den Prozeduren *LPrint*, *PrinterCode* und *FF* jedesmal die Zuweisung

```
LPT := PrinterDevice;
```

Diese könnte man auch im Anweisungsteil des Moduls unterbringen, der dann folgendermaßen aussähe:

```
IMPLEMENTATION MODULE Printer;
FROM  FIO IMPORT ... (* wie oben *)
CONST ESC = CHR(27);
VAR   LPT : File;

PROCEDURE LPrint(s:ARRAY OF CHAR);
BEGIN
  WrStr(LPT,s);
  WrLn(LPT);
END LPrint;

PROCEDURE PrinterCode(C:SHORTINT);
BEGIN
  WrChar(LPT,ESC);
  WrChar(LPT,CHR(C));
END PrinterCode;

PROCEDURE Reset;
...
PROCEDURE DStrike_on;
...
PROCEDURE DStrike_off;
...
PROCEDURE FF;
BEGIN
  WrChar(LPT,CHR(12));
END FF;

BEGIN                         (* Anweisungsblock *)
  LPT := PrinterDevice;
END Printer.
```

An *LPT* wird jetzt beim Start des Programmes *PrinterDevice* zugewiesen.

Wenn ein Programm mehrere Moduln importiert, werden deren Anweisungsteile vor dem Abarbeiten des Hauptprogrammes in der *umgekehrten Reihenfolge* ihres Importes ausgeführt. Angenommen, Sie haben drei Moduln *m_1* bis *m_3* geschrieben, dann hat diese Importliste:

```
MODULE Main;
IMPORT m_1,m_2,m_3;
```

die Abarbeitung der Anweisungsteile in der Reihenfolge:

```
m_3
m_2
m_1
Main
```

zur Folge.

```
IMPORT m_3,m_2,m_1;
```

würde dagegen die Reihenfolge *m_1, m_2, m_3,* Main festlegen. Hier gibt es einen Unterschied zu Turbo Pascal, den Sie u.U. beachten müssen, wenn Sie Pascalprogramme mit Units portieren wollen: Die Anweisungs- oder Initialisierungsteile der Units werden gemäß der Reihenfolge ihres Imports mit *Uses* abgearbeitet.

Typen, Variablen und Konstanten exportieren

In dem obigen Beispiel wurden lediglich Prozeduren im Definitionsmodul aufgeführt und damit nach außen hin bekannt gemacht. Es kann aber auch vorkommen, daß Sie Typen, Variablen oder Konstanten aus einem Modul exportieren möchten. Wenn Sie eine Variable definieren möchten, geschieht das wie sonst auch:

```
DEFINITION MODUL XY;
VAR v: CARDINAL;
```

Wenn Sie diese Variable im Definitionsmodul deklariert haben, müssen Sie das im Implementationsmodul nicht mehr tun, da sie dort ebenfalls sichtbar ist! Das gilt auch für Konstanten und Typen. Wenn ein anderer Modul die Variable benötigt, muß sie in dessen *IMPORT*-Liste eingefügt werden:

```
FROM XY IMPORT v;
```

Um das noch einmal zu verdeutlichen: nur Objekte, die im *Definitions*modul definiert sind, können von anderen Moduln importiert werden. Variablen und andere Objekte, die *nur* im *Implementations*modul auftauchen, sind zu diesem lokal und von außen nicht sichtbar.

Man könnte beispielsweise, einen Modul *Config* schreiben, der beim Start des Programmes aufgerufen wird und einen Record *Status* initialisiert. Über diesen sind im aufrufenden Programm alle wichtige Angaben über die Rechnerkonfiguration verfügbar. Der Definitionsmodul könnte etwa so aussehen:

```
DEFINITION MODULE Config;
TYPE StatRec=RECORD
               RAM     : CARDINAL;
               DiskSize: LONGCARD;
               DOSVer  : ARRAY[0..3] OF CHAR;
               P_Port  ,                      (* Druckerport      *)
               S_Port  : CARDINAL;            (* serieller Port   *)
```

```
            ...
          END;
VAR  Status: StatRec;
END Config.
```

Dieser Modul exportiert also keine Prozeduren, sondern nur diesen einen Record. Der dazugehörige Implementationsmodul erhält in diesem Fall einen eigenen Anweisungsblock, indem die entsprechenden Daten ermittelt und dem Record zugewiesen werden.

```
IMPLEMENTATION MODULE Config;
BEGIN                   (* Anweisungsteil des Moduls *)
  ...
  (* Ermittlung von DOS-Version, etc *)
  ...
END Config.
```

Die Variable *Status* kann von anderen Moduln importiert

```
FROM Config IMPORT Status;
```

und z.B. mit

```
SerPort := Status.S_Port;
```

angesprochen werden.

Sie können außer Variablen auch Typen im Definitionsmodul deklarieren. Ein Modul, der diese importiert kann mit ihnen arbeiten, wie mit anderen Typen auch, d.h. er kann entsprechende Variablen deklarieren etc. Mit Konstanten verhält es sich nicht anders. Sie können also auch Typenvereinbarungen und Konstantendeklarationen in externen Moduln unterbringen. Wenn ein Modul lediglich Konstanten etc., aber keine Prozeduren exportiert, bleibt der *IMPLEMENTATION MODULE* leer:

```
DEFINITION MODULE Konst;
CONST ESC = CHR(27);
      Ret = CHR(13);
      Bsp = CHR(8);
END Konst.

IMPLEMENTATION MODULE Konst;
END Konst.
```

6.1.3 Importlisten

Wie Objekte aus Moduln importiert werden, haben Sie bereits kennengelernt:

```
FROM Modulbezeichner IMPORT Objektliste;
```

Nun ist es aber denkbar, daß Objekte aus verschiedenen Moduln den gleichen Namen tragen. Zum Beispiel gibt es im Modul *IO* (für Ein-/Ausgabeoperationen) und im Modul *FIO* (für Dateioperationen) gleichlautende Prozedurnamen wie *WrStr*. Um Kollisionen zu vermeiden, können Sie diese 'qualifiziert' importieren. Beim qualifizierten Import wird zunächst der gesamte Modul ohne Angabe der benötigten Objekte importiert:

```
MODULE XY;
IMPORT IO;
IMPORT FIO;
...
```

Beim Aufruf der Prozeduren etc. wird dann jedesmal der Name des betreffenden Moduls, gefolgt von einem Punkt, mitangegeben:

```
...
  IO.WrStr('Speichere...');
  ...
  FIO.WrStr(Datei,s);
...
```

Unabdingbar ist der qualifizierte Import nur bei Namenskonflikten. Andererseits ist er recht praktisch, weil man beim Editieren eines größeren Programmes nicht ständig die Importlisten aktualisieren muß. Beide Methoden können beliebig kombiniert werden, wie die nächsten Zeilen zeigen.

```
MODULE XY;
IMPORT FIO;
FROM FIO IMPORT Exists;
IMPORT IO;
FROM IO IMPORT RdKey;
...
BEGIN
  ...
  IF Exists... THEN
    IO.WrStr('Speichern? (j/n)...'); IO.WrLn;
    c := RdKey();
    ...
    FIO.WrStr(Datei,s);FIO.WrLn;
  ...
```

6.1.4 Opake Typen

Dieser Abschnitt setzt gewisse Grundkenntnisse über Pointer voraus. Wenn Sie mit Zeigern überhaupt nicht vertraut sind, sollten Sie zuerst das Kapitel 8 lesen.

Es ist gezeigt worden, wie man Typen aus Moduln exportieren kann. Bei dieser Art des Exports ist dem importierenden Modul die Struktur dieses Typs bekannt. Man spricht daher auch von einem *transparenten* Export. Nun sind aber Aufgabenstellungen denkbar, bei denen ein Modul zwar eine Datenstruktur exportieren, deren Struktur dem aufrufenden Moduln aber verborgen halten soll (z.B. aus Gründen der Wartungsfreundlichkeit). Solche Exporte werden als *opak* (*lat.* undurchsichtig) bezeichnet. Moduln verbergen in den meisten Fällen Details von Algorithmen. Mit opaken Typen verbergen sie Details von Datenstrukturen.

Mit versteckten Datentypen können Sie einem Modul (oder einem anderen Programmierer) eine u.U. hochkomplexe Datenstruktur zur Verfügung stellen. Die Interna dieser Struktur und alle *direkten* Operationen mit dieser Struktur bleiben aber Sache dieses einen Moduls, dessen Inneres seiner Umgebung verborgen bleibt. Sie 'schützen' damit den Kundenmodul vor der Komplexität der Algorithmen und Datenstrukturen, stellen ihm jedoch alle Möglichkeiten, die auf dieser Komplexität beruhen, zur Verfügung. Sie vermeiden zudem, daß aus dem Kundenmodul (oder durch einen anderen Programmierer) die Datenstruktur direkt manipuliert wird und damit irgendwelche ungewollten Effekte ausgelöst werden.

Die besondere Bedeutung dieser Kapselung liegt aber darin, daß Sie sich dadurch die Option offen halten, Prozeduren *und ganze Datenstrukturen* zu einem späteren Zeitpunkt weiterentwickeln zu können, ohne das importierende Programm selbst verändern und erneut testen zu müssen.

Entwicklung eines Moduls mit opakem Export

Der aufrufende Modul kann Variablen auf der Basis des opaken Typs deklarieren. Er kann diese Variablen einander zuweisen und miteinander vergleichen. Weitergehende Operationen sind *diesem* Modul nicht möglich, weil ihm die Struktur des opaken Typs ja unbekannt ist. Deshalb müssen alle entsprechenden Operationen von dem Modul bereitgestellt werden, der den versteckten Typ exportiert.

Im folgenden Beispiel geht es um einen Modul, der dem aufrufenden Programm erlaubt, einen oder mehrere Textpuffer zu öffnen und zu 'verwalten'. Der Inhalt der Puffer wird aus Dateien eingelesen. Man kann die Texte dann am Bildschirm betrachten. Die exportierte Datenstruktur heißt *TextTyp* und wird im folgenden Definitionsmodul als Typ - ohne jede Spezifizierung - deklariert:

```
DEFINITION MODULE text;
TYPE FName = ARRAY[0..11] OF CHAR; (* für Dateinamen          *)
     TextTyp;                      (* der 'versteckte' Datentyp *)
VAR  TextOK:BOOLEAN;
          (* Kontrollvariable: wird auf TRUE gesetzt, wenn die  *)
          (* Datei geöffnet und der Puffer angelegt werden kann *)
PROCEDURE Display(t:TextTyp);
          (* Ausgabe eines Puffers am Bildschirm   *)
PROCEDURE Load(N:FName):TextTyp;
          (* Erzeugen und Laden eines Puffers      *)
PROCEDURE Quit(t:TextTyp);
          (* Schließen eines Puffers               *)
PROCEDURE Info(t:TextTyp);
          (* Ausgabe von Informationen über Puffer *)
END text.
```

FName ist ein transparenter Typ der dem Austausch von Dateinamen dient. Anhand von *TextOK* sehen Sie, wie eine Variable exportiert werden kann. Wenn das aufrufende Programm mit *Load*(*Dateiname*) einen Puffer öffnen will, kann es durch Überprüfen dieser Variable feststellen, ob die Operation erfolgreich verlaufen ist. Wenn nicht, enthält *TextOK* den Wert *FALSE*.

Ein Modul kann mit *TextTyp* Variablen deklarieren:

```
VAR Puffer: TextTyp;
```

TextTyp wird als opaker Typ nicht im Definitions- sondern nur im *Implementations*modul des Bibliotheksmoduls *text* vollständig definiert.

Versteckte Typen müssen Zeiger sein, die allerdings auf beliebige Objekte deuten können. Da dem Compiler nach der Analyse des Definitionsmoduls nicht bekannt ist, wieviel Speicherplatz ein opaker Typ benötigt, ist das Verbot anderer Typen einleuchtend: Pointer, egal worauf sie zeigen, benötigen stets vier Bytes. Das hat im übrigen auch Vorteile für die Speicherverwaltung, weil der reservierte Speicherplatz wieder freigegeben werden kann, sobald er nicht mehr benötigt wird. Die Tatsache, daß *TextTyp* ein Zeiger ist, ist, genauso wie die Struktur, auf die *TextTyp* weist, ausschließlich diesem Modul bekannt. Hier die Definition von *TextTyp* in der *Implementations*datei *TEXT.MOD*:

```
CONST BuffSize = 200;          (* max. Puffergröße in Zeilen *)
TYPE  String   = ARRAY[0..80] OF CHAR;
      TextTyp  = POINTER TO RECORD
                              Name: FName;
                              LastLine: CARDINAL;
                              Line: ARRAY[1..BuffSize] OF String;
                           END;
```

Der Inhalt der geladenen Datei wird in dem String-Feld *Line* abgelegt. In *Name* ist ihre Bezeichnung und in *LastLine* ihre Länge (in Zeilen) gespeichert.

Ein Programm, das mit dem Modul *text* arbeitet, muß einen Puffer unter Angabe der einzulesenden Datei öffnen. Dafür wird der Dateinamen an die *text*-Funktion *Load* übergeben. *Load* gibt, wenn die Datei existiert, einen geöffneten und geladenen Textpuffer zurück.

```
PROCEDURE Load(N:FName):TextTyp;
VAR x:    CARDINAL;                    (* Zähler        *)
    f:    File;                        (* Dateivariable *)
    buff: TextTyp;
BEGIN
  TextOK := Exists(N);               (* Existiert Datei N ? *)
  IF NOT TextOK THEN                 (* wenn nicht         *)
    RETURN buff;                     (* zurück             *)
  END;
  NEW (buff);                        (* Platz für Puffer   *)
  buff^.Name := N;                   (* Namen zuweisen     *)
  f := Open(N);                      (* Datei öffnen       *)
  ...
  (* Datei einlesen *)
  ...
   RETURN buff;                      (* Puffer zurückliefern *)
END Load;
```

Die Prozeduren *Exists, Open* etc. wurden aus *FIO* importiert. Deren genaue Bedeutung wird später erläutert. Mit *Exists* wird geprüft, ob die Datei vorhanden ist. Der Rückgabewert von *Exists* (vom Typ *BOOLEAN*) wird direkt in *TextOk* abgelegt. Existiert die Datei nicht, wird die Funktion beendet, wobei dem aufrufenden Programm via *TextOk* signalisiert wird, daß ein Fehler aufgetreten ist. Kann die Datei geöffnet werden, wird der Text in den Puffer gelesen. Diesem wurde zuvor mit

```
NEW(buff)
```

Speicherplatz reserviert. Die Prozedur *Quit* gibt diesen später mit

```
DISPOSE(buff);
```

wieder frei. Hier nun ein kleines Programm, das diesen Modul testet. Das Programm öffnet lediglich einen einzigen Puffer. Der Puffer wird für eine Datei geöffnet, deren Namen Sie eingeben müssen. Wenn das gelingt, gibt die Prozedur *Info*, Textname und Zahl der im Puffer befindlichen Zeilen aus. *Display* bringt dann den Text auf den Bildschirm. *Quit* schließt den Puffer und gibt den belegten Speicherplatz wieder frei.

```
MODULE texttst;
IMPORT IO;
FROM   text IMPORT Load,Display,FName,TextTyp,TextOK,Quit,Info;
VAR
  Puffer: TextTyp;(* VAR-Deklaration m.importiertem opakem Typ *)
  FileName: FName;(* ein importierter transparenter Typ *)
BEGIN
  IO.WrStr('Dateiname >');
  IO.RdStr(FileName);
  Puffer := Load(FileName);          (* Puffer für Datei öffnen  *)
  IF TextOK THEN                     (* Wenn alles in Ordnung    *)
    Info(Puffer);                    (* Pufferdaten ausgeben     *)
    Display(Puffer);                 (* Puffer ausgeben          *)
    Quit(Puffer);                    (* und wieder schließen     *)
  ELSE
    IO.WrStr('Datei existiert nicht');(* bei falscher Eingabe *)
  END;
END texttst.
```

Man kann mit *TextTyp* natürlich auch komplexere Datenstrukturen aufbauen - wie das mit jedem anderen Typen möglich ist, z.B. so:

```
VAR Texte:ARRAY[1..5] OF TextTyp;
```

Das Programm soll Ihnen zeigen, daß ein Modul mit einer ihm völlig fremden Datenstruktur operieren kann. Ob *text* auf der Basis eines Feldes, einer verketteten Liste oder einer Apfelsinenkiste arbeitet, ist diesem Programm nicht bekannt.

Die Variable *Puffer* wird von diesem Programm nicht als Zeiger angesprochen - denn: was Puffer in Wirklichkeit ist, ist ihm nicht bekannt. Es kann Puffer lediglich mit den importierten Prozeduren aus dem Modul *text* bearbeiten. Möglich wären allerdings z.B. Zuweisungen zwischen Variablen, die auf *TextTyp* basieren. Da dann aber Zeiger, nicht Inhalte (!), kopiert werden, sollten Sie das unterlassen. Hier das Listing des Implementationsmoduls:

```
IMPLEMENTATION MODULE text;
FROM Window  IMPORT Clear;                 (* Bildschirm löschen  *)
FROM Storage IMPORT ALLOCATE,DEALLOCATE; (* für NEW und DISPOSE *)
FROM IO      IMPORT WrStr,WrLn,WrCard,KeyPressed,RdKey;
FROM FIO     IMPORT Open,Close,RdStr,File,EOF,Exists;
CONST BuffSize = 200;              (* max. Puffergröße in Zeilen *)
TYPE  String   = ARRAY[0..80] OF CHAR;
```

```
    TextTyp  = POINTER TO RECORD
                            Name:FName;          (* Textename  *)
                            LastLine:CARDINAL;  (* Zeilenzahl *)
                            Line: ARRAY[1..BuffSize] OF String;
                         END;
VAR  Taste: CHAR;  (* Hilfsvar. *)

PROCEDURE Display (buff:TextTyp);     (* Ausgabe auf Bildschirm *)
VAR x: CARDINAL;                      (* Zählervar.             *)
BEGIN
  Clear; x:=0;                        (* Bildschirm räumen      *)
  WHILE x < buff^.LastLine DO         (* Bis zur letzten Zeile  *)
    INC(x);                           (* Zähler hochsetzen      *)
    WrStr(buff^.Line[x]);WrLn;        (* Zeile ausgeben         *)
    IF x MOD 24 = 0 THEN              (* nach 24 Zeilen         *)
      WrStr('-----ESC: Ende/sonst: weiter-----');
      Taste := RdKey();               (* auf Tastendruck warten *)
      Clear;
      IF Taste = CHR(27) THEN         (* wenn ESC Prozedur      *)
        RETURN                        (* beenden, sonst         *)
      END;                            (* weiter bis Textende    *)
    END;
  END;
  WrStr('*** Textende ***');Taste := RdKey();
END Display;

PROCEDURE Load(N:FName):TextTyp;
VAR x:    CARDINAL;                 (* Zähler        *)
    f:    File;                     (* Dateivariable *)
    buff: TextTyp;
BEGIN
  TextOK := Exists(N);           (* Existiert Datei N ? *)
  IF NOT TextOK THEN             (* wenn nicht          *)
    RETURN buff;                 (* zurück              *)
  END;
  NEW (buff);                    (* Platz für Puffer    *)
  buff^.Name := N;               (* Namen zuweisen      *)
  f := Open(N);                  (* Datei öffnen        *)
  x := 1;
  REPEAT
    RdStr(f,buff^.Line[x]);      (* zeilenweise einlesen*)
    INC(x);                      (* Zähler hochsetzen   *)
  UNTIL EOF OR (x = BuffSize);
```

```
    buff^.LastLine := x-1;
    Close(f);                        (* Datei schließen     *)
    RETURN buff;                     (* Puffer zurückliefern*)
  END Load;

  PROCEDURE Quit(buff:TextTyp);
  BEGIN                              (* reservierten Platz für  *)
    DISPOSE(buff);                   (* Puffer wieder freigeben *)
  END Quit;

  PROCEDURE Info(buff:TextTyp);        (* Informationen über    *)
  BEGIN                                (* Pufferinhalt ausgeben *)
    WrStr('Text : ');WrStr(buff^.Name);WrLn;        (* Textname    *)
    WrStr('Länge: ');WrCard(buff^.LastLine,-3);  (* Zeilenzahl *)
    WrStr(' Zeilen');WrLn;
    Taste := RdKey();
  END Info;

  END text. (* Ende des Moduls *)
```

Das Beispiel hat Ihnen eine sehr einfache Lösung demonstriert. Man könnte diesen Modul gleichwohl in ein Programm einbauen. Wenn es dann zu einem späteren Zeitpunkt darum geht, *text* weiterzuentwickeln, wird die Leistungsfähigkeit von opaken Exporten deutlich: Sie können nicht nur jederzeit die *Prozeduren* in *text* modifizieren, ohne irgend etwas am aufrufenden Programm verändern zu müssen, sondern auch die *Datenstruktur*, die sich hinter *TextTyp* verbirgt!

Hinweise: Zum Abschluß des Themas Bibliotheksmoduln noch ein paar Tips für die Entwicklung größerer Programme. Es geht dabei um die Steigerung der Transparenz und Erleichterung der Wartung komplexerer Software:

- In größeren, modular entwickelten Programmen entsteht praktisch automatisch eine Hierarchie von Moduln unterschiedlicher Mächtigkeit. Darin stellen die Moduln niederer Stufe Dienstleistungen bereit, auf die Moduln höherer Ebene aufbauen. An der Spitze der Hierarchie steht der Hauptmodul mit der größten Mächtigkeit. Vermeiden Sie hier Zugriffe kreuz und quer durch die Hierarchie. Sorgen Sie für einen möglichst klaren, sauber geschichteten Aufbau, in dem Moduln (möglichst) nur aus Moduln niedrigerer Mächtigkeit importieren. In diesem Zusammenhang ist es interessant, sich einmal den Aufbau der TopSpeed-Bibliothek anzuschauen. Man kann hier fünf Ebenen unterschiedlicher Mächtigkeit erkennen:

Ebene	**Bibliotheksmoduln**
Window	`Window`
IO	`IO, FIO`
Utilities	`Str, Lib, Storage etc.`
Assembler	`AsmLib, Mathlib`
System	`SYSTEM`

Tabelle 6-1 zeigt die Ebenen der TopSpeed Bibliothek

SYSTEM bildet die Basis des gesamten Bibliothekssystems auf die sich praktisch alle anderen Moduln stützen. Importe, die die hierarchische Struktur ignorieren, wenn also etwa *AsmLib Window* importieren würde, gibt es nicht.

- Sorgen Sie für möglichst enge Schnittstellen zwischen den Moduln. Exportieren Sie eine begrenzte Anzahl funktional zusammengehöriger Prozeduren mit wenigen Parametern. Benutzen Sie z.B. auch offene Arrayparameter, um Typenexporte zu umgehen.
- Verwenden Sie aussagefähige, aber dennoch möglichst kurze Bezeichner, und dokumentieren Sie insbesondere die Definitionsmoduln so, daß Sie auch in zwei Jahren noch mit ihnen arbeiten können, ohne einen Kryptologiekurs belegen zu müssen.
- Verwenden Sie opake Typen, um spätere Modifikationen der Datenstrukturen zu ermöglichen. Prozedurtypen können spätere Anpassungen und Erweiterungen des Leistungsspektrums erleichtern.
- In der TopSpeed-Bibliothek sind verschiedentlich Prozedurtypen definiert. In späteren Kapiteln wird sich zeigen, daß das ein sehr überlegter Schritt von den JPI-Programmierern war. Dadurch ist z.B. die Möglichkeit gegeben, in den Bibliotheksmoduln benutzte Prozeduren durch selbstgeschriebene zu ersetzen, die Ihren Bedürfnissen näherkommen - ohne deshalb auf diese aufbauende Prozeduren verändern zu müssen.
- Gestalten Sie Ihre Moduln so, daß Sie sie möglichst einfach, aber umfassend austesten können.
- Begrenzen Sie Textgröße, Anzahl der Prozeduren und Leistungsumfang so, daß die Moduln überschaubar und flexibel einsetzbar bleiben. Schreiben Sie lieber viele kompakte Bibliotheksmoduln als wenige überladene Riesenmoduln.

6.2 Lokale Moduln

Die Versiegelung von Datenstrukturen gegenüber ihrer Umgebung ist auch durch lokale Moduln möglich. Ein lokaler Modul wird wie eine Prozedur im Quelltext eines Moduls deklariert. Er kann dementsprechend auch nicht unabhängig von diesem kompiliert werden. Ansonsten weist er alle Merkmale externer (Bibliotheks-) Moduln, wie Importlisten etc. auf.

Sinn eines lokalen Moduls ist es, eine schützende Hülle um eine Datenstruktur zu legen. Auch darin unterscheidet er sich von der Prozedur: Die Werte lokaler Variablen einer Prozedur sind mit dem Verlassen der Prozedur verloren. In lokalen Moduln bleiben sie über die gesamte Laufzeit des Programmes erhalten.

Die Kommunikation über die Hülle hinweg wird über Im- und Exportlisten abgewickelt. Da dem lokalen Modul die Objekte seiner Umwelt unbekannt sind, muß er diese (Variablen, Prozeduren etc.) explizit von dort *importieren* (auch das ist ein Unterschied zur Prozedur). Umgekehrt ist seiner Umgebung auch die Struktur seines Inneren unbekannt. Die Daten, die seine Umwelt kennen soll, muß er dieser mit einer Exportliste zur Verfügung stellen. Eine Prozedur *Quadrat* eines lokalen Moduls würde seiner Umgebung mit

```
EXPORT Quadrat;
```

bereitgestellt. Alle anderen Objekte eines lokalen Moduls, die nicht auf diese Weise exportiert werden, sind für die Umgebung dieses Moduls unsichtbar.

Hierzu wieder ein Beispiel. In den Hauptmodul *lokalmod* ist ein lokaler Modul *QuadMod* eingebettet. Im Anweisungsteil des Hauptmoduls wird die Variable *x* in einer Schleife bis 10 hochgezählt. Nach der Ausgabe der Zahl wird die Funktion *Quad* aus dem lokalen Modul aufgerufen, die das Quadrat von *x* zurückliefert. Beachten Sie, daß *Quad* nicht vom Hauptmodul *lokalmod* importiert, wohl aber vom lokalen Modul *QuadMod* exportiert werden muß!

Hinweis: Sie können diese Form des Exports umgehen und Objekte aus dem Inneren eines lokalen Moduls 'qualifiziert' ansprechen. Im Fall von *Quad* gäbe es dann keinen Eintrag in der Exportliste, und der Hauptmodul würde mit

```
QuadMod.Quad
```

auf die Prozedur zugreifen. Damit kann auch problemlos auf Objekte aus verschiedenen lokalen Moduln mit gleichlautenden Namen zugegriffen werden.

```
MODULE lokalmod;
FROM   IO IMPORT WrCard,WrLn;
IMPORT IO;
VAR    x, TestVar: CARDINAL;

MODULE QuadMod;           (*-----ein lokaler Modul--------------*)
  IMPORT  WrCard,WrLn;    (* Importliste des lokalen Moduls     *)
  FROM IO IMPORT WrStr;   (* wurde oben nicht importiert        *)
  IMPORT  TestVar;        (* Import einer Variablen aus Umgebung *)
  EXPORT  Quad,Summe;     (* die Exportliste                    *)
  VAR QuadSumm: CARDINAL;(* eine lokale Variable von QuadMod    *)
```

```
  PROCEDURE Quad(VAR z:CARDINAL):CARDINAL; (* z hoch 2 *)
  VAR q: CARDINAL;                   (* eine lokale Variable        *)
    BEGIN
      q := z * z;
      INC(QuadSumm,q);               (* Summe d. errechneten Quadrate *)
      RETURN q;                      (* Rückgabe des Ergebnisses    *)
  END Quad;

  PROCEDURE Summe;                   (* gibt Summe der Quadrate aus *)
  BEGIN
    WrStr('QuadSumm: ');             (* lokale Variable QuadSumm    *)
    WrCard(QuadSumm,5);WrLn;         (* wird ausgegeben             *)
    WrStr('TestVar: ');              (* ebenso die importierte      *)
    WrCard(TestVar,5);               (* TestVariable                *)
  END Summe;

BEGIN                                (* Anweisungsteil des Moduls   *)
  QuadSumm := 0;                     (* Initialisierung von QuadSumm *)
END QuadMod;                         (* Hier steht ein ; und kein .  *)
                          (*--------Ende d. lokalen Moduls-------*)

BEGIN                                (* Anweisungsteil d. Hauptmoduls *)
  TestVar := 99;                     (* Belegung der TestVariablen *)
  FOR x := 1 TO 10 DO
    WrCard(x,5);                     (* gebe x aus                  *)
    WrCard(Quad(x),5);               (* und das Quadrat von x       *)
    WrLn;
  END;
  Summe;                             (* Summe der Quadrate ausg.    *)
END lokalmod.
```

Da *QuadMod* seine Umgebung nicht kennt, müssen alle nötigen Objekte aus dieser importiert werden. Im Beispiel sind das zunächst *WrCard* und *WrLn*, die der Hauptmodul bereits importiert hat. In diesem Fall kann ohne Angabe des Modulnamens (*IO*) importiert werden. Bei der Prozedur *WrStr* hingegen (die nicht explizit in der Importliste des Hauptprogramms erwähnt ist), muß der betreffende Modul angegeben werden. Deswegen der gesonderte Import von *IO* in der dritten Zeile des Programms.

Es ist einem lokalen Modul nicht möglich, ein Objekt aus einem Bibliotheksmodul zu importieren, der in seiner Umgebung nicht bereits importiert wurde. Angenommen *QuadMod* wollte eine Funktion aus *MATHLIB* nutzen. Den Import mit

```
FROM MATHLIB IMPORT ...
```

akzeptiert der Compiler nur, wenn *MATHLIB* zuvor vom Hauptmodul importiert wurde (mit *IMPORT MATHLIB*).

Lokale Moduln müssen aus ihrer Umwelt nicht nur Prozeduren, sondern auch Variablen etc. importieren, wie hier mit der Variable *TestVar* demonstriert. Wird *TestVar* ohne den Import mit

```
IMPORT TestVar;
```

irgendwo in *QuadMod* aufgerufen, quittiert der Compiler das mit der Meldung "unbekannter Name". Die Variable *x* bleibt dem lokalen Modul völlig verborgen und kann dort nicht angesprochen werden.

Die Lebensdauer lokaler Variablen von lokalen Moduln wird von *QuadSumm* vorgeführt. Die in *Quad* errechneten Quadrate werden bei jedem Aufruf mit einer *INC*-Anweisung in *QuadSumm* aufsummiert und später mit der Prozedur Summe ausgegeben. Der Wert der Variablen bleibt über die gesamte Laufzeit erhalten!

Sie können lokale Moduln auch innerhalb von Prozeduren installieren. Beachten Sie aber, daß die Lebensdauer der Variablen eines lokalen Moduls der der Variablen seiner Umgebung entspricht. In diesem Fall wäre sie auf die Dauer des Prozeduraufrufs beschränkt.

Der Anweisungsteil lokaler Moduln

QuadSumm wurde im Anweisungsteil des lokalen Moduls initialisiert. Das geschieht nur *einmal*, und zwar beim *Start* des *gesamten* Programmes. Der Anweisungsteil eines lokalen Moduls wird (ähnlich wie bei Bibliotheksmoduln) einmal *vor* dem Anweisungsteil seiner Umgebung ausgeführt. Angenommen es existieren drei lokale Moduln *L_M_1* bis *L_M_3* im Programm *Main*:

```
MODULE Main;
...
  L_M_1;
  L_M_2;
  L_M_3;
...
BEGIN
  Anweisungen;
END Main.
```

Dieses Programm würde die Anweisungsblöcke der Moduln in der Reihenfolge ihrer Deklaration: *L_M_1, L_M_2, L_M_3* abarbeiten und erst dann den Anweisungsblock von *Main*.

Der Anweisungsteil eines lokalen Moduls kann mit *RETURN* verlassen werden.

7 Schwerpunkte

In den folgenden Kapiteln des Buches werden die Möglichkeiten vorgestellt, die Ihnen die TopSpeed-Bibliothek bietet. Nach einem Überblick über den Aufbau der Bibliothek behandeln die anschließenden Teilkapitel folgende Themenschwerpunkte:

- *Daten Ein- und Ausgabe,*
- *Stringbehandlung,*
- *Konvertierung von Zahlen in Strings u. umgekehrt,*
- *Ein-/Ausgabeumleitung*
- *Dateioperationen,*
- *Drucken,*
- *Directory-Operationen,*
- *Bildschirm-Operationen, Fenstertechnik,*
- *Kommandozeile und Environment,*
- *Programmabbruch,*
- *Exitprozeduren,*
- *Externe Programme,*
- *Zufallszahlen,*
- *Sortieren,*
- *Mathematische Operationen,*
- *Sound.*

7.1 Die TopSpeed Bibliothek

Die TopSpeed Bibliothek besteht aus 13 Moduln:

AsmLib

In diesem Modul sind alle Assemblerroutinen des Systems untergebracht. Sie finden dort auch einige Prozeduren aus anderen Moduln, die aus Geschwindigkeitsgründen in Maschinensprache codiert und hier abgelegt wurden. Die Quelltexte dieser Prozeduren in den **.MOD*-Dateien dienen Ihrer Information über Funktionsweise und Aufbau der Prozedur. Außerdem haben Sie die Möglichkeit, diese Prozeduren eigenen Bedürfnissen anzupassen. Sie müssen dann ihre

Normalerweise werden Sie mit diesem Modul *nicht* arbeiten, sondern nur mit Prozeduren anderer Moduln, die ihrerseits *AsmLib*-Routinen benutzen.

FIO
: Hier finden Sie die Routinen für Dateioperationen und das Directoryhandling.

FloatExc
: enthält zwei Prozeduren für die Behandlung von Fehlern, die bei Fließkommaberechnungen des 80x87 auftreten.

Graph
: enthält die Grafikroutinen des Systems.

IO
: enthält Ein- und Ausgaberoutinen für Tastatur, bzw. Bildschirm und die Prozeduren für die Ein-/Ausgabeumleitung.

Lib
: In diesem Modul sind alle möglichen nützlichen Prozeduren zusammengefaßt: Sortierroutinen, DOS-Aufrufe, Speicheroperationen, Auswertung von Kommandozeilenargumenten etc. *Lib* ist eine Art großer Werkzeugkasten.

MATHLIB
: Hier finden Sie die in Maschinensprache geschriebenen mathematischen Routinen. Ein *.*MOD*-File für diesen Modul gehört nicht zur Bibliothek.

Process
: enthält die Prozeduren für die Verwaltung konkurrierender Prozesse.

ProcTrace
: stellt einige Prozeduren zur Verfügung, die das Verfolgen von Prozeduraufrufen (Tracing) und die Beobachtung von Variablen erlauben.

Storage
: enthält Prozeduren etc. für Pointer- und Speicheroperationen.

Str
: enthält die Prozeduren für das Stringhandling und die Konvertierung von Zahlen in Strings und umgekehrt.

SYSTEM
: enthält basale, maschinen- und betriebssystembezogene Prozeduren und Datenstrukturen. Dazu gehören z.B. ein Record *Registers*, der die Registerstruktur des Prozessors abbildet, Interruptprozeduren usw. Hier finden sich auch Prozeduren für die Programmierung von Coroutinen.

Hier finden sich auch Prozeduren für die Programmierung von Coroutinen.

Verschiedene Prozeduren dieses Moduls sind im Compiler selbst implementiert. Dieser Modul wird als "Pseudomodul" bezeichnet, weil er tatsächlich nicht vom Compiler zu trennen ist. Eine Datei *SYSTEM.MOD* existiert nicht.

Window
enthält einen kompletten Windowmanager, Prozeduren für die Cursorsteuerung und andere Bildschirmroutinen.

Bei Unklarheiten über Prozeduraufrufe, Arbeitsweisen von Prozeduren usw. hilft meist ein Blick in die entsprechende Definitionsdatei oder den Quelltext des Moduls. Wenn Sie nicht mehr wissen sollten, welche Prozedur in welchem Modul steht bzw. wie sie korrekt aufgerufen wird, können Sie auch in der Verweisliste in Kapitel 13 nachschlagen. Dort finden Sie auch eine Zusammenstellung der Standardprozeduren.

7.2 Datenein- und -ausgabe

In diesem Abschnitt werden die Routinen für
- *die Dateneingabe (über Tastatur) und*
- *Datenausgabe (über den Bildschirm)*

vorgestellt.

Der Pascalprogrammierer muß sich bei der Ein- und Ausgabe von Daten über Tastatur bzw. Bildschirm umstellen. Der Luxus genereller E/A-Routinen wie *Read* und *Write* für *alle* Datentypen ist mit der strengen Typentrennung von Modula nicht zu vereinbaren. In dem Bibliotheksmodul *IO* gibt es für jeden Datentyp eine (oder mehrere) *Read*- und *Write*-Routinen.

In TopSpeed Modula-2 wird *Read* mit *Rd* und *Write* mit *Wr* abgekürzt. In Verbindung mit einem Kürzel für den Datentyp ergibt sich meist der Bezeichner für die jeweilige Prozedur.

Dateneingabe

Die meisten Eingaberoutinen sind als Funktionen implementiert. D.h. daß Sie z.B. statt des gewohnten `Read(c);` in Pascal nun `c := RdCard();` schreiben müssen.

Numerische Werte

Die folgende Tabelle zeigt die *IO*-Eingabeprozeduren für Zahlen:

Datentyp	**Eingaberoutine**
CARDINAL	RdCard()
LONGCARD	RdLngCard()
SHORTCARD	RdShtCard()
INTEGER	RdInt()
LONGINT	RdLngInt()
SHORTINT	RdShtInt()
REAL	RdReal()
LONGREAL	RdLngReal()

Tabelle 7.2-1 Eingaberoutinen für numerische Typen

Realzahlen können Sie entweder in der wissenschaftlichen Notation oder 'normal' eingeben. Im Fall von

```
r := IO.RdReal();
```

könnten Sie z.B. 123.45 oder 45.4E-4 für *r* eingeben.

Hexzahlen

Sie können die drei Kardinaltypen in hexadezimaler Form ein- und ausgeben, wie dieses Codefragment zeigt:

```
...
c := IO.RdHex();     (* c als Hexzahl einlesen *)
IO.WrCard(c,5);      (* und als Kardinalzahl ausgeben *)
...
c :=IO.RdCard();     (* und umgekehrt *)
IO.WrHex(c,5);
...
```

Wenn Sie im ersten Fall FF eingeben, wird 255 ausgegeben. Hier die drei Eingabeprozeduren für Hexzahlen:

Datentyp	**Eingaberoutine**
CARDINAL	RdHex()
LONGCARD	RdLngHex()
SHORTCARD	RdShtHex()

Tabelle 7.2-2 Eingaberoutinen für CARDINAL-Zahlen in Hex-Notation

Eingabekontrolle

In *IO* ist eine boolesche Variable *OK* definiert, die Sie benutzen können, um zu prüfen, ob ein korrekter Typ eingegeben wurde und für eine Integerzahl nicht etwa ein Buchstabe, oder für eine Kardinalzahl ein negativer Wert. Hier ein Beispiel für eine solche Prüfung, bei der solange eine Zahl eingelesen wird, bis ihr Typ auch wirklich *CARDINAL* ist.

```
...
REPEAT
  c := RdCard();
  IF NOT OK THEN
    WrChar(7C);  (* fiep *)
  END;
UNTIL OK;
WrCard(c,5);
...
```

Datentyp *CHAR*

Zeichen werden mit der Funktion *RdChar()* eingelesen:

```
c:= RdChar();
```

Datentyp *BOOLEAN*

Auch einer booleschen Variablen können über die Tastatur Werte zugewiesen werden:

```
VAR p:BOOLEAN;
...
  p := RdBool();
...
```

Diese Funktion liefert *nur* dann *TRUE* zurück, wenn auch "*TRUE*" eingegeben wird, sonst gibt sie *FALSE* zurück.

Tastendruck auswerten

Die Funktion *RdKey()* liest wie *ReadKey* in Pascal ein Zeichen von Tastatur. Sie gibt kein Echo aus. Hier eine Prozedur *FKey()*, die solange Zeichen von der Tastatur einliest, bis eine Sondertaste gedrückt wird und dann deren Tastencode zurückliefert:

```
PROCEDURE FKey():CARDINAL;
VAR c:CHAR;
BEGIN
  REPEAT
    c := RdKey();
  UNTIL ORD(c) = 0;
  c := RdKey();
  RETURN ORD(c);
END FKey;
```

Prüfen, ob eine Taste gedrückt wurde

Hierfür wird, wie in Pascal, die Funktion *KeyPressed()* benutzt. Diese liefert *TRUE* zurück, falls eine Taste gedrückt wurde. Eine Auswertung findet nicht statt.

Strings

Strings können mit den Prozeduren *RdItem* und *RdStr* eingegeben werden. Mit beiden Prozeduren können maximal 81 Zeichen eingelesen werden. Die Anweisung

```
RdStr(s);
```

liest Zeichen in den String *s* ein, bis RETURN eingegeben oder die maximale Stringlänge erreicht wird. Im letzten Fall werden keine weiteren Zeichen mehr angenommen und am Bildschirm angezeigt, aber es wird auf das RETURN gewartet. Eingaben können mit der Rücktaste korrigiert werden. ESC löscht die Eingabezeile.

Für die Prozedur *RdItem* ist die Variable *Separators* von Belang, die im Bibliotheksmodul *IO* folgendermaßen deklariert ist:

```
TYPE CHARSET  = SET OF CHAR;
VAR Separators: CHARSET;
```

Mit der Menge *Separators* werden gewisse Zeichen als Trennzeichen definiert. Standardmäßig sind das die Zeichen mit den ASCII-Codes 9, 10, 13, 26 und 32 (*TAB*, *LF*, *CR*, *EOF*, Leerzeichen). *RdItem* liest einen String ein, bis RETURN eingegeben oder ein anderes Zeichen aus *Separators* gelesen wird. Die Prozedur nimmt nach einem Trennzeichen zwar weitere Zeichen entgegen (auch wenn die vereinbarte Stringlänge überschritten wird). Allerdings *speichert* sie nur solange Zeichen in dem jeweiligen String, bis die maximale Stringlänge erreicht ist oder ein Zeichen aus der Menge *Separators* erkannt wird.

Sie können mit *INCL* und *EXCL* selbst solche Trennzeichen festlegen. Die folgende Funktion soll Dateinamen entgegennehmen, aber ohne eine eventuell eingegebene Extension zurückgeben. Deshalb wird zuerst der Punkt in *Separators* aufgenommen und dann mit *RdItem* der Name eingelesen. Es ist zwar möglich, den Punkt und eine Extension einzutippen, aber in *s* werden nur die Zeichen *vor* dem Punkt (bzw. den anderen Zeichen aus *Separators*) zurückgeliefert. Nach dem Einlesen wird die Menge *Separators* in den ursprünglichen Zustand zurückversetzt:

```
PROCEDURE GetFName():string;
VAR s:string;
BEGIN
  INCL(IO.Separators,'.');
  IO.RdItem(s);
  EXCL(IO.Separators,'.');
  RETURN s;
END GetFName;
```

Wenn nach einem Separator weitere Zeichen eingegeben werden, werden diese, wenn das Programm weitere Stringeingaben erwartet, im nächsten String abgelegt. Mit der folgenden Schleife können deshalb drei Strings, wenn sie durch Zeichen aus *Separators* getrennt werden, in einer Zeile eingegeben werden:

```
FOR x := 1 TO 3 DO
  IO.RdItem(s[x]);
END;
```

Sollen mehrere Wörter in einer Zeile eingegeben werden, kann *RdItem* in Verbindung mit *EndOfRd()* flexibler eingesetzt werden. Hier sehen Sie den Prozedurkopf:

```
PROCEDURE EndOfRd(Skip: BOOLEAN): BOOLEAN;
```

An *EndOfRd* wird *TRUE* übergeben. Die Funktion übergeht dann Zeichen aus *Separators* und gibt *TRUE* zurück, wenn die Eingabe mit Return beendet wird. Während in der obigen Schleife auf jeden Fall drei Strings (in einer oder mehreren Zeilen) eingegeben werden müssen, kann mit *EndOfRd* auf den Abschluß der Eingabe mit RETURN reagiert werden und so auch eine variable Anzahl von Worten eingelesen werden. Das unten abgedruckte Programmfragment liest eine Zeile ein und speichert die einzelnen Worte in den Elementen des Stringarrays *f*. Vor dem Einlesen wird als Beispiel das Komma in *Separators* aufgenommen. Man könnte hier beliebige Zeichen einfügen. Eine solche Routine kann z.B. benutzt werden, um eine Reihe von Suchbegriffen abzufragen, die, durch Kommata getrennt, in *einer* Zeile eingegeben werden sollen:

```
...
INCL (IO.Separators,',');          (* Komma aufnehmen        *)
max := 0;                          (* Zähler für Feldelement *)
REPEAT                             (* Einlesen ...           *)
  INC(max);
  IO.RdItem(f[max]);               (* Wort einlesen *)
UNTIL IO.EndOfRd(TRUE);            (* bis RETURN    *)
FOR c := 1 TO max DO               (* Die Ausgabe des Feldes *)
  IO.WrStr(f[c]);IO.WrLn;          (* bis zum letzten Wort   *)
END;
...
```

RdLn sorgt dafür, daß weitere Eingaben innerhalb einer Zeile nicht mehr gespeichert werden. Mit der folgenden Zeile würden im obigen Beispiel alle weiteren Eingaben nach dem Wort "ende" nicht mehr in dem Feld *f* abgelegt:

```
...
  IF Str.Compare(f[max],'ende') = 0 THEN IO.RdLn; END;
...
```

Compare ist eine Prozedur aus dem Modul *Str*, die zwei Strings vergleicht (vgl. Kapitel 7.3).

Eingabe-Prompt

Prompt ist eine in *IO* definierte boolesche Variable. Auf *TRUE* gesetzt bewirkt Sie, daß vor jeder Eingabe ein Promptzeichen (?) ausgegeben wird. Mit

```
IO.Prompt := FALSE;
```

wird es unterdrückt.

Eigene I/O-Routinen

In *IO* sind die zwei Prozedurtypen

```
WrStrType = PROCEDURE (ARRAY OF CHAR);
RdStrType = PROCEDURE (VAR ARRAY OF CHAR);
```

und die Variablen

```
VAR WrStrRedirect: WrStrType;
VAR RdStrRedirect: RdStrType;
```

definiert. Die E/A-Routinen des Moduls *IO* benutzen diese Prozedurvariablen. Sie können daher eigene I/O-Prozeduren schreiben und diesen zuweisen!

Datenausgabe

Auch bei der Ausgabe von Daten gibt es für jeden Datentyp eine eigene Prozedur. Es ist nicht möglich, wie in Pascal, mit einer dieser Routinen mehrere Daten auszugeben. Mit dem Aufruf von *WrLn* wird ein Zeilenvorschub ausgelöst, was von keiner der Ausgaberoutinen automatisch miterledigt wird. Die Pascalanweisung

```
Writeln('Speicherplatz: ',b, ' Bytes');
```

muß in Modula deswegen so formuliert werden:

```
WrStr('Speicherplatz: ');
WrLngCard(b,6);
WrStr(' Bytes');
WrLn;
```

Numerische Typen

Bei der Ausgabe von Integer- und Kardinalzahlen ist die Angabe der Ausgabebreite (im Gegensatz zu Pascal) *obligatorisch*! Der Prozedurkopf von *WrCard* sieht z.B. so aus:

```
PROCEDURE WrCard(V:CARDINAL;Length:INTEGER);
```

Hat *Length* (vom Typ *INTEGER*) einen negativen Wert, wird *V* links- andernfalls rechtsbündig ausgegeben:

```
...
x := 1;
IO.WrCard(x,5);WrLn; (* Pascal: WriteLn(x:5) *)
IO.WrCard(x,-5);     (* Pascal: Write(x:-5)  *)
...
```

Wird die von Ihnen angegebene Breite von einer Zahl überschritten, wird sie trotzdem vollständig ausgegeben.

Hier eine Tabelle mit den Ausgabeprozeduren für ganze und reelle Zahlen:

Integerwerte

Datentyp	Ausgaberoutine
INTEGER	WrInt (V:INTEGER ; Length:INTEGER);
SHORTINT	WrShtInt (V:SHORTINT; Length:INTEGER);
LONGINT	WrLngInt (V:LONGINT ; Length:INTEGER);

Kardinalwerte

Datentyp	Ausgaberoutine
CARDINAL	WrCard (V:CARDINAL ; Length:INTEGER);
SHORTCARD	WrShtCard(V:SHORTCARD; Length:INTEGER);
LONGCARD	WrLngCard(V:LONGCARD ; Length:INTEGER);

Hexzahlen

Diese Routinen geben die Werte in hexadezimaler Schreibweise aus.
`IO.WrHex(255,2)` ergibt `FF`

Datentyp	Ausgaberoutine
CARDINAL	WrHex (V:CARDINAL ; Length:INTEGER);
SHORTCARD	WrShtHex(V:SHORTCARD; Length:INTEGER);
LONGCARD	WrLngHex(V:LONGCARD ; Length:INTEGER);

Realwerte

Datentyp	Ausgaberoutine
REAL	WrReal(V: REAL; Precision:CARDINAL; Length:INTEGER);
LONGREAL	WrLngReal(V:LONGREAL; Precision:CARDINAL;Length:INTEGER);

Tabelle 7.2-3 Ausgabeprozeduren für ganze und reelle Zahlen

Wenn Sie Realzahlen ausgeben, müssen Sie neben der Ausgabebreite *Length* mit dem Parameter *Precision* die Breite der Mantisse angeben. Die Bedeutung von *Precision* und *Length* sollen folgende Zeilen illustrieren:

```
...
r := 123.45;  (* eine Realzahl *)
FOR c := 6 TO 1 BY -1 DO
  IO.WrReal(r,c,15);  (* rechtsbündig ausgeben *)
  IO.WrLn;
END;
FOR c := 1 TO 6 DO
  IO.WrReal(r,c,-15); (* linksbündig ausgeben *)
  IO.WrLn;
END;
...
```

Auf dem Bildschirm sieht das wie folgt aus:

```
          1.23450E+2
           1.2345E+2
            1.234E+2
             1.23E+2
              1.2E+2
               1.E+2
1.E+2
1.2E+2
1.23E+2
1.234E+2
1.2345E+2
1.23450E+2
```

In *IO* ist eine boolesche Variable *Eng* (von: Engineering notation) deklariert, mit der zwischen zwei Darstellungsarten von Realzahlen umgeschaltet werden kann. Die Voreinstellung von *Eng* ist *FALSE*.

```
...
r := 123.45;
IO.WrReal(r,6,8);  (* ergibt 1.23450E+2 *)
IO.Eng := TRUE;
IO.WrReal(r,6,8);  (* ergibt 123.450E+0 *)
...
```

Datentyp ***CHAR***

Einzelne Zeichen werden mit *WrChar* ausgegeben. Die Anweisungsfolge

```
WrChar('E'); WrChar("E"); WrChar(CHR(69)); WrChar(105C);
```

zaubert vier E's auf den Bildschirm. Da Zeichen als Strings mit einem Element interpretiert werden können, ist es möglich, sie mit *WrStr* oder formatiert mit *WrStrAdj* (vgl. übernächsten Abschnitt) auszugeben.

Mit der Prozedur *WrCharRep* können Sie ein Zeichen mehrfach ausgeben:

```
IO.WrCharRep('-',80);
```

zieht eine 80 Zeichen lange Line. Der Zähler ist vom Typ *CARDINAL*.

In IO ist die boolesche Variable *RdLnOnWr* deklariert und als Voreinstellung auf *FALSE* geschaltet. Auf *TRUE* gesetzt bewirkt sie, daß nach der Ausgabe der Eingabepuffer geleert wird. Die folgende Routine würde normalerweise schon nach der ersten Eingabebestätigung beendet. Dadurch, daß *RdLnOnWr* auf *TRUE* gesetzt wird, wird die *REPEAT*-Schleife erst verlassen, wenn genau ein und *nur* ein RETURN eingegeben wird:

```
...
IO.RdLnOnWr := TRUE;
REPEAT
  z := IO.RdChar();
  IO.WrChar(z);
UNTIL z = CHR(13);
...
```

Datentyp *BOOLEAN*

Variablen dieses Typs werden mit *WrBool* formatiert ausgegeben:

```
b := TRUE;
IO.WrBool(b,4); IO.WrLn; (* ergibt TRUE       *)
IO.WrBool(b,10);IO.WrLn; (* ergibt       TRUE *)
```

Strings

Für die Ausgabe von Strings stehen zwei Prozeduren bereit. *WrStr* gibt einen String unformatiert aus:

```
IO.WrStr('Das ist ein nichtssagender String!');
```

Die Prozedur *WrStrAdj* gibt einen String formatiert aus.

```
string := "Egon";
IO.WrStrAdj(string,10);
```

gibt "Egon" rechtsbündig in einem zehn Zeichen breiten Feld aus. Die übergebene Formatierungsangabe ist vom Typ *INTEGER*. Negative Werte bewirken eine linksbündige Ausgabe.

Bei *WrStrAdj* spielt die in *IO* deklarierte boolesche Variable *ChopOff* eine Rolle. *ChopOff* steht normalerweise auf *FALSE*. Dadurch gibt *WrStrAdj* einen String auch dann komplett aus, wenn die angegebene Ausgabebreite kleiner als seine Länge ist. Wird *ChopOff* auf *TRUE* gesetzt, werden in diesem Fall Fragezeichen in das von Ihnen vorgegebene Ausgabefeld geschrieben:

```
...
string := 'Egon';
IO.ChopOff := TRUE;
IO.WrStrAdj(string,2);IO.WrLn;  (* ergibt ??   *)
IO.ChopOff := FALSE;
IO.WrStrAdj(string,2);IO.WrLn;  (* ergibt Egon *)
...
```

7.3 Stringbehandlung

In diesem Abschnitt wird das Stringhandling in Modula-2 besprochen:
- *Verketten, Verkürzen, Vergleichen, Untersuchen von Strings,*
- *Ermitteln ihrer Länge,*
- *Umwandlung in Großbuchstaben u.v.m.*

Beachten Sie bei der Arbeit mit Strings bitte folgendes:

- Strings müssen als *ARRAY[0..x] OF CHAR* deklariert werden.
- Strings weisen kein führendes Längenbyte auf.
- Ist ein String kürzer als die in der Typdefinition vereinbarte Länge, wird sein Ende nach dem letzten Zeichen mit einem *CHR(0)* markiert.

Die hier besprochenen Prozeduren werden aus dem Bibliotheksmodul *Str* importiert.

Zuweisungen

Einem String wird ein konstanter Wert mit := zugewiesen:

```
s := "Egon";
```

Mit dem Zuweisungsoperator := können einander ausschließlich kompatible Strings zugewiesen werden:

```
...
ls     : longstring;
s1,s2  : string;
a,b    : ARRAY[0..10] OF CHAR;
c      : ARRAY[0..10] OF CHAR;
```

Die Strings *s1* und *s2*, die auf dem gleichen Typ basieren, können einander mit:

```
s1 := s2;
```

zugewiesen werden. Der Versuch, das gleiche mit *ls* zu tun:

```
ls := s1;
```

wird mit dem Hinweis "`ungültige Zuweisung`" abgelehnt. Die Anweisung

```
a := c;
```

wird ebenfalls abgelehnt, obgleich beide Strings die gleiche Struktur aufweisen (vgl. Abschnitt 3.1.3).

In Modula-2 werden inkompatible Strings einander mit der Prozedur *Copy* zugewiesen:

```
s2 := 'XX';
ls := 'Das ist ein ziemlich langer String';
Str.Copy(ls,s2);
IO.WrStr(ls); (* ergibt XX *)
```

Eventuelle Überlängen werden abgeschnitten. Diese Prozedur hat nichts mit der *Copy*-Funktion in Turbo Pascal gemein. Ähnliches wie jene leistet die TopSpeed-Prozedur *Slice* (s.u.).

Strings zusammenfügen

Mit dem + Operator können Sie Stringkonstanten verbinden:

```
s := "Der" + " String";
IO.WrStr("Fehler !!!" + 7C + 7C + "!!!");
```

Die von Pascal gewohnte Zuweisung von Stringvariablen mit diesem Operator ist nicht zulässig:

```
ls := s1 + s2;
```

hat eine Fehlermeldung zur Folge. Hierfür müssen Sie in Modula die Prozedur *Append* bemühen. Mit

```
Str.Append(s1,s2);
```

wird der String *s2* an *s1* angekoppelt. Wird die vereinbarte Länge von *s1* durch diese Operation überschritten, wird 'der Rest' schlicht abgeschnitten.

Auch mit der Prozedur *Concat* werden Strings verkettet. Allerdings wird das Ergebnis der Kopplung in einem dritten String abgelegt:

```
s1 := 'Hallo ';
s2 := 'Karin!';
Str.Concat(ls,s1,s2);
IO.WrStr(ls);  (* ergibt Hallo Karin! *)
```

Bei Überschreitung der Maximallänge von *ls* fallen überzählige Zeichen unter den Computer. In Pascal können mit der Funktion *Concat* mehr als zwei Strings verkettet werden.

Die Länge eines Strings bestimmen

Dies geschieht mit der Funktion *Length*:

```
s := "Egon";
IO.WrCard(Str.Length(s),3);
```

ergibt 4. Die Endemarkierung wird nicht mitgezählt. Diese Markierung durch das Zeichen 0C können Sie auch zum 'Abschneiden' von Strings benutzen, wie die folgende Routine zeigt:

```
PROCEDURE Trim(VAR s:ARRAY OF CHAR);
VAR x,y:CARDINAL;
BEGIN
  x := Length(s);
  y := x;
  WHILE (x > 0) & (s[x-1] = " ") DO
    DEC(x);
  END;
  IF x # y THEN
    s[x] := 0C;
  END;
END Trim;
```

Die Prozedur schneidet die Leerzeichen am Ende eines Strings ab. Vom Ende der Zeichenkette arbeitet sich *Trim* mit einer *WHILE*-Schleife solange in Richtung Stringanfang vor, wie Leerzeichen vorgefunden werden. Sobald ein anderes Zeichen entdeckt wird, wird die Schleife beendet. Anstelle des letzten Leerzeichens wird ein Null-Byte (hier in der Oktalschreibweise) plaziert, um das neue Stringende zu markieren.

Hinweis: Wenn die Endemarkierung eines Strings mit einer Zuweisung wie

```
s := "Egon";
s[4] := 'x';
```

überschrieben wird, geht *Length* davon aus, daß der String so lang ist, wie im Deklarationsteil definiert. Bei der Ausgabe dieses Strings werden u.U. seltsame bzw. früher in diesem String gespeicherte Zeichen auf dem Bildschirm erscheinen. Sie sollten die Funktion der Endemarkierung auch bei der dynamischen Speicherverwaltung mit *ALLOCATE* und *DEALLOCATE* berücksichtigen (Kapitel 8.3).

Strings vergleichen

Strings werden mit der Funktion *Compare* verglichen. *Compare* liefert 0 bei Identität der beiden übergebenen Strings zurück, -1, wenn der erste String der kleinere, 1, wenn er der größere von beiden ist:

```
...
CASE Str.Compare(ls,s1) OF
  0 : IO.WrStr('ls = s1')|
  -1: IO.WrStr('ls < s1')|
  1 : IO.WrStr('ls > s1')
END;
...
```

Dabei wird nicht die *Länge* der Strings verglichen, sondern deren lexikalische Rangfolge, so daß z.B "Desoxyribonukleinsäure" *kleiner* als "zu" ist. Welches von zwei Worten größer oder kleiner ist, richtet sich nach den Ordnungszahlen ihrer Buchstaben im ASCII-Zeichensatz. ASCII steht für "*American* Standard Code..." Weswegen "Österreich" größer ist als "Zimbabwe". Beim Sortieren muß das durch vorherige Konvertierung der Umlaute berücksichtigt werden.

Der Vergleich von Strings mit = beschränkt sich auf kompatible Zeichenketten.

```
VAR s1,s2 :string;
...
IF s1 = s2 THEN ...
```

ist also zulässig. Matthias Uphoff hat in der Zeitschrift "Toolbox" (Heft 10/89) darauf hingewiesen, daß es beim Vergleich kompatibler Strings mit = oder # zu Fehlern kommen kann. Sie sollten Strings deshalb grundsätzlich mit *Compare* vergleichen:

```
IF Str.Compare (s1,s2) = 0 THEN...
```

Umwandlung in Großbuchstaben

Dies übernimmt die Prozedur *Caps*:

```
s1 := "Karin";  Str.Caps(s1); (* ergibt KARIN  *)
s2 := "Müller"; Str.Caps(s2); (* ergibt MüLLER *)
```

Für die korrekte Umwandlung der Umlaute müssen Sie also eine eigene Routine schreiben, oder folgende nutzen:

```
PROCEDURE Upper(VAR s:ARRAY OF CHAR);
VAR i:CARDINAL;
BEGIN
  i := 0;
  WHILE i < Length(s) DO
    CASE s[i] OF
      'ä':s[i] := 'Ä'|
      'ö':s[i] := 'Ö'|
      'ü':s[i] := 'Ü'
    ELSE
      s[i] := CAP(s[i])
    END;
    INC(i);
  END;
END Upper;
```

Stringteile einfügen und löschen

Stringteile können Sie mit den Prozeduren *Insert* und *Delete* einfügen bzw. löschen. *Delete* entfernt in einem String die angegebene Anzahl von Zeichen ab der übergebenen Position.

```
ls := 'Das ist ein Teststring';
Str.Delete(ls,12,4);
```

entfernt ab dem zwölften Stringelement vier Zeichen. In *ls* steht danach: "Das ist ein string".

```
Str.Delete(ls,12,2000);
```

ergibt: "Das ist ein ". *Insert* fügt einen String an einer übergebenen Position in einen anderen String ein:

```
St := 'Das ist ein String';
Str.Insert(St,'langer ',12);
```

ergibt: "Das ist ein langer String". Wenn der Zielstring zu kurz ist, wird er am Ende entsprechend abgeschnitten.

Strings untersuchen

Hierfür stehen Ihnen die Funktionen *Pos* und *Match* zur Verfügung. Beginnen wir mit der Funktion *Pos*, deren Aufgabe Sie von Turbo Pascal kennen. *Pos* ermittelt die Position des ersten Auftretens eines (Such-)Strings in einem anderen String. Wird der String nicht gefunden, liefert Pos aber nicht 0 zurück, wie in Pascal, sondern den Wert *MAX(CARDINAL)*:

```
IO.RdStr(SuchWort);
IF Str.Pos(String,SuchWort) # MAX(CARDINAL) THEN
  IO.WrStr("gefunden!!!")
END;
```

Mit *Match* ist ein sog. Pattern-Matching möglich. Die Funktion ermittelt, ob ein Suchstring in einem anderen String enthalten ist und gibt in diesem Fall *TRUE* zurück. In den Suchstring können Sie Wildcards für *einzelne* Zeichen (?) und für Zeichen*gruppen* (*) einsetzen. Wenn Sie als Suchbegriff "?aus" angeben, wird *TRUE* zurückgegeben, wenn der Buchstabenfolge "aus" *ein* einzelnes beliebiges Zeichen vorangeht. *TRUE* wird dann bei den Strings "Maus", "Haus" etc. zurückgegeben, aber nicht bei "Springmaus" oder "Die Maus". Bei den letzten beiden Strings würde *TRUE* zurückgemeldet, wenn "*aus" als Suchwort angegeben worden wäre. Hier noch ein paar Beispiele.

Suchmuster	Match erkennt z.B.
M??er	Meyer, Meier, Maier etc. aber nicht Mayermann
Mod*	Modula, Moduln, Modeschöpfer, Modus

? und * können kombiniert und in beliebiger Zahl benutzt werden. Mit *m?us* wird "Springmaus" ebenso gefunden wie "Springmäuse"

Im folgenden Programmfragment wird ein String-Array auf das Vorhandensein eines vorher eingegebenen Musters (*SuchWort*) untersucht.

```
...
VAR  StringArray:ARRAY[1..max] OF string;
...
gefunden := FALSE;
x := 0;
WHILE NOT gefunden & (x # max) DO
  INC(x);
  gefunden := Match(StringArray[x],SuchWort);
END;
WrStr('Suchwort ');
IF gefunden THEN
  WrStr('in Zeile '); WrCard(x,5);
  WrStr(' gefunden')
ELSE
  WrStr('nicht gefunden');
END;
...
```

Teilstrings identifizieren

Die Prozedur *Item* betrachtet einen String als Gruppe von Teilstrings oder Wörtern, die durch bestimmte Zeichen getrennt sind. Der Satz "Das ist ein Satz" kann von dieser Prozedur als String verstanden werden, der aus vier durch Leerzeichen getrennten Wörtern besteht. Die Prozedur *Item* legt den von Ihnen gewünschten Teilstring (dessen 'Nummer' Sie übergeben müssen) in einem anderen String ab. Zunächst müssen Sie hierfür festlegen, welche Zeichen *Item* als Trennzeichen verstehen soll. In *Str* ist ein Mengentyp *CHARSET* definiert:

```
TYPE CHARSET = SET OF CHAR;
```

Auf dieser Basis können Sie eine Variable für die Trennzeichen deklarieren. Mit

```
VAR Seps := Str.CHARSET{' ','.',','};
```

legen Sie z.B. Leerzeichen, Punkte und Kommata als Trennzeichen fest. Wenn Ihnen das und das Hinzufügen und Entfernen von Zeichen aus dieser Menge (mit *INCL*, *EXCL*) noch unklar ist, können Sie im Kapitel 3.1.2.5 nachschlagen. Der dritte Teilstring des Strings

```
St := 'Das ist ein String mit sieben Wörtern';
```

soll ermittelt und im Hilfsstring s abgelegt werden.

```
Str.Item(s,St,Seps,3);
IO.WrStr(s);
```

ergibt "String" (nicht "ein"), weil *Item* ab 0 zählt! Die Positionsangabe ist vom Typ *CARDINAL*. Sie müssen übrigens nicht unbedingt eine Variable für die Trennzeichen deklarieren, sondern können Item auch folgendermaßen aufrufen:

```
Str.Item(s,St,Str.CHARSET{CHR(32)},0);
```

Mit dieser Anweisung wird das *erste* Wort des Strings *St* identifiziert und in *s* abgelegt.

ItemS arbeitet praktisch genauso wie *Item*. Der einzige Unterschied ist, daß die Trennzeichen mit einem Array und nicht mit einer Menge definiert werden.

```
TYPE Zeichen = ARRAY[1..5] OF CHAR;
VAR  TrennZeichen: Zeichen;
```

Zunächst werden die Trennzeichen mit Hilfe eines Aggregates definiert.

```
TrennZeichen := Zeichen(CHR(32),',', "." , "\" , ":");
```

In den folgenden Zeilen werden die durch diese Trennzeichen unterscheidbaren Wörter eines Strings in ein Stringarray übertragen.

```
FOR x := 0 TO max DO
  ItemS(s,St,TrennZeichen,x);    (* Wort x in s ablegen *)
  Copy(StringArray[x],s);        (* und s in Stringfeld *)
END;
...
```

Teilstrings zuweisen

Dies geschieht mit der Prozedur *Slice*, die der *Copy*-Funktion in Pascal ähnelt. *Slice* legt in einem Zielstring einen Teil eines Quellstrings ab. An *Slice* wird die Position, an der der Teilstring beginnt, und dessen Länge übergeben.

```
ls := 'Das ist ein String';
Str.Slice(s,ls,12,6);
```

In diesem Beispiel wird ein sechs Zeichen langer Teilstring von *ls*, ab der Position *ls[12]*, an *s* übergeben. Ergibt: "String". Ist die Längenangabe größer als die Länge des Quellstrings, werden alle Zeichen bis zum Ende des Quellstrings in *s* abgelegt. Ist die Positionsangabe größer als die Stringlänge, wird ein CHR(0) in *s* gespeichert.

Hinweis: In *Str.Mod* finden Sie die Prozeduren *Caps, Compare, Concat, Length, Append, Copy, Slice* und *Pos* im Quelltext vor. Allerdings wurden diese Prozeduren aus Geschwindigkeitsgründen noch einmal in Assembler codiert und in *AsmLib* untergebracht. Wenn Sie diese

Prozeduren importieren, beziehen Sie sie also tatsächlich aus *AsmLib* und nicht aus *Str*. In *STR.MOD* und *STR.DEF* sind sie durch Kommentarklammern stillgelegt worden. In *STR.DEF* findet sich dafür folgende "Umleitung":

```
DEFINITION MODULE Str;
IMPORT AsmLib;
TYPE CHARSET = SET OF CHAR;
(*
...
hier stehen die ausgeklammerten Prozedurköpfe
...
*)
CONST
  Caps     = AsmLib.Caps;
  Compare  = AsmLib.CompareStr;
  ...
```

Die Quelltexte in *STR.MOD* und die Prozedurköpfe in *STR.DEF* dienen Ihrer Information über Aufbau und Funktionsweise der Routinen bzw. über die korrekten Prozeduraufrufe. Sie können diese Prozeduren, falls das notwendig werden sollte, auch für spezielle Anforderungen modifizieren (Sie könnten z.B. *Compare* den richtigen Umgang mit den deutschen Umlauten beibringen). Die gezeigte "Umleitung" muß dann aber für diese Prozedur aufgehoben werden.

7.4 Konvertierungen

In diesem Abschnitt wird gezeigt,
- *wie Zahlen in eine Stringdarstellung übertragen werden und*
- *wie Stringdarstellungen von Zahlen in Zahlen überführt werden.*

Die folgenden Routinen müssen Sie aus dem Modul *Str* importieren. Es können generell *nur LONG-Werte* in Strings verwandelt werden. Zahlen müssen, wo es nötig ist, zuvor mit einem Typtransfer oder einer Typumwandlung konvertiert werden.

Umwandlung ganzzahliger Werte

Die Umwandlung eines *CARDINAL*-Wertes geht mit den Prozeduren *CardToStr* und *StrToCard* vonstatten.

```
Str.CardToStr(c,string,10,OK);
```

Hier ist *c* der Kardinalwert und *string* der Zielstring. *OK* ist eine boolesche Variable. Sie wird von der Konvertierungsprozedur auf *FALSE* gesetzt, wenn bei der Operation Fehler auftreten. Das ist z.B. dann der Fall, wenn der Zielstring nicht genügend Raum für die übergebene Zahl bietet. Dabei hängt der Platzbedarf nicht von der Typenangabe ab, sondern von der Anzahl der Ziffern des übergebenen Wertes. Bei Integerwerten (die mit *IntToStr* übertragen werden) kann das negative Vorzeichen hinzukommen. *OK* steht auch dann auf *FALSE*, wenn ein *String*, der in eine Zahl übertragen werden soll, *Leerzeichen* enthält.

Bei der Umwandlung ganzer Zahlen können Sie angeben, mit welchem Zahlensystem Sie arbeiten möchten. So können Sie z.B. einen Binär- oder Oktalwert als String einlesen und als ganze Zahl weiterverarbeiten. Im obigen Beispiel wurde das Dezimalsystem gewählt und die Zahl 10 direkt übergeben. Sie können dafür auch Konstanten definieren.

```
CONST Bin = 2; Okt = 8; Dez = 10; Hex = 16;
```

Die Werte dürfen zwischen zwei und sechzehn liegen.

In den folgenden Zeilen wird eine Zahl eingelesen, dann in einen String auf dezimaler Basis und schließlich in eine Zahl zurückverwandelt.

```
...
c := RdLngCard();
CardToStr(c,string,Dez,OK);
IF OK THEN
  WrStr(string)
ELSE
  WrStr("Fehler")
END; WrLn;
c := StrToCard(string,Dez,OK);
IF OK THEN
  WrLngCard(c,6)
ELSE ...
...
```

Beachten Sie, daß die Verwandlung in eine Stringdarstellung als *Prozedur*, die Umwandlung in eine Zahl aber als *Funktion* implementiert ist.

Die *INTEGER*-Umwandlung funktioniert praktisch genauso, hierfür stehen die Prozeduren *IntToStr* und *StrToInt* zur Verfügung:

```
Str.IntToStr(i,string,Dez,OK);
```

und umgekehrt:

```
i := Str.StrToInt(string,Dez,OK);
```

Dez ist eine der oben vereinbarten Konstanten, die das gewünschte Zahlensystem festlegen.

In dem folgenden Programm können Sie durch eine ASCII-Tabelle blättern. In dieser werden alle Zeichen mit ihrer Ordnungszahl in dezimaler, dualer, oktaler und hexadezimaler Schreibweise ausgegeben:

```
MODULE asciitab;
FROM  IO  IMPORT RdKey,WrChar,WrStr,WrStrAdj,WrLn,
                 WrLngCard,WrLngHex;
FROM  Str IMPORT CardToStr; FROM Window IMPORT Clear;
CONST ESC = 33C; PgUp = 111C; PgDn = 121C;     (* div. Tasten *)
TYPE  t = SET OF CHAR;
CONST Tasten = t {ESC,PgUp,PgDn}; (* Menge der Bedienungstasten *)
VAR   c,x: LONGCARD;              (* Für Ordnungszahlen         *)
      s  : ARRAY[0..7] OF CHAR;   (* String für Umwandlung      *)
      ok : BOOLEAN;               (* Kontrollvar. f. Umwandlung *)
      Key: CHAR;                  (* Für Auswertung d. Eingabe  *)
BEGIN
  x := 0;
  REPEAT                          (* Bis ESC gewählt wird       *)
    Clear;                        (* Bildschirm räumen          *)
    FOR c := x TO x + 15 DO       (* Für jeweils 16 Zeichen     *)
      WrLngCard(c,3);             (* Ausgabe der Ordnungszahl   *)
      CASE CARDINAL(c) OF         (* Ein Sonderzeichen ?        *)
         7: WrStr (' BEL')        (*  dann sag' was es tut ...  *)
        |8: WrStr('  BS')
        |9: WrStr(' TAB')
        |10:WrStr('  LF')
        |12:WrStr('  FF')
        |13:WrStr('  CR')
      ELSE                          (* Sonst:                     *)
        WrStrAdj(CHR(c),4)          (* Formatierte Ausgabe        *)
      END;                          (* des Zeichens               *)
      CardToStr(c,s,2,ok);          (* Umw. in Dualzahl-String    *)
      WrStrAdj(s,10);               (* Formatierte Ausgabe        *)
      CardToStr(c,s,8,ok);          (* Umw. in Oktalzahl-String   *)
      WrStrAdj(s,4);WrChar('C');    (* Formatierte Ausgabe        *)
      WrLngHex(c,3);WrChar('H');    (*  und Ausgabe als Hexzahl   *)
      WrLn;
    END;
    WrStr('-[PgUp]-[PgDn]-[ESC:Ende]-');WrLn;
    REPEAT                        (* Hole                       *)
      Key := RdKey();             (* Zeichen von Tastatur       *)
      IF Key = 0C THEN            (*  Behandlung von            *)
         Key := RdKey();          (*  Sondertasten              *)
      END;                        (* bis eine der Bedienungs-   *)
    UNTIL Key IN Tasten;          (* Tasten gedrückt wurde      *)
```

```
    CASE Key OF
      PgUp:IF x >= 16 THEN DEC(x,16)      (* Zurückblättern    *)
           ELSE x := 240 END|             (*  Ende              *)
      PgDn:INC(x,16);                     (* Weiterblättern    *)
           IF x > 255 THEN x := 0 END;    (*  Anfang            *)
    END;
  UNTIL Key = ESC;
END asciitab.
```

REAL-Werte

werden mit den Prozeduren *RealToString* und *FixRealToStr* in Stringdarstellungen übertragen. *RealToString* erzeugt einen String mit einem, *FixRealToString* ohne einen Exponenten. An beide Prozeduren muß eine Variable *Precision* vom Typ *CARDINAL* übergeben werden, die die Breite der Mantisse festlegt. Hier die Köpfe der Prozeduren:

```
PROCEDURE RealToStr
              (V: LONGREAL; Precision: CARDINAL; Eng: BOOLEAN;
               VAR S: ARRAY OF CHAR; VAR OK: BOOLEAN);
PROCEDURE FixRealToStr
              (V: LONGREAL; Precision: CARDINAL;
               VAR S: ARRAY OF CHAR; VAR OK: BOOLEAN);
```

Die boolesche Variable dient der gleichen Kontrollfunktion wie bei der Übertragung ganzzahliger Werte. *S* ist der Zielstring. Der Prozedur *RealToStr* muß mit einem booleschen Wert mitgeteilt werden, in welcher Notation die Zahl dargestellt werden soll. Man kann hierfür z.B. die in *IO* vordefinierte boolesche Variable *Eng* (für Engineering notation, s.o.) benutzen, oder den Wert, wie in den folgenden Zeilen, direkt übergeben:

```
...
Precision := 5;
r := 123.0;
RealToStr(r,Precision,FALSE,string,OK);
  (* Ausgabe: 1.2300E+2 *)
RealToStr(r,Precision,TRUE,string,OK);
  (* Ausgabe: 123.00E+0 *)
```

Beachten Sie, daß bei der Umwandlung mit *RealToStr* am Anfang des Strings stets eine Stelle für das Vorzeichen reserviert wird. War die Zahl negativ, steht dort das Minuszeichen, andernfalls bleibt dieses Feld leer. Die Prozedur *FixStrToReal* reserviert diesen Platz nicht:

```
...
Str.FixRealToStr(r,Precision,string,OK);
```

```
IF OK THEN
  WrStr(string)
ELSE
  WrStr("Fehler")
END;
...
(* Ausgabe:123.00000 *)
```

Die Übertragung von Strings in *LONGREAL*-Werte besorgt die Funktion *StrToReal*:

```
...
lr := StrToReal(string,OK);
IF OK THEN WrLngReal(lr,Precision,5) ELSE ...
```

Wenn man versucht, der Prozedur *StrToReal* einen String mit einem (oder mehreren) führenden Leerzeichen zur Konvertierung zu übergeben, wird die Kontrollvariable *OK* auf *FALSE* gesetzt! Strings mit einem führenden Minus- oder Pluszeichen werden korrekt verarbeitet.

Das nun folgende Programm soll Ihnen noch einmal einige der in den letzten drei Abschnitten besprochenen Prozeduren vorführen. Der Modul stellt einen kleinen 'Taschen'-rechner zur Verfügung, mit dem Sie auch mit Hexzahlen rechnen können. Wenn Sie Hexzahlen eingeben, müssen Sie diese mit einem *H* beenden (die Umwandlung in Großschrift erfolgt automatisch). Wenn die zweite angegebene Zahl eine Hexzahl war, wird auch das Ergebnis in dieser Notation ausgegeben. Sie können auch mit Hex- *und* Dezimalzahlen arbeiten: die Eingabe von FFH + 3.45 wird korrekt berechnet. Einfache Umwandlungen werden z.B. mit der Eingabe von FFH * 1 vorgenommen.

Und so bedienen Sie den Rechner: Geben Sie die erste Zahl und dann den Operator (+, _, *, / oder ^) ein. Da das Minuszeichen als Vorzeichen reserviert ist, müssen Sie als Minusoperator _ eingeben. Mit ^ wird der Wert der ersten Zahl hoch der nächsten berechnet. Das Eingabefeld wird mit der Eingabe des Operators automatisch für die nächste Zahl geräumt. Nach deren Eingabe wird das Ergebnis mit RETURN berechnet. Sie können das Ergebnis für die nächste Rechenoperation benutzen, wenn Sie nun einfach den nächsten Operator, gefolgt von einer neuen Zahl, eingeben. Mit der Eingabe von X werden alle Eingaben gelöscht. Sie verlassen den Rechner mit ESC.

Die Zahlen, die Sie eingeben, werden in einer *RdKey*-Schleife zeichenweise eingelesen, um Sie rechtsbündig wieder ausgeben zu können. Die eingelesenen Zeichen werden in einem String abgelegt, der dann für die Berechnung in eine Realzahl konvertiert wird. Das Ergebnis wird, nach der Umwandlung in einen String, rechtsbündig und ohne Exponent ausgegeben. Auf eine vernünftige Fehlerbehandlung wurde aus Platzgründen verzichtet.

Die in der Prozedur *InPut* benutzte Anweisung *HALT* ist eine Standardprozedur, die die gleiche Funktion hat wie ihr Pendant in Pascal: sie beendet das Programm.

```
MODULE calc;
FROM  IO      IMPORT RdKey, WrStr, WrChar, WrLngHex, WrLn,
                     WrStrAdj;
FROM  Str     IMPORT Length, StrToCard, StrToReal, FixRealToStr;
FROM  Window  IMPORT GotoXY, CursorOff, CursorOn;
FROM  MATHLIB IMPORT Pow;
TYPE  string  = ARRAY[0..12] OF CHAR;
      OPs     = (plus,minus,mult,div,reset,pow);   (* Rechenop. *)
      CharSet = SET OF CHAR;
CONST OpKeys  = CharSet {'^','X','/','*','+','_','=',CHR(13)};
      Numbers = CharSet {'0'..'9','A'..'F','H','-','.'};
      ESC     = CHR(27);
VAR   Num          : ARRAY[1..2] OF LONGREAL;
      s            : string;      (* für eingegebene Zahl          *)
      job          : OPs;         (* ausgewählte Rechenoperation   *)
      ok, HexMode: BOOLEAN;       (* für Umwandlung String -> Zahl *)

PROCEDURE Init;
BEGIN
  CursorOff;GotoXY(1,1);
  WrStr('                 ');WrLn;
  WrStr('                 ');WrLn;
  WrStr('                 ');WrLn;
  WrStr('   1 2 3   + _   ');WrLn;
  WrStr('   4 5 6   * /   ');WrLn;
  WrStr('   7 8 9         ');WrLn;
  WrStr('   0       Ret   ');WrLn;
  WrStr('   X     H Hex   ');WrLn;
  WrStr('                          ');WrLn;
  GotoXY(14,2);
END Init;

PROCEDURE clear;                              (* räumt Eingabefeld *)
BEGIN WrStr(CHR(13)); END clear;

PROCEDURE InPut;                              (* Eingaberoutine    *)
VAR x: CARDINAL; (* Zähler *)
    t: CHAR;     (* Taste  *)
BEGIN
  x:=0;                                       (* Zähler            *)
  s[x] := 0C;                                 (* Leerstring        *)
```

```
    LOOP                                         (* Eingabeschleife     *)
      REPEAT
        t := CAP(RdKey());                       (* Zeichen lesen       *)
        IF t = ESC THEN
          CursorOn;                              (* Cursor einschalten *)
          HALT                                   (* Programm verlassen *)
        END;
      UNTIL (t IN OpKeys) OR (t IN Numbers);
      IF t IN OpKeys THEN                        (* +,/, * etc.         *)
        EXIT                                     (* "LOOP"  verlassen  *)
      ELSE                                       (* sonst               *)
        clear;
        s[x] := t;                      (* Zeichen in String aufnehmen *)
        s[x+1] := 0C;                   (* neues Stringende markieren  *)
        WrStrAdj(s,12);                 (* String rechtsbündig ausgeben*)
        INC(x);                         (* Zähler hochsetzen           *)
      END;
    END;
    CASE t OF                           (* Bedienungstaste ermitteln   *)
       '+':job := plus;                 (* und gewünschte Operation    *)
      |'_':job := minus                 (* festlegen                   *)
      |'*':job := mult
      |'/':job := div
      |'X':job := reset
      |'^':job := pow;                  (* i.e. zahl1 hoch zahl2       *)
    END
  END InPut;

  PROCEDURE Convert():LONGREAL;(* verwandelt den mit Input einge- *)
  VAR                          (* lesenen String in LONGREAL-Zahl *)
    l   : LONGREAL;
    c   : LONGCARD;
    len: CARDINAL;
  BEGIN
    HexMode := FALSE;
    len := Length(s);                   (* letztes Zeichen ermitteln *)
    IF len > 0 THEN DEC(len) END;
    IF s[len] = 'H' THEN                (* wenn es ein H ist, wurde  *)
      HexMode := TRUE;                  (* eine Hexzahl eingegeben   *)
      s[len] := 0C;                     (* H entfernen               *)
    ELSE
      HexMode := FALSE                  (* sonst : 'normale'  Zahl   *)
    END;
```

```
  CASE HexMode OF
    TRUE: c := StrToCard(s,16,ok);
          IF NOT ok THEN WrChar(7C);RETURN 0. END;     (*Fehler*)
          l := VAL(LONGREAL,c);|       (* LONGGCARD in LONGREAL*)
    FALSE:l := StrToReal(s,ok);
          IF NOT ok THEN WrChar(7C);RETURN 0. END      (*Fehler*)
  END;
  RETURN l;                        (* LONGREAL-Wert zurückliefern *)
END Convert;

PROCEDURE Display(l:LONGREAL);     (* Ergebnis ausgeben *)
VAR s: string;
    c: LONGCARD;
BEGIN
  clear;                           (* Eingabefeld räumen          *)
  IF HexMode THEN                  (* Hexzahlen:                  *)
     c := VAL(LONGCARD,l);         (* Umwandlung d. reellen Zahl*)
     WrLngHex(c,12);               (* und Ausgabe als Hexzahl    *)
  ELSE                             (* 'normale' Zahlen:           *)
    FixRealToStr(l,4,s,ok);        (* in String ohne Expon. umw.*)
    IF NOT ok THEN WrStr('*Fehler*');RETURN END;
    WrStrAdj(s,12);                (* und rechtsbündig ausgeben *)
  END;
END Display;

VAR i:CARDINAL;
BEGIN
  i := 0;
  Init;
  LOOP
    WHILE i < 2 DO
      INC(i);
      InPut;
      IF s[0] = 0C THEN                (* Nur Operator, keine Zahl? *)
        i := 1;                        (* Altes Ergeb. übernehmen   *)
      ELSE                             (* sonst *)
        Num[i] := Convert();           (* Umwandlung String -> Zahl *)
      END;
      IF job = reset THEN              (* Löschen *)
        i:=0;Num[1]:=0.0;Num[2]:=0.0;Display(Num[1]);
      END;
    END;
```

```
    CASE job OF                          (* Ergebniss errechnen *)
      plus  : Num[1] := Num[1] + Num[2]|
      minus : Num[1] := Num[1] - Num[2]|
      mult  : Num[1] := Num[1] * Num[2]|
      div   : Num[1] := Num[1] / Num[2]|
      pow   : Num[1] := Pow(Num[1],Num[2]);
    END;
    Display(Num[1]);                     (* und ausgeben        *)
    i := 0;
  END;
END calc.
```

7.5 Ein-/Ausgabeumleitung

Die Ein- und Ausgabeumleitung stellt eine recht einfache Möglichkeit dar, auf Dateien oder den Drucker zuzugreifen. Es gibt dafür zwei Prozeduren aus dem Modul *IO*, *RedirectInput* und *RedirectOutput*. Der ersten geben Sie an, *woher* das Programm Daten beziehen soll, der zweiten, *wohin* es die Daten leiten soll.

Das Prinzip kennen Sie von DOS. Dort kann man die Bildschirmausgabe des Inhaltsverzeichnisses z.B. mit dem Befehl `DIR > PRN` auf den Drucker oder mit `DIR > INHALT.TXT` in eine Datei umleiten. Die Anweisung `SORT < INHALT.TXT` leitet die Datei als Eingabe in *SORT* und bewirkt eine sortierte Ausgabe ihres Inhaltes am Bildschirm. Quelle und Ziel der Umleitung können DOS-Geräte und Dateien sein. Die Konsole wird mit *CON*, der Drucker mit *PRN* oder *LPT1*, *LPT2* angesprochen.

Quelle und Ziel werden den Modula-Prozeduren als String übergeben. Wie die folgenden Beispiele zeigen, können Sie bei der Umleitung sämtliche Prozeduren benutzen, die Ihnen *IO* bereitstellt. Das kurze Programm bringt die *AUTOEXEC.BAT* auf den Bildschirm.

```
MODULE red;
IMPORT IO;
VAR c:CHAR;
BEGIN
  IO.RedirectInput('c:\autoexec.bat'); (*Eingabe <- Datei *)
  WHILE IO.KeyPressed() DO
    c := IO.RdKey();
    IO.WrChar(c);
  END;
  IO.RedirectInput('CON');          (* Zurück zur Konsole *)
END red.
```

In diesem Programm wird die *Eingabe* von der Console auf die *AUTO-EXEC.BAT* umgeleitet. Das bedeutet, daß die *IO*-Eingaberoutinen wie *ReadKey()* oder *RdStr* nun keine Zeichen mehr von der Tastatur entgegennehmen, sondern eben nur noch aus der angegebenen Datei. Daher ist es auch möglich, die Funktion *KeyPressed*() einzusetzen, um festzustellen, ob das Dateiende erreicht ist. In der vorletzten Zeile wird die Eingabe wieder auf die Tastatur umgelenkt. Diese Anweisung wäre freilich nicht unbedingt nötig: beim Verlassen eines Programmes wird automatisch auf die Standard Ein-/Ausgabe (*CON*) umgeschaltet.

Wenn Sie auch die Ausgabe des Programmes vom Bildschirm auf ein anderes Gerät oder in eine Datei umleiten wollen, so ist das mit einer Zeile möglich:

```
...
  IO.RedirectInput('c:\autoexec.bat');(* Eingabe <- Datei    *)
  IO.RedirectOutput('PRN');           (* Ausgabe -> Drucker *)
  WHILE IO.KeyPressed() DO
    c := IO.RdKey();
    IO.WrChar(c);
  END;
  IO.RedirectInput('CON');              (* Zurück zur Konsole *)
  IO.RedirectOutput('CON');             (* Zurück zur Konsole *)
...
```

Hier werden die mit *RdKey*() aus der Datei gelesenen Daten nicht mehr auf den Bildschirm, sondern auf den Drucker mit dem Gerätenamen *PRN* ausgegeben. Es ist hier freilich nicht möglich, gleichzeitig irgend etwas mit einer Prozedur aus *IO* auf dem Bildschirm auszugeben, wohl aber mit anderen Ausgaberoutinen. Beachten Sie, daß bereits vorhandene Dateien überschrieben werden, wenn Daten auf sie umgeleitet werden.

Das folgende Beispielprogramm zeigt, daß man die Ausgabeumleitung auch mit den 'regulären' Dateioperationen kombinieren kann, die im nächsten Teilkapitel besprochen werden. Das Programm versieht den Quelltext eines Modulaprogrammes mit Zeilennummern und gibt ihn z.B. auf den Drucker aus. Beim Aufruf werden ihm via Kommandozeile der Name der Textdatei und das Ausgabeziel übergeben. Mit dem Aufruf

```
List prog.mod prn
```

wird der Quelltext in der Schriftart Elite ausgedruckt, die Köpfe von Prozeduren und lokalen Moduln werden fett gedruckt. Wenn Sie die Ausgabe in eine Datei lenken:

```
List prog.mod prog.prt
```

steht in dieser der Text mit allen Steuerzeichen (für Fettdruck etc.), so daß Sie diese z.B. mit dem DOS-Programm *Print* im Hintergrund ausdrucken können.

```
MODULE List;
FROM  FIO IMPORT  RdStr, File, Open, EOF, Close;
FROM  IO  IMPORT  WrStr, WrStrAdj, WrLn, WrCard, WrCharRep,
                  RedirectOutput;
FROM  Lib IMPORT  ParamCount, ParamStr;     (* vgl. Kapitel 7.10 *)
FROM  Str IMPORT  Item, Compare, CHARSET;   (* vgl. Kapitel 7.3  *)
CONST ESC       = 33C;  FormFeed  = 14C;    (* Druckercodes      *)
      elite_ein = ESC + 102C + 2C; elite_aus = ESC + 102C + 1C;
      fett_ein  = ESC + 107C;  fett_aus  = ESC + 110C;
```

```
TYPE  String    = ARRAY[0..128] OF CHAR;
VAR   Quelle    : File;                          (* Textdatei     *)
      DName,                                     (* Dateiname     *)
      Ziel,                                      (* Ausgabeziel   *)
      HString,                                   (* Hilfsstring   *)
      Zeile     : String;                        (* Textzeile     *)
      Zaehler,                                   (* Zeilenzahl    *)
      Seite     : CARDINAL;                      (* Seitenzahl    *)

PROCEDURE KopfZeilen;                            (* Kopfzeilen    *)
BEGIN
  WrLn;WrLn;                                     (* 2 Leerzeilen *)
  WrStrAdj('Datei: ',40);
  WrStr(fett_ein); WrStr(DName); WrStr(fett_aus);(* Dateiname     *)
  WrStrAdj(' Seite: ',20);                        (* Seitenzahl   *)
  WrCard(Seite,-3); WrLn;
  WrCharRep('=',96); WrLn;                       (* Linie ziehen *)
END KopfZeilen;

BEGIN
  IF ParamCount() < 2 THEN                (* zuwenige Parameter *)
    WrStr('Aufruf: List <Datei> <Ziel>'); HALT;
  END;
  ParamStr(DName,1);                      (*Param.1 = Dateiname *)
  ParamStr(Ziel,2);                         (* Ausgabeziel      *)
  Quelle := Open(DName);                    (* Datei öffnen     *)
  RedirectOutput(Ziel);                     (* Ausgabe umleiten *)
  Zaehler:=0;   Seite:=1;
  WrStr(elite_ein);
  KopfZeilen;
  WHILE NOT EOF DO                          (* bis Dateiende    *)
    RdStr(Quelle,Zeile);                    (* eine Zeile lesen *)
    INC(Zaehler);                           (* Zähler eins hoch *)
    IF Zaehler MOD 61 = 0 THEN              (* nach 60 Zeilen   *)
      WrStr(FormFeed);  INC(Seite);  KopfZeilen;  (* neue Seite *)
    END;
    WrCard(Zaehler,6); WrStr(': ');           (* Zeilennummer   *)
    Item(HString,Zeile,CHARSET{CHR(32)},0);   (* 1.Wort         *)
```

```
    IF (Compare(HString,'PROCEDURE') = 0) OR     (* Prozedur oder *)
      (Compare(HString,'MODULE') = 0) THEN       (* Modul dann:   *)
      WrStr(fett_ein); WrStr(Zeile);             (* fett drucken  *)
      WrStr(fett_aus);
    ELSE                                         (* sonst         *)
      WrStr(Zeile);                              (* normal        *)
    END;
    WrLn;
  END;
  Close(Quelle);                               (* Datei schließen *)
  WrStr(elite_aus);
  WrStr(FormFeed);                             (* neue Seite      *)
END List.
```

7.6 Dateioperationen

In diesem Abschnitt geht es um
- *den Umgang mit Textdateien und*
- *Direktzugriffsdateien,*
- *die Fehlerbehandlung bei Dateioperationen und*
- *das Einrichten von Dateipuffern.*

Bei der Dateibehandlung müssen Sie sich als Pascalprogrammierer ein wenig umstellen. In Turbo Pascal gibt es unterschiedliche Dateitypen: untypisierte Dateien, Textdateien und Dateien für selbstdefinierte Typen, etwa für Records:

```
Type Adressen = Record  (*Pascal*)
                  Name,
                  ...
                  Ort: String;
                End;
Var Adr_Datei: File Of Adressen;
```

Eine solche Konstruktion ist in Modula nicht möglich. Es gibt hier lediglich *einen einzigen Typ sequentieller Dateien*, mit Namen *File*. Operationen mit allen Arten von Dateien werden mit diesem Typ abgewickelt. Die entsprechenden Prozeduren stellt der Bibliotheksmodul *FIO* zur Verfügung.

7.6.1 Textdateien

Beginnen wir mit Textdateien, d.h. sequentiellen Dateien, die aus einzelnen, möglicherweise ungleich langen Zeilen bestehen, auf die nicht einzeln zugegriffen werden kann.

Wie bekannt, kennt Modula nur *einen* Dateityp. Die in den folgenden Abschnitten beschriebenen Prozeduren sind also prinzipiell *auf jede Art von Dateien* anwendbar. Routinen für das Öffnen von Dateien, das Schreiben von Daten usw. werden bei Text- *und* Direktzugriffsdateien benutzt.

Deklaration einer Datei

Jede Datei muß deklariert werden, bevor man irgend etwas mit ihr anfangen kann. Man vereinbart dafür eine Variable vom Typ *File*:

```
VAR TFile: FIO.File;
```

Öffnen einer Datei

Bevor eine Datei bearbeitet werden kann, muß sie geöffnet werden. In Pascal wird die Datei mit *Assign* einer Dateivariablen zugewiesen. Dann kann sie mit *Reset* geöffnet werden. In Modula ist beides in *einer Open*-Anweisung zusammengefaßt.

```
TFile := FIO.Open('c:\autoexec.bat');
```

weist der Variablen *TFile* die angegebene Datei zu und öffnet sie zugleich. Der Dateizeiger steht am Anfang der Datei.

Schließen einer Datei

Am Ende der Operationen muß jede Datei mit *Close* wieder geschlossen werden:

```
FIO.Close(TFile);
```

Ein evtl. vorhandener Puffer (s.u.) wird zuvor geleert.

Erzeugen einer neuen Datei

Wenn Sie eine Datei bearbeiten wollen, muß diese auf der Platte vorhanden sein. Ob das der Fall ist, sagt uns die Funktion *Exists*, die *FALSE* zurückliefert, wenn die Datei nicht gefunden wird. In diesem Fall muß das File mit *Create* erzeugt werden. Die Funktion *Create*, die wie *Append* (s.u.) oder *Open* aufgerufen wird, legt eine Datei neu an. Bereits existierende Dateien werden überschrieben. Nach *Create* ist kein *Open* notwendig:

```
...
  IO.RdStr(FName);
  IF NOT FIO.Exists(FName) THEN
    TFile := FIO.Create(FName);
  ELSE
    TFile := FIO.Append(FName);
  END;
  FIO.WrStr(TFile, 'ein String ');
  FIO.WrLn(TFile);
  FIO.Close(TFile);
...
```

In den vorangehenden Zeilen wird der Dateiname von Tastatur entgegengenommen. Existiert die Datei, wird sie auf das Anhängen von Daten vorbereitet, andernfalls wird sie neu angelegt. Dann wird ein String an ihr Ende geschrieben (siehe auch die beiden folgenden Abschnitte).

Daten an eine bestehende Datei anhängen

Mit der Prozedur *Append* wird eine Datei geöffnet und der Dateizeiger an ihr Ende gesetzt. Die nächste Schreibaktion überschreibt dann keine Daten, sondern 'verlängert' die Datei:

```
...
TFile := FIO.Append('d:\test');
FIO.WrStr(TFile,'Das ist das Ende!');
FIO.WrLn(TFile);
FIO.Close(TFile);
...
```

In diesem Programmausschnitt wird die Datei *test* 'zum Anhängen' geöffnet und ein String an ihr Ende geschrieben. Das anschließende *WrLn* löst einen Zeilenvorschub aus, wie sich das bei Text-Dateien gehört. Sie erkennen hier auch die Notwendigkeit des qualifizierten Imports, falls im selben Programm gleichnamige Routinen (wie *WrStr*) aus dem Modul *IO* benutzt würden.

Strings einlesen

Strings werden mit der Prozedur *RdStr* aus einer Datei eingelesen:

```
WHILE NOT FIO.EOF DO   (* liest eine komplette   *)
  FIO.RdStr(TFile,s);  (* Textdatei ein und gibt *)
  IO.WrStr(s);IO.WrLn; (* ihren Inhalt aus       *)
END;
```

An *RdStr* aus *FIO* wird die File*referenz* (nicht der Datei*namen*) *TFile* übergeben (wie das auch in Pascal mit *Readln(TFile,s)* getan würde). Der eingelesene String wird in s abgelegt. Ob das Dateiende erreicht ist, wird mit der ebenfalls in *FIO* definierten booleschen Variable *EOF* geprüft. *EOF* wird auf *TRUE* gesetzt, sobald ein ^Z (CHR(26)) eingelesen wird, das das Dateiende markiert.

Sie können die Zeilen einer Textdatei auch mit *RdItem* einlesen. Diese Prozedur hat die gleiche Funktion wie ihr Namensvetter aus *IO*. Sie liest die Strings jeweils bis zum Auftreten eines in der Menge *IO.Separators* enthaltenen Zeichens ein (CHR(9), CHR(13), CHR(26), CHR(32)). Damit haben sie z.B. die Möglichkeit, Textdateien wortweise einzulesen. Wie *Separators* mit *INCL* und *EXCL* erweitert bzw. verkleinert wird, wurde bei der Besprechung von IO.RdItem (Kapitel 7.2) erwähnt.

Strings in Textdateien schreiben

Strings werden mit *WrStr* in Dateien geschrieben. Wenn Sie die Strings formatiert abspeichern möchten, müssen Sie die Prozedur *WrStrAdj* einsetzen. Mit der Zeile:

```
FIO.WrStrAdj(f,s,20); FIO.WrLn(f);
```

wird ein String rechtsbündig mit 20 Spalten und einem anschließenden Zeilenvorschub ausgegeben.

Andere Datentypen in eine Textdatei schreiben

Es ist gezeigt worden, wie man mit Textdateien arbeitet, die aus Strings bestehen. Sie können aber selbstverständlich auch alle anderen Datentypen in solchen Dateien speichern. Im folgenden Programmfragment werden 1000 Kardinalzahlen in eine Datei geschrieben:

```
...
VAR x,c:CARDINAL;
    f:FIO.File;
BEGIN
  f:= FIO.Create('d:\zahlen');
  FOR c:=1 TO 1000 DO
    FIO.WrCard(f,c,4);
    FIO.WrLn(f);
  END;
  FIO.Close(f);
...
```

Beachten Sie, daß an *FIO.WrCard*, neben der Filereferenz und der zu schreibenden Zahl, auch das Ausgabeformat übergeben wird. Die Anweisung

```
FIO.WrCard(f,c,20);
```

legt die Zahl rechtsbündig mit 20 'Spalten' ab. Negative Werte sorgen für eine linksbündige Speicherung. Die in den folgenden Tabellen aufgeführten Aus- und Eingaberoutinen unterscheiden sich von denen des *IO*-Moduls nur dadurch, daß ihnen zusätzlich eine Filereferenz übergeben wird.

Integerwerte

Datentyp	**Eingaberoutine**
`INTEGER`	`WrInt (F:File; V:INTEGER ; Length:INTEGER);`
`SHORTINT`	`WrShtInt (F:File; V:SHORTINT; Length:INTEGER);`
`LONGINT`	`WrLngInt (F:File; V:LONGINT ; Length:INTEGER);`

Kardinalwerte

Datentyp	**Eingaberoutine**
`CARDINAL`	`WrCard (F:File; V:CARDINAL ; Length:INTEGER);`
`SHORTCARD`	`WrShtCard(F:File; V:SHORTCARD; Length:INTEGER);`
`LONGCARD`	`WrLngCard(F:File; V:LONGCARD ; Length:INTEGER);`

Hexzahlen

Mit diesen Routinen können Sie Kardinalzahlen in Hexschreibweise speichern:

Datentyp	**Eingaberoutine**
`CARDINAL`	`WrHex (F:File; V:CARDINAL ; Length:INTEGER);`
`SHORTCARD`	`WrShtHex (F:File; V:SHORTCARD; Length:INTEGER);`
`LONGCARD`	`WrLngHex (F:File; V:LONGCARD ; Length:INTEGER);`

Realwerte

Bei reellen Zahlen müssen Sie, wie bei den IO-Prozeduren, das Mantissenformat mit dem Parameter Precision angeben.

Datentyp	**Eingaberoutine**
`REAL`	`WrReal (F:File; V:REAL; Precision:CARDINAL; Length:INTEGER);`
`LONGREAL`	`WrLngReal (F:File; V:LONGREAL; Precision:CARDINAL; Length:INTEGER);`

Tabelle 7.6-1 FIO-Prozeduren zum Speichern von Zahlen. Mit Length wird das Ausgabeformat festgelegt.

Mit der auch in *FIO* definierten booleschen Variable *Eng* (s.o.) können Sie die Notation von *REAL*-Zahlen bestimmen:

```
FIO.Eng :=TRUE;
FIO.WrReal(f,r,7,5);
```

schreibt die Realzahl *r* in der technischen Notation in die Datei.

Zeichen und boolesche Werte

Zeichen werden mit der Prozedur *WrChar* gespeichert:

```
WrChar(f,'x');
```

Wenn Sie das Bedürfnis haben, ein Zeichen in größeren Mengen in eine Datei zu schreiben, benutzen Sie die Prozedur *WrCharRep*.

```
FIO.WrCharRep(f,'+',2000);
```

Diese Anweisung schreibt 2000 Pluszeichen in die Datei mit der Referenz *f*. Die übergegebene Anzahl muß vom Typ *CARDINAL* sein. Boolesche Werte können mit der Prozedur *WrBool* gespeichert werden, der ein Format übergeben werden muß. Die Anweisungssequenz

```
b := TRUE; FIO.WrBool(f,b,5);
```

schreibt '*TRUE*' rechtsbündig (mit 5 Spalten) in die Datei.

Daten aus einer Datei einlesen

Zu den eben aufgeführten Prozeduren gibt es die korrespondierenden Leseroutinen, deren Funktionsweise Sie von den gleichnamigen *IO*-Prozeduren her kennen. Beachten Sie, daß diese als *Funktionen* implementiert sind, denen eine Filereferenz übergeben wird. Die Leseanweisung sieht also z.B. so aus:

```
x := FIO.RdCard(f);
```

Es folgt eine Tabelle mit den Leseprozeduren für Zahlenwerte. Die Prozeduren *RdStr* und *RdItem* zum Einlesen von Strings habe ich oben bereits vorgestellt:

Integerzahlen	
Datentyp	**Eingaberoutine**
INTEGER	RdInt (F:File): INTEGER;
SHORTINT	RdShtInt (F:File): SHORTINT;
LONGINT	RdLngInt (F:File): LONGINT;
Kardinalzahlen	
Datentyp	**Eingaberoutine**
CARDINAL	RdCard (F:File): CARDINAL;
SHORTCARD	RdShtCard (F:File): SHORTCARD;
LONGCARD	RdLngCard (F:File): LONGCARD;

Hexzahlen

Die folgenden Funktionen lesen Hexzahlen ein und liefern Kardinal-Werte zurück.

Datentyp	Eingaberoutine
CARDINAL	RdHex (F:File): CARDINAL;
SHORTCARD	RdShtHex (F:File): SHORTCARD;
LONGCARD	RdLngHex (F:File): LONGCARD;

Realzahlen

Datentyp	Eingaberoutine
REAL	RdReal (F:File): REAL;
LONGREAL	RdLngReal(F:File): LONGREAL;

Tabelle 7.5.2-2 Prozeduren zum Einlesen von Zahlen

Zeichen und boolesche Werte

Zeichen werden mit der Funktion *RdChar(f)* eingelesen, boolesche Werte mit *RdBool(f)*. Letztere gibt nur dann *TRUE* zurück, wenn ein solches gelesen wurde. Liest sie "true", "True" oder "tRuE" etc., liefert sie *FALSE* zurück.

Dateien löschen, kürzen und umbenennen

Die Prozedur *Erase* löscht die Datei mit dem angegebenen Namen:

```
FIO.Erase(FName);
```

An *Erase* wird die Datei*bezeichnung* und nicht (wie in Pascal) die Dateireferenz übergeben. Sie können eine Datei an der aktuellen Position des Dateizeigers beenden und damit alle restlichen Daten (hinter dieser Position) löschen. Benutzen Sie hierfür die Prozedur *Truncate*. Angenommen, Sie möchten eine Datei nach n Zeilen beenden. Da es hier im Moment um Textdateien geht, müssen diese n Zeilen zuerst *eingelesen* werden. Dann kann die Datei mit der Anweisung:

```
FIO.Truncate(f);
```

gekappt werden. Der Name einer Datei kann mit der Prozedur *Rename* geändert werden:

```
FIO.Rename('C.TXT','C.SIK');
```

Das wird freilich nur funktionieren, wenn *C.SIK* noch nicht existiert.

Die Größe einer Datei ermitteln

Die Größe einer Datei wird mit der Funktion *Size* festgestellt. Die zurückgelieferte Bytezahl ist vom Typ *LONGCARD*. In der folgenden Zeile wird der Umfang einer Datei mit der Referenz *dbank* ermittelt und in *l* abgelegt:

```
l := FIO.Size(dbank);
```

7.6.2 Direktzugriffsdateien

Sie kennen nun beinahe alle Routinen, die TopSpeed Modula-2 für die Bearbeitung von Dateien zur Verfügung stellt. Die meisten von ihnen werden auch bei der Arbeit mit Direktzugriffsdateien benutzt.

Wenn Sie einen bestimmten 'Satz' einer Textdatei einlesen möchten, müssen Sie zunächst sämtliche vor ihm gespeicherten Sätze einlesen, um den Dateizeiger korrekt zu positionieren. Das läßt sich nicht umgehen, weil die Länge der Sätze nicht bekannt ist. Bei Direktzugriffsdateien, deren Sätze eine feste Länge aufweisen, ist es hingegen möglich, einen ganz bestimmten einzelnen Satz 'anzuspringen' und zu lesen.

In Pascal war das recht einfach zu erreichen. Man deklarierte einen Typ *XY* und auf dieser Basis eine Dateivariable *f:File Of XY*. Wenn man dann einen Datensatz einlesen wollte, gab man z.B. die Anweisung *Seek(f,3)*, um den Dateizeiger auf den vierten Satz zu positionieren, um ihn dann mit *Read(f,...)* einlesen zu lassen. Das ist in Modula in dieser Weise nicht möglich. Zwar gibt es auch hier die *Seek*-Anweisung. Aber man positioniert den Dateizeiger nicht *satz*weise sondern *byte*weise. Das bedeutet, daß Sie die korrekte Positionierung des Dateizeigers selbst vornehmen müssen.

Positionierung des Dateizeigers

Da Ihnen die Länge der einzelnen Datensätze bekannt ist, können Sie mit der Formel

```
Zeigerposition := SatzNummer * SatzLänge
```

errechnen, wo ein neuer Satz 'beginnt'. Die folgende Prozedur positioniert den Zeiger auf den Anfang des Datensatzes mit der übergebenen Nummer:

```
PROCEDURE SetPos(f: FIO.File; RecNo, RecSize: LONGCARD);
BEGIN
  FIO.Seek(f,RecNo * RecSize)
END SetPos;
```

Mit *RecSize* wird die Größe eines Datensatzes übergeben. Angenommen, die Sätze bestehen aus Strings mit 100 Zeichen. Dann wird die Positionierung auf den dritten Satz mit dem Aufruf von

```
SetPos(dbank,2,100);
```

vorgenommen. Die Prozedur setzt den Filepointer der Datei mit der Referenz *dbank* dann an die 200. Stelle. Nun kann der String wie gewohnt mit *FIO.RdStr* eingelesen werden, wobei der Satzzeiger bei jedem Lesevorgang automatisch um die Zahl der gelesenen Bytes weitergerückt wird. Seine aktuelle Position kann mit der Funktion *GetPos* erfragt werden:

```
PROCEDURE GetPos(F: File): LONGCARD;
```

Lesen und Speichern

Das Positionierungsproblem wäre also gelöst. Bleiben zwei Fragen offen: Wie wird gespeichert und wie werden die Daten korrekt gelesen? Die Antwort ist einfach: Beides geschieht mit den oben bereits gezeigten Schreib- und Leseprozeduren.

Da Direktzugriffsdateien konstante Satzlängen aufweisen müssen, sollten Sie Strings nicht mit *WrStr*, sondern mit *WrStrAdj* in diese Dateien schreiben. *WrStr* schreibt den String bis zu seinem Ende, während die andere Prozedur ihn formatiert ausgibt.

```
...
IO.RdStr(s);                (* von Tastatur einlesen *)
FIO.WrStrAdj(dbank,s,-50) (* speichern             *)
...
```

Die zweite Anweisung schreibt den vorher eingegebenen String *s* unabhängig von seiner Länge linksbündig mit 50 Zeichen in die Datei. Wenn Sie für *s* "Test" eingeben, wird der übrige Platz mit Leerzeichen aufgefüllt und der Dateizeiger damit auf den Anfang des evtl. folgenden nächsten Datensatzes weitergerückt. *FIO.WrStr* hätte dagegen nur 4 Bytes geschrieben. Eine anschließende Speicherung (ohne erneute Positionierung mit *Seek*) würde direkt nach diesen 4 Bytes stattfinden. Nach einer Positionierung des Dateizeigers auf den ersten Satz mit *Seek* würde die Leseoperation

```
FIO.RdStr(dbank,s);
```

einen Teil des nächsten Datensatzes mitlesen, weil *RdStr* solange liest, bis entweder ein Zeilenende oder aber die maximale vereinbarte Stringlänge erreicht wird (in diesem Fall 50 Zeichen).

Hinweis: Es ist durchaus möglich, einen String in die Datei zu schreiben, der *länger* ist als die von Ihnen geplante Feldbreite. Z.B.:

```
FIO.WrStrAdj(f,'1234567890123456789012345',10);
```

Das wird die Konsistenz Ihrer Direktzugriffsdatei zerstören. Wenn Sie diesen (normalerweise eher unwahrscheinlichen Fall) vermeiden wollen, müssen Sie sich entweder durch eine entsprechende Prüfung absichern, oder die in *FIO* definierte boolesche Variable *ChopOff* auf *TRUE* setzen. Dann wird anstelle des überlangen Strings eine 'passende' Zahl von Fragezeichen in die Datei geschrieben. Nicht eben dekorativ, aber es rettet die Struktur der Datei.

Probleme mit Zahlen in Direktzugriffsdateien

Eine Direktzugriffsdatei, die nur aus Strings besteht, ist etwas vollkommen unproblematisches. Wenn die mit *WrStrAdj* gespeicherten Daten später einzeln oder sequentiell gelesen werden sollen, sorgt *FIO.RdStr* für die korrekte Positionierung des Dateizeigers, weil die Routine stets genau so viele Bytes liest, wie für den Typ vereinbart wurden. Bei Zahlen (aller Typen) sieht das etwas anders aus. Es kann deshalb in bestimmten Situationen zu Problemen kommen. Schauen wir uns an, wie z.B. eine *REAL*-Zahl gespeichert wird:

```
WrReal(f,RealZahl,Precision, Length);
```

Diese Anweisung schreibt die Zahl mit dem Format *Length* in eine Datei mit der Referenz *f*. Den optimalen Platz, den man für diese Zahl reserviert, also Length, *könnte* man so errechnen:

```
Precision + 6
```

6 Byte für Vorzeichen, Dezimalpunkt und Exponent der Realzahl plus *Precision* für die Ziffern. Eine Schreibanweisung könnte z.B. so aussehen:

```
FIO.WrReal(f,9999999999.1,3,9); (* rechtsbündig *)
```

Wenn diese Zahl mehrmals gespeichert wird, sieht das in der Datei folgendermaßen aus:

```
1.00E+10 1.00E+10 1.00E+10 1.00E+10 1.00E+10 1.00E+10
```

Sequentiell werden die Zahlen mit der wiederholten Anweisung:

```
RealZahl := FIO.RdReal(f);
```

gelesen. RdReal ruft die Prozedur *RdItem* auf, um die Zeichen aus der Datei zu lesen, und konvertiert sie dann in eine Zahl. *RdItem liest zeichenweise aus der Datei, bis ein Zeichen aus der Menge Separators erkannt wird!*

Im obigen Beispiel funktioniert das problemlos. Die Zahl wird als String eingelesen, bis RdItem auf das Leerzeichen CHR(32) stößt. Der Dateizeiger wird anschließend nicht mehr weiterbewegt. Danach kann die nächste Zahl eingelesen werden usw. Wenn Sie die obige Zeile so abändern:

```
FIO.WrReal(f,-9999999999.1,3,9); (* negativer Wert! *)
```

ergibt die Leseoperation Unsinn. Warum? Schauen wir uns die Datei an. Hier steht nun folgendes:

```
-1.00E+10-1.00E+10-1.00E+10-1.00E+10-1.00E+10-1.00E+10
```

Die von RdReal aufgerufene Prozedur RdItem findet hier keinen Separator, liest und liest und liest und bricht nach 81 Zeichen ab. Mit dem gelesenen Riesenstring kann die Konvertierungsroutine natürlich nichts anfangen.

Das zeigt zum einen, daß die rechtsbündige Speicherung in solchen Dateien ungeeignet ist und zum anderen für numerische Werte stets soviel Platz reserviert werden muß, daß die Zahlen in der Datei auf jeden Fall durch *ein* Leerzeichen getrennt werden. Für *Real*zahlen bedeutet das, daß bei WrReal für *Length* der Wert:

```
Precision + 6 + 1
```

anzugeben ist. Sie können diesen Wert in Konstanten ablegen, die wir *Precision* und *RealSize* nennen könnte:

```
CONST Precision = 3; RealSize = Precision + 7;
```

Damit ist das Problem zumindest dann gelöst, wenn die einzelnen Zahlen mit *Seek* angesprungen und eingelesen werden. Nehmen wir an, Ihre Datei besteht aus Datensätzen, die aus Strings und Zahlen bestehen. Wenn Sie einen Daten*satz* anspringen und dessen Felder z.B. sequentiell in einen Record einlesen wollen, kann ein neues Problem auftauchen: Sobald es nämlich um eine kleine Zahl geht, ist es möglich, daß bei linksbündiger Speicherung *zwei* Leerzeichen zwischen ihr und der nächsten Information liegen. Die Folge: *RdItem* hört früher auf zu lesen und die Position des Satzzeigers befindet sich nicht wie gewünscht am Anfang des nächsten Feldes. Die anschließende Leseroutine setzt zu früh an und die folgenden Leseresultate werden unsinnig.

Der Filepointer muß deshalb *jedesmal* positioniert werden, wenn es darum geht, den Dateizeiger auf einzelne Daten*sätze* mit gemischtem Inhalt zu positionieren (etwa mit *SetPos*) und diese dann *komplett* in Records einzulesen. Sie sollten dafür z.B. die unten abgedruckte Prozedur *GetReal* benutzen, um die Realzahlen aus diesen Sätzen einzulesen.

Die Prozedur setzt die oben eingeführte Konstante *RealSize* voraus. *GetReal* funktioniert außerdem nur dann, wenn die Realzahl *linksbündig* mit ausreichender Breite gespeichert wurde, z.B. so:

```
FIO.WrReal(f,2.1,3,-10);
```

Zwischen der Zahl und den nachfolgenden Informationen muß sich mindestens ein Leerzeichen befinden.

```
PROCEDURE GetReal(f:FIO.File;VAR r:REAL);
VAR l:LONGCARD;
BEGIN
  l := FIO.GetPos(f);    (* wo steht der Dateizeiger        *)
  r := FIO.RdReal(f);    (* Realzahl einlesen               *)
  INC(l,RealSize);       (* l um Speicherformat erhöhen     *)
  FIO.Seek(f,l);         (* Dateizeiger positionieren       *)
END GetReal;
```

Hier wurde von *REAL*-Zahlen gesprochen. Das gleiche Problem tritt auch bei anderen numerischen Datentypen auf. Sie müssen bei diesen analog verfahren. Die *GetReal*-Prozedur läßt sich z.B. ohne großen Aufwand in eine *GetCard* Prozedur umwandeln.

Eine bessere Lösung

Um die besprochenen Probleme zu umgehen, empfehle ich Ihnen aber, mit *RdBin* zu arbeiten, einer Funktion, die eine bestimmte Zahl von Bytes liest. Hier - als Vorgriff auf das nächste Teilkapitel 7.6.3 - nun eine Prozedur, die Kardinalzahlen, die mit

```
FIO.WrCard(f,c,-CardSize);
```

linksbündig (!) gespeichert wurden, korrekt einliest. Sie liest so viele Zeichen ein, wie mit der Konstanten *CardSize*, etwa so

```
CONST CardSize = 5;
```

für den Typ vereinbart wurden. Die Prozedur ist etwas aufwendiger, liest aber dafür *jeden* Kardinalwert (der zudem *nur mit 5 Zeichen* gespeichert werden muß) korrekt ein. Ihr wird die Dateireferenz übergeben und als Variablenparameter die zu lesende Kardinalzahl. Außerdem gibt die Kontrollvariable *ok* an, ob die Operation erfolgreich verlaufen ist.

Die Prozedur liest die vereinbarte Zahl von Bytes und legt sie in einem String ab, der dann in eine Kardinalzahl umgewandelt wird (vgl. Kap. 7.4). Der String muß, damit es keine Probleme mit der Konvertierung gibt, zuvor getrimmt werden. Die Prozedur *Trim* wurde in Kapitel 7.3 vorgestellt. Mit diesem Verfahren lassen sich auch andere numerische Typen einlesen.

```
PROCEDURE GetCard(f:FIO.File;VAR c:CARDINAL; VAR ok: BOOLEAN);
VAR Count: CARDINAL;
    l    : LONGCARD;
    s    : ARRAY[0..4] OF CHAR;
BEGIN
  Count := FIO.RdBin(f,s,CardSize);
  IF Count # CardSize THEN
    ok := FALSE
  ELSE
    Trim(s);
    l := Str.StrToCard(s,10,ok);
    c := VAL(CARDINAL,l);
  END;
END GetCard;
```

7.6.3 Lesen und Speichern von Byteblöcken

Die bisher vorgestellten Schreib- und Leseprozeduren arbeiten mit bestimmten Datentypen. Die Prozeduren *RdBin* und *WrBin* aus dem *FIO*-Modul erwarten dagegen keine besonderen Typen wie Strings, Kardinalzahlen usw., sondern Byte-Arrays. Der Standardtyp *BYTE* gehört zu den Spezialtypen, die der Low-Level-Programmierung vorbehalten sind. *Genaueres über diese Typen erfahren Sie in Kapitel 9.*

Hinweise: Byte-Arrays werden als formale Parameter von Prozeduren verwendet. Da *alle* Daten auch als *ARRAY OF BYTE* aufgefaßt werden können, wird so die strenge Typenbindung von Modula-2 aufgehoben: Einer Prozedur, die ein *ARRAY OF BYTE* erwartet, können tatsächlich *sämtliche* Datenstrukturen und -typen übergeben werden, Strings, Zahlen, Records, Felder - was immer Sie wollen.

RdBin und *WrBin* arbeiten mit der rechnerinternen Darstellung von Daten (so daß Kardinalzahlen z.B. mit zwei Bytes gespeichert werden, statt mit fünf oder sechs). Dabei müssen Sie *Ihre* Interpretation der Daten (als Strings, Zahlen usw.) nicht aufgeben. Als aktuelle Parameter solcher Prozeduren fungieren (auch wenn es sich um Variablen-Parameter handelt) die üblichen Datentypen. Sie können der Prozedur *WrBin* also einen String übergeben und von der Prozedur *RdBin* über einen Variablenparameter einen String zurückerhalten. Ebenso verhält es sich mit anderen Datenstrukturen und -typen. Mit der Benutzung dieser Prozeduren, ändert sich also nicht sehr viel - aber sie sind flexibler einsetzbar als solche, die an bestimmte Typen gebunden sind.

Mit *WrBin* und *RdBin*, die mit *BlockRead/Write* von Turbo Pascal vergleichbar sind, können Sie komplette Byte-Arrays unformatiert in Dateien schreiben und von dort einlesen. Hier die Köpfe der Prozeduren:

```
PROCEDURE WrBin(F:File;B:ARRAY OF BYTE;Count:CARDINAL);
PROCEDURE RdBin(F:File;VAR B:ARRAY OF BYTE;Count:CARDINAL):
                    CARDINAL;
```

WrBin schreibt die übergebenen Bytes des Feldes *B* in eine geöffnete Datei mit der Referenz *F*. *Count* gibt an, wieviele Bytes geschrieben werden sollen. *RdBin* liest die übergebene Anzahl Bytes aus der geöffneten Datei. Anhand des Rückgabewertes von *RdBin* können Sie überprüfen, ob die gewünschte Zahl von Bytes auch wirklich gelesen werden konnte.

Da eine Datei in Modula-2 ohnehin als 'File of Byte' interpretiert wird, können natürlich auch Prozeduren wie *Seek* usw. im Zusammenhang mit Dateien benutzt werden, die mit *RdBin* oder *WrBin* bearbeitet werden.

Es folgt ein Beispiel, das Ihnen demonstrieren soll, daß sich durch die Aufhebung der Typenbindung auch mit Modula-2 sehr 'universell' einsetzbare Prozeduren entwickeln lassen.

Das Einlesen und Speichern von Arrays und Records ist mit lästiger Schreibarbeit (*WITH*-Konstruktionen usw.) verbunden. Die beiden kurzen Prozeduren *WrRec* und *RdRec* nehmen Ihnen das ab: mit Ihnen lassen sich *sämtliche* Records, deren Komponenten Strings sind, sowie Stringarrays komplett und schnell 'auf einen Schlag' speichern und laden.

Wenn Sie in Ihrem Programm ausschließlich diese beiden Routinen einsetzen, können Sie mit ihnen sogar *jeden beliebigen Record - unabhängig von den Typen seiner Komponenten* (auch gemischte Records) sowie Arrays - speichern und lesen. Mit *WrRec* (platzsparend!) *gespeicherte* numerische Werte können freilich nicht mehr mit *RdCard* etc. eingelesen werden, sondern nur noch mit *RdRec* bzw. *RdBin.* Sie vermeiden damit allerdings die oben geschilderten Probleme. Hier die beiden Prozeduren:

```
PROCEDURE WrRec(f: File; rec: ARRAY OF BYTE);
BEGIN
  WrBin(f,rec,SIZE(rec));
END WrRec;
```

WrRec schreibt bis zu 64 kByte große Byte-Arrays, oder anders ausgedrückt: Speicherbereiche - in die Datei mit der Referenz *f*.

```
PROCEDURE RdRec(f:File; VAR rec: ARRAY OF BYTE; VAR ok:BOOLEAN);
VAR  Count:CARDINAL;
BEGIN
  Count:=RdBin(f,rec,SIZE(rec));
  ok := Count = SIZE(rec);
END RdRec;
```

RdRec meldet mit dem Variablenparameter *ok* zurück, ob die Leseaktion fehlerfrei verlaufen ist, d.h. die gewünschte Zahl von Bytes gelesen werden konnte.

Ein Beispielprogramm

Es folgt nun ein etwas längeres Listing, das Ihnen zeigen soll, wie mit *RdBin* und *WrBin* flexible Dateiverwaltungsprogramme geschrieben werden können. *db* ist ein recht einfach aufgebautes Programm, das lediglich Strings verarbeitet. Die Struktur der Datensätze, d.h. die Zahl und Länge ihrer Felder, wird von Ihnen festgelegt.

Das Hinzufügen weiterer Datentypen sollte keine allzu großen Probleme bereiten - versuchen Sie sich daran. Eine andere Aufgabe wäre, in *db* eine vernünftige Fehlerbehandlung einzubauen. Vielleicht wollen Sie selbst herausfinden, wie man dem Programm zu einer Index-gestützten Suchroutine verhelfen kann. Wäre die abgedruckte Suchroutine geeignet, um den Index aufzubauen?

Hier eine Beschreibung des Programmes.

Eine Datei definieren

Nach dem Start des Programmes wird nach dem Namen der Datei gefragt, die Sie bearbeiten möchten. Geben Sie den Namen ohne Extension ein. Wenn die Datei nicht gefunden wird, wird gefragt, ob Sie sie neu anlegen möchten. Wenn ja, müssen Sie die Struktur der

Datensätze definieren. Sie können den Namen und die Länge von bis zu 100 Feldern je Satz festlegen. Die Beschreibung (Bezeichnung und Länge) eines *Feldes* ist im Record *FeldTyp* abgelegt. Die Beschreibung eines Daten*satzes* in einem Feld *ARRAY [1..100] OF FeldTyp*.

Wenn Sie die Definition mit ESC beenden, werden nur die Beschreibungen der definierten Felder (nicht das ganze Recordfeld) mit *WrRec* in eine Definitionsdatei mit der Extension *.DF* geschrieben. Außerdem wird ein leeres Datenfile mit der Extension *.DT* erzeugt.

Die Datei Öffnen

Geben Sie beim Programmstart den Namen einer bestehenden Datei ein, wird diese in der Prozedur *OeffneDatei* geöffnet. Dabei wird auch das Definitionsfile gelesen und ausgewertet. Es werden solange Records mit Feldbeschreibungen mit *RdRec* gelesen, bis die Prozedur via *ok* zurückmeldet, daß die gewünschte Bytezahl nicht mehr gelesen werden konnte. Während des Ladens wird die Anzahl der definierten Felder (*AnzFelder*) und die Größe eines Datensatzes (*RecSize*) ermittelt. Die Anzahl der insgesamt gespeicherten Datensätze (*AnzRecs*) wird errechnet, indem die Größe der Datenbank durch die Größe der Sätze geteilt wird.

Die Dateistruktur zeigen

Wenn Sie im Hauptmenü den Punkt "Aufbau" wählen, zeigt Ihnen das Programm Größe und Struktur der Datei an.

Die Dateneingabe

Wenn Sie Daten eingeben möchten, wird der Dateizeiger an das Dateiende gesetzt. Dann geben Sie der Reihe nach die Feldinhalte ein. Die Strings werden mit *WrBin* gespeichert - es werden jeweils so viele Bytes geschrieben, wie von Ihnen als Feldlänge vereinbart wurde.

Die Datensätze durchblättern

Mit dieser Option können Sie sich die einzelnen Datensätze anzeigen lassen. Die Sätze werden mit der Prozedur *Zeige* ausgegeben, der die Satznummer übergeben wird. Der Dateizeiger wird in *Zeige* mit *SetPos* (s.o) positioniert. Es werden der Reihe nach alle Felder eingelesen und ausgegeben. Die Anzahl der Bytes, die *RdBin* liest, hängt von Ihrer Felddefinition ab.

Daten suchen

Geben Sie zuerst den Suchbegriff ein, dann die Bezeichnung des Feldes, in dem das Programm suchen soll. Die lokale Funktion *IstFeldName* überprüft, ob es sich beim eingegebenen Namen um einen Feldnamen handelt. Wenn ja, ermittelt die Funktion auch die Nummer des Feldes und seine Position im ersten Datensatz der Datei.

Wenn die Suche beginnt, wird der Dateizeiger auf dieses erste *Feld* im ersten Satz positioniert. Es wird aus Geschwindigkeitsgründen nur dieses Feld - nicht der ganze Satz - eingelesen und untersucht. Wird das Suchwort gefunden, wird der Datensatz mit *Zeige* ausgegeben. Anschließend wird der Satzzeiger - dessen Position in *Start* abgelegt ist - mit *Seek* um die Länge eines kompletten Satzes weitergerückt, das entsprechende Feld wird eingelesen usw. So müssen nicht jedesmal die kompletten - evtl. recht großen - Datensätze eingelesen werden.

```
MODULE db;
FROM   IO  IMPORT RdKey,RdCard,RdStr, WrLngCard,WrCard,
           WrLn,WrStr,WrStrAdj;
FROM   FIO IMPORT Open,Close,Seek,Create,File,Size,Exists,
           WrBin,RdBin;
FROM   Str IMPORT Pos,Append,Compare;
FROM   Window IMPORT Clear;             (* Bildschirm löschen *)
CONST  ESC=33C;
TYPE   String   = ARRAY[0..200] OF CHAR; (* max. Feldlänge *)
       String12 = ARRAY[0..12] OF CHAR;
       FeldTyp  = RECORD
                    Name:String12;  (* Feldname  *)
                    Len:CARDINAL;   (* Feldlänge *)
                  END;
VAR    Feld     : ARRAY[1..100] OF FeldTyp; (* max. 100 Felder *)
       AnzFelder: CARDINAL;            (* Anzahl Felder je Satz *)
       FName,                          (* Name d. Datenfiles    *)
       DefName  : String12;            (* Name d. Def.Files     *)
       Datei,def: File;                (* Dateireferenzen       *)
       AnzRecs,                        (* Anzahl Datensätze     *)
       RecSize  : LONGCARD;            (* Größe eines D.satzes  *)

PROCEDURE Weiter():CHAR;
BEGIN
  WrLn;WrStr('[ <áì Weiter ]  [ ESC:ENDE ]'); RETURN RdKey();
END Weiter;

PROCEDURE SetPos(f:File;RecNo,RecSize:LONGCARD);
BEGIN
  Seek(f,RecNo * RecSize);
END SetPos;

PROCEDURE WrRec(f:File;rec:ARRAY OF BYTE);
BEGIN
  WrBin(f,rec,SIZE(rec));
END WrRec;

PROCEDURE RdRec(f:File; VAR rec: ARRAY OF BYTE; VAR ok:BOOLEAN);
VAR  Count:CARDINAL;
BEGIN
  Count:=RdBin(f,rec,SIZE(rec));
  ok := Count = SIZE(rec);
END RdRec;
```

```
PROCEDURE Definition; (* einer neuen Datei *)
VAR  FeldNr: CARDINAL;
         c: CHAR;
BEGIN
  WrStr(FName); WrStr(" neu definieren? (j/n)");WrLn;
  c := RdKey();
  IF c # "j" THEN HALT;END;
  FeldNr := 0;
  WHILE (c # ESC) & (FeldNr # 100) DO
    INC(FeldNr);                                (* Feldnummer *)
    WrStr('Feld'); WrCard(FeldNr,3); WrStr(':');
    RdStr(Feld[FeldNr].Name);                   (* Feldname   *)
    WrStr("Länge: ");
    Feld[FeldNr].Len := RdCard();               (* Feldlänge  *)
    c := Weiter();WrLn;
  END;
  AnzFelder := FeldNr;                       (* Felder pro Satz *)
  Datei := Create(FName);                    (* Datei erzeugen  *)
  Close(Datei);
  def := Create(DefName);                (* Def.-Datei erzeugen *)
  FOR FeldNr := 1 TO AnzFelder DO        (* Definitionen        *)
    WrRec(def,Feld[FeldNr]);             (* speichern           *)
  END;
  Close(def);
END Definition;

PROCEDURE OeffneDatei;(* Dateien öffnen u.Definitionen einlesen*)
VAR FeldNr: CARDINAL;
        ok: BOOLEAN;
BEGIN
  RecSize := 0;                              (* Datensatzgröße    *)
  Datei := Open(FName);                      (* Datenfile         *)
  def := Open(DefName);                      (* Definitionsdatei *)
  FeldNr := 0;
  ok := TRUE;
  WHILE ok DO                            (* bis Ende Def.-Datei *)
    INC(FeldNr);                         (* Anzahl der Felder   *)
    RdRec(def,Feld[FeldNr],ok);          (* Definition einlesen *)
    INC(RecSize,LONGCARD(Feld[FeldNr].Len) );(* Datensatzgröße *)
  END;
  Close(def);
  AnzFelder := FeldNr - 1;              (* Anzahl Felder je Satz *)
  AnzRecs := Size(Datei) DIV RecSize;     (* Anzahl Datensätze *)
END OeffneDatei;
```

```
PROCEDURE SchliesseDatei;
BEGIN
  Close(Datei);
END SchliesseDatei;

PROCEDURE ZeigeStruktur; (* der Datei *)
VAR x: CARDINAL;
    c: CHAR;
BEGIN
  Clear;
  WrStr('Datei       :');WrStr(FName); WrLn;
  WrStr('Größe       :');WrLngCard((Size(Datei) ),-5); WrLn;
  WrStr('Datensätze  :');WrLngCard(AnzRecs,-5); WrLn;
  WrStr('Felder/Satz :');WrCard(AnzFelder,-5); WrLn;
  WrStr('Felder      |Zeichen'); WrLn;
  FOR x := 1 TO AnzFelder DO
    WrStrAdj(Feld[x].Name,12); WrStr(':');
    WrCard(Feld[x].Len,-6); WrLn;
  END;
  WrStr('Drücken Sie eine Taste...'); c := RdKey();
END ZeigeStruktur;

PROCEDURE Zeige(SatzNr:LONGCARD); (* Ausgabe eines Datensatzes *)
VAR l, FeldNr: CARDINAL;
           s: String;
BEGIN
  SetPos(Datei,SatzNr,RecSize);                     (* Satzzeiger   *)
  Clear;
  WrStr('Datensatz: ');
  WrLngCard(SatzNr,-4); WrLn;                       (* Satznummer   *)
  FOR FeldNr := 1 TO AnzFelder DO                   (* Alle Felder *)
    WrStrAdj(Feld[FeldNr].Name,-12); WrStr('>');(* Feldnamen    *)
    l := RdBin(Datei,s,Feld[FeldNr].Len);         (* Inhalt einlesen *)
    IF l # Feld[FeldNr].Len THEN HALT; END; (*   Fehler        *)
    WrStr(s);WrLn;                                (* Inhalt ausgeben *)
  END;
END Zeige;
```

```
PROCEDURE Blaettern;            (* Durchblättern der Datensätze *)
VAR RecNo: LONGCARD; c: CHAR;   (* bis zum letzten Satz oder    *)
BEGIN                           (* bis mit ESC abgebrochen wird *)
  RecNo := 0;
  WHILE (c # ESC) & (RecNo # AnzRecs) DO
    Zeige(RecNo);
    INC(RecNo);
    c := Weiter()
  END;
END Blaettern;

PROCEDURE Suche; (*  ein Suchwort in einem Feld *)
VAR s, SWort   : String;  (* Suchwort *)
    Feld_Name  : String12;
    l, FeldNr  : CARDINAL;
    Start,RecNo: LONGCARD;
    c          : CHAR;
    Rec_found  : BOOLEAN;

    PROCEDURE IstFeldName (f:String12):BOOLEAN;
    VAR x: CARDINAL;  found: BOOLEAN;
    BEGIN
      FeldNr := 0; Start := 0; x := 0;
      WHILE (NOT found) & (x < AnzFelder) DO
        INC(x);
        IF Compare(f,Feld[x].Name) = 0 THEN
          found := TRUE;
        END;
        FeldNr := x;
        IF x > 1 THEN
          INC(Start,LONGCARD(Feld[x-1].Len));
        END;
      END;
      IF NOT found THEN WrStr(7C); END;
      RETURN found;
    END IstFeldName;

BEGIN
  IF AnzRecs < 2 THEN RETURN END;
  REPEAT
    Clear;
    WrStr('Suche: '); RdStr(SWort);
    WrStr('in Feld: '); RdStr(Feld_Name);
  UNTIL IstFeldName(Feld_Name);
```

```
    RecNo :=0;
    WHILE (RecNo < AnzRecs) & (c # ESC) DO
      Seek(Datei,Start);
      l := RdBin(Datei,s,Feld[FeldNr].Len);
      IF l # Feld[FeldNr].Len THEN HALT; END;  (* Fehler *)
      IF Pos(s,SWort) # MAX(CARDINAL) THEN
        Zeige(RecNo);
        Rec_found := TRUE;
        c:=Weiter();
      END;
      INC(RecNo);
      INC(Start,RecSize);
    END;
    IF NOT Rec_found THEN
      WrStr('Information nicht gefunden!'); c:= RdKey();
    END;
END Suche;

PROCEDURE Eingabe;          (* und Speicherung eines neuen Satzes *)
VAR FeldNr: CARDINAL;
         c: CHAR;
         s: String;
BEGIN
  REPEAT
    SetPos(Datei,AnzRecs,RecSize);      (* Zeiger auf Dateiende *)
    WrLn;WrStr('Eingabe:');WrLn;
    FOR FeldNr := 1 TO AnzFelder DO               (* Alle Felder *)
      WrStrAdj(Feld[FeldNr].Name,-12); WrStr('>');(* Feldname    *)
      RdStr(s);                                   (* Inhalt      *)
      WrBin(Datei,s,Feld[FeldNr].Len);            (* Speichern *)
    END;
    INC(AnzRecs);                            (* ein Datensatz mehr *)
    c := Weiter();
  UNTIL c = ESC
END Eingabe;

PROCEDURE Menue;
VAR c: CHAR;
BEGIN
  REPEAT
    Clear; WrStr('Datei: '); WrStr(FName); WrLn;
    WrStr('A)ufbau  E)ingeben  S)uchen  B)lättern   ESC:Ende');
    c := RdKey();
```

```
      CASE c OF
        'a': ZeigeStruktur|    'e': Eingabe|
        's': Suche|            'b': Blaettern|
      END;
    UNTIL c = ESC
  END Menue;

  PROCEDURE Start;
  BEGIN
    WrStr("Welche Datei möchten Sie bearbeiten? ");
    RdStr(FName); DefName := FName;     (* Name ohne Extension!*)
    Append(FName,'.DT');                (* Datenfile          *)
    Append(DefName,'.DF');              (* Definitionsdatei   *)
    IF NOT Exists(FName) THEN
      Definition;                       (* neue Datei anlegen  *)
    END;
  END Start;

  BEGIN
    Start;
    OeffneDatei;
    Menue;
    SchliesseDatei;
  END db.
```

7.6.4 Fehlerbehandlung bei Dateioperationen

Wenn Sie versuchen, auf eine nicht vorhandene Datei *TEST.TXT* zuzugreifen, wird Ihr Programm mit der folgenden Fehlermeldung abgebrochen:

```
"Open: file not found (TEST.TXT)"
```

Entsprechendes geschieht, wenn bei *Append, Close, Create, Erase, GetPos, Rename, Seek, Size* oder *Truncate* Komplikationen auftreten.

Das Erscheinen einer Meldung und den nachfolgenden Programmabbruch können Sie unterbinden, wenn Sie die in *FIO* definierte boolesche Variable *IOcheck* auf *FALSE* setzen. Dieser Schalter hat im Prinzip eine ähnliche Funktion wie die *{$I-}* Compilerdirektive in Turbo Pascal.

Nur wenn *IOcheck* auf *FALSE* gesetzt ist, können und müssen Sie die Fehlerbehandlung anschließend selbst in die Hand nehmen. Ob ein Fehler aufgetreten ist, können Sie mit Hilfe der Funktion *IOresult*() feststellen. *IOresult* liefert nur dann den Wert 0 zurück, wenn bei der letzten Operation alles glatt gelaufen ist. Andernfalls wird der DOS-Fehlercode (vom Typ *CARDINAL*) zurückgegegeben, den Sie z.B. für eine entsprechende Fehlermeldung nutzen können. Die folgende Prozedur gibt einen String mit der Fehlermeldung zurück, den man mit einer beliebigen Routine am gewünschten Platz ausgeben kann. Der Stringtyp *String30* muß global definiert sein:

```
...
PROCEDURE ErrMsg(nr:CARDINAL):String30;
BEGIN
  CASE nr OF
     2: RETURN 'Datei nicht gefunden'
    |3: RETURN 'Pfad nicht gefunden';
    |4: RETURN 'Zu viele Dateien offen';
    |5: RETURN 'Kein Zugriff möglich';
    (* ... *)
  ELSE
    RETURN 'unbekannter Fehler'
  END;
END ErrMsg;
...
```

Die nächste Prozedur liest solange einen Dateinamen ein, bis der Zugriff auf die Datei möglich ist:

```
...
PROCEDURE GetFName;
VAR ERR:CARDINAL;
BEGIN
  REPEAT
    IO.WrStr('Datei:'); IO.RdStr(FName);
    f := FIO.Open(FName);
    ERR := FIO.IOresult();
    IF ERR <> 0 THEN IO.WrStr(ErrMsg(ERR)); END;
  UNTIL ERR = 0;
 END GetFName;
...
BEGIN
  FIO.IOcheck := FALSE;
  GetFName;
...
```

Hinweis: Ein offener Laufwerksschacht, der Versuch auf eine unformatierte oder defekte Diskette zu schreiben und ähnliche kritische Fehler, haben die DOS-Fehlermeldung

```
"A(bbruch) W(iederholen) U(ebergehen)?"
```

zur Folge. In Turbo Pascal wurde diese vom Laufzeitsystem abgefangen. Sie können, entsprechende DOS-Kenntnisse vorausgesetzt, diese Meldung ebenfalls abfangen, wenn Sie den

Interrupt 24H suspendieren. Dazu wird in der Interruptvektor-Tabelle an entsprechender Stelle die Adresse einer selbstgeschriebenen Routine eingetragen. *Eine* Möglichkeit, Interrupthandler zu schreiben, wird in Kapitel 10.2 skizziert

Fehler beim Lesen oder Schreiben von Daten

Fehler beim Lesen oder Schreiben von Daten werden nicht mit *IOresult* abgefangen, sondern durch Überprüfung der in *FIO* definierten booleschen Variable *OK*. Nur wenn das Lesen mit *Rd...* oder das formatierte Schreiben mit *Wr...* reibungslos vonstatten gegangen ist, steht *OK* auf *TRUE*. Auf *FALSE* wird *OK* z.B. gesetzt, wenn über das Dateiende hinaus gelesen wird, oder wenn mit *RdCard* ein String eingelesen wurde, der nicht in eine Kardinalzahl konvertiert werden kann. Für die Auswertung von *OK* spielt *IOcheck* keine Rolle.

7.6.5 Dateipuffer

Normalerweise greifen Ihre Programme ungepuffert auf Dateien zu. Sie können die Schreib- bzw. Lesegeschwindigkeit deshalb deutlich erhöhen, wenn Sie für den Verkehr mit einer Datei einen Puffer einrichten. Dieser Puffer wird als *ARRAY OF BYTE* definiert. Sie können einen Puffer, der hier *Buffer* genannt werden soll, folgendermaßen deklarieren:

```
VAR Buffer: ARRAY[1..BuffSize] OF BYTE;
```

Für die Berechnung der Puffergröße (die hier *BuffSize* genannt wurde) gibt das TopSpeed-Handbuch die Formel

```
N * 512 + FIO.BufferOverhead
```

an. *BufferOverhead* wird aus *FIO* importiert. Der Wert von *N* soll mindestens zwei sein. Inwieweit *N* (und generell das Vorhandensein eines Puffers) die Lesegeschwindigkeit beeinflußt, soll die folgende Tabelle belegen. Sie gibt die Zeiten (in Sekunden) an, die ein Testprogramm auf meinem Rechner zum Einlesen einer größeren ASCII-Datei benötigt hat:

N	Ausführungszeit
kein Puffer	44:00 sec.
2	4:29
3	4:06
4	3:95
5	3:90
6	3:90
10	3:85

Die Erhöhung von N bringt also ab einem bestimmten Punkt keinen nennenswerten Zeitgewinn mehr. Der Puffer wird mit der *AssignBuffer*-Anweisung *einer* Datei zugewiesen.

```
...
f := FIO.Open('test');
FIO.AssignBuffer(f,Buffer);
...
```

Die *AssignBuffer*-Anweisung muß *nach* der *Open*-Anweisung plaziert werden.

7.7 Drucken

In diesem Kapitel lesen Sie etwas über zwei Wege, auf denen man Daten zum Drucker schicken kann. Sie können

- *den Drucker wie eine Datei ansprechen,*
- *die hier entwickelten Druckroutinen benutzen.*

Auf die Ein-/Ausgabeumleitung, die ebenfalls zum Drucken benutzt werden kann, wird hier nicht eingegangen - diese kam in Kapitel 7.5 zur Sprache.

Im folgenden Abschnitt wird dem Kapitel 9 über die Low-Level-Programmierung vorgegriffen.

Der Drucker als Datei

In *FIO* ist eine Konstante *PrinterDevice* für das entsprechende File-Handle definiert:

```
PrinterDevice=4;
```

Über diesen "Kanal" können Sie, wenn Sie *FIO* importiert haben, den Drucker wie eine Datei ansprechen - ohne Ihn zuvor explizit "öffnen" zu müssen:

```
MODULE dr_tst;
FROM FIO IMPORT WrStr,PrinterDevice;
VAR  s:ARRAY[0..30] OF CHAR; c:CARDINAL;
BEGIN
  s := "Das ist eine Testzeile " + CHR(13) + CHR(10);
  FOR c:=1 TO 10 DO
    WrStr(PrinterDevice,s);
  END;
END dr_tst.
```

Der Modul *Lst*

Allerdings ist diese Lösung nicht optimal: Wenn dem Drucker das Papier ausgeht, wenn er nicht eingeschaltet ist etc., erhalten Sie eine *DOS*-Fehlermeldung via Interrupt 24H, die Ihnen den Bildschirmaufbau ruiniert.

Sie finden hier deshalb ein Modul *Lst*, mit dem Sie Strings (und damit auch einzelne Zeichen und konvertierte Zahlen) auf allen angeschlossenen parallelen Druckern ausgeben können. Auftretende Fehler können im Programm abgefangen und analysiert werden. Eine brauchbare Fehlerbehandlung müssen Sie selbst einbauen - die Voraussetzungen dazu sind im Listing gegeben.

Der Modul *Lst* benutzt den Drucker-Interrupt 17H. Mit Hilfe der Funktion 0 wird ein Zeichen ausgegeben, mit der Funktion 2 der Druckerstatus ermittelt. Im Zentrum des Moduls steht die Prozedur *PrStr*:

```
PROCEDURE PrStr(s:ARRAY OF CHAR; VAR ok:BOOLEAN);
```

Sie übergeben ihr den zu druckenden String und eine Kontrollvariable. Die eigentliche Fehlerbehandlung findet zwar in der Prozedur selbst statt, trotzdem meldet *PrStr* das Ergebnis der Aktion zurück. Wenn der Druckvorgang nach dem Auftreten eines Fehlers vom Benutzer unterbrochen wird, steht *ok* auf *FALSE*, damit das aufrufende Programm darauf reagieren kann. Hier ein Beispiel:

```
...
 FOR x := 1 TO max DO
   PrStr(StringFeld[x],ok);
   IF NOT ok THEN
     WrStr("Drucken wurde unterbrochen!");
     HALT;
   END;
 END;
...
```

Die Umschaltung auf einen anderen Drucker erledigt die Prozedur *LPT*. Die Anweisung

```
LPT(2);
```

bewirkt, daß künftig der Drucker *LPT2* angesprochen wird. Die Prozedur dekrementiert die übergebene Zahl, weil der erste Drucker für den Interrupt 17H die Nummer 0 trägt. *LPT* wird im Anweisungsteil des Moduls aufgerufen. So wird beim Programmstart automatisch *LPT1* selektiert und der Aufruf von *LPT* ist nur beim Drucker*wechsel* nötig.

```
DEFINITION MODULE Lst;
PROCEDURE LPT(Nr:CARDINAL);
   (* par. Drucker wählen *)
PROCEDURE PrStr(s:ARRAY OF CHAR; VAR ok:BOOLEAN);
   (* Zeichenkette drucken. Wenn der Druckvorgang vom Benutzer *)
   (* unterbrochen wurde, steht ok auf FALSE                   *)
END Lst.

IMPLEMENTATION MODULE Lst;
IMPORT SYSTEM,IO,Lib;
VAR    LPTNr: CARDINAL;                                (* Drucker-Nr. *)
```

```
PROCEDURE PrinterOK():BOOLEAN;         (* Ist Drucker bereit ? *)
TYPE b=SET OF [0..7];                          (* für Bitmuster *)
VAR  bits:b;                                   (* Bitmuster     *)
     regs:SYSTEM.Registers;
BEGIN
  WITH regs DO
    AH := 02H;
    DX := LPTNr; (* Drucker-Nr.*)
  END;
  Lib.Intr(regs,17H);
  bits := b(regs.AH);                           (* umwandeln    *)
  IF 3 IN bits THEN     (* *)RETURN FALSE END; (* Error        *)
  IF NOT(4 IN bits) THEN(* *)RETURN FALSE END; (* Offline      *)
  IF 5 IN bits THEN     (* *)RETURN FALSE END; (* Out of Paper *)
  RETURN TRUE;
END PrinterOK;

PROCEDURE PrStr(s: ARRAY OF CHAR; VAR ok: BOOLEAN);
VAR x: CARDINAL; c: CHAR;
    regs: SYSTEM.Registers;
BEGIN
  x := 0;
  WHILE (x <= HIGH(s)) & (s[x] # 0C) DO
    IF PrinterOK() THEN
      WITH regs DO
        AH := 00H;
        AL := SHORTCARD(ORD(s[x]));
        DX := LPTNr;
      END;
      Lib.Intr(regs,17H);
      INC(x);
    ELSE
      IO.WrStr('!Fehler! e)nde / andere Tasten: weiter');
      REPEAT
        c := IO.RdKey();
      UNTIL (c = 'e') OR PrinterOK();
      IF c = 'e' THEN ok := FALSE; RETURN END;
    END;
    ok := TRUE;
  END;
END PrStr;
```

```
PROCEDURE LPT(Nr:CARDINAL); (* Drucker wechseln *)
BEGIN
  IF Nr > 0 THEN
    DEC(Nr);
  END;
  LPTNr := Nr;
END LPT;

BEGIN
  LPT(1); (* autom. Initialisierung LPT1: *)
END Lst.
```

Hinweis: Zu dieser Lösung gibt es Alternativen. Sie können z.B. Funktionen des Interrupts 21H benutzen oder die parallele Schnittstelle direkt ansprechen. Für Portzugriffe stellt Ihnen das Modul *SYSTEM* zwei Prozeduren zur Verfügung. Mit der Funktion *In* wird ein Wert vom Typ *SHORTCARD* vom Port mit der Adresse *P* eingelesen:

```
PROCEDURE In(P:CARDINAL):SHORTCARD;
```

Die Prozedur *Out* gibt Daten an den Port *P* aus:

```
PROCEDURE Out(P:CARDINAL;V:SHORTCARD);
```

In dem folgenden Programmfragment wird der Statusport der parallelen Schnittstelle gelesen:

```
...
PROCEDURE PrinterOK():BOOLEAN;
TYPE b=SET OF [0..7];  (* für Bitmuster *)
VAR  st:SHORTCARD;     (* Druckerstatus *)
     bits:b;           (* Bitmuster     *)
BEGIN
  st := SYSTEM.In(03BDH);
  bits := b(st);
...
```

7.8 Directory-Operationen

In diesem Teilkapitel geht es um das
- *Untersuchen, Einlesen und Ausgeben von Directories.*

Außerdem wird gezeigt, wie Verzeichnisse
- *ermittelt, gewechselt, angelegt und gelöscht werden können.*

Die hier vorgestellten Prozeduren und Datentypen müssen aus dem Modul *FIO* importiert werden.

Verzeichnisse untersuchen und ausgeben

Die Ausgabe von bestimmten Verzeichniseinträgen funktioniert ähnlich wie in Turbo Pascal. Statt *FindFirst* und *FindNext* heißen die Funktionen hier aber *ReadFirstEntry* und *ReadNextEntry*.

An beide Prozeduren wird ein Dateiname mit ('*.*MOD*') oder ohne Wildcards ('*M2.EXE*') übergeben. Die Funktion *ReadFirstEntry* stellt fest, ob eine entsprechende Datei im angegebenen Verzeichnis überhaupt existiert. Wenn ja, gibt sie *TRUE* zurück. In diesem Fall (*und nur dann*) kann mit *ReadNextEntry* nach weiteren zutreffenden Einträgen gesucht werden (wenn Wildcards übergeben wurden).

Beide Prozeduren legen die Verzeichniseinträge in einem Variablenparameter vom Typ *DirEntry* ab, einem Recordtyp, der ebenfalls aus *FIO* importiert werden muß. *DirEntry* ist folgendermaßen definiert:

```
DirEntry = RECORD
             rsvd : ARRAY[0..20] OF SHORTCARD;
             attr : FileAttr;
             time : CARDINAL;
             date : CARDINAL;
             size : LONGCARD;
             Name : PathTail;
           END;
```

time, *date* etc. sind die bekannten Directory-Informationen. *rsvd* ist für interne Zwecke reserviert und *attr* bezeichnet das Dateiattribut. Wie Sie sehen, basiert *attr* selbst auf dem Typ *FileAttr*, der in *FIO* so definiert ist:

```
TYPE FileAttr = SET OF
                (readonly,hidden,system,volume,directory,archive);
```

Kommen wir jetzt zur Prozedur *ReadFirstEntry*, deren Kopf so aussieht:

```
PROCEDURE ReadFirstEntry
              (DirName: ARRAY OF CHAR;Attr: FileAttr;
               VAR D: DirEntry): BOOLEAN;
```

Mit *DirName* übergeben wir das Verzeichnis und die Suchmaske (z.B. *C:\M2*.EXE)*. Mit *Attr* wird das gewünschte Attribut angegeben. Wenn Sie 'gewöhnliche' Dateien suchen, genügt es, hier eine leere Menge anzugeben:

```
... FIO.ReadFirstEntry(Path,Attrib{},Eintrag)...
```

Wenn Sie allerdings auch Directories, versteckte Dateien etc. in die Suche einbeziehen möchten, müssen Sie das betreffende Attribut setzen.

```
IF FIO.ReadFirstEntry(Path,Attrib{FIO.directory},Eintrag) ...
```

sorgt dafür, daß auch Unterverzeichnisse mit dem übergebenen Namen gesucht werden. Nun zum letzten Parameter *D* von *FindFirstEntry*. Wenn die Suche erfolgreich war, kann man mit dieser Variable, vom Typ *DirEntry*, den Namen des Eintrags usw. ausgeben oder anderweitig verarbeiten. Da *DirEntry* ein Record ist, muß er entsprechend bearbeitet werden, d.h. entweder mit einer *WITH*-Konstruktion oder folgendermaßen:

```
VAR Eintrag: FIO.DirEntry;
...
  IO.WrStr(Eintrag.Name);
```

Nur wenn *FindFirstEntry TRUE* zurückliefert und noch weitere Einträge folgen können, kann mit *ReadNextEntry* weitergesucht werden. Hier der Kopf der Funktion:

```
PROCEDURE ReadNextEntry (VAR D: DirEntry): BOOLEAN;
```

die ebenfalls *TRUE* bei erfolgreicher Suche zurückgibt. Das soll anhand des folgenden Beispiels demonstriert werden. Die Prozedur *Dir* gibt eine Liste der Dateien aus, die der übergebenen Suchmaske entsprechen. Zunächst wird der erste passende Eintrag gesucht. Ist dieser nicht vorhanden, wird eine Meldung ausgegeben, und die Prozedur ist beendet. Andernfalls wird der Name mit Hilfe der lokalen Prozedur *WrEntry* ausgegeben. Dann wird in einer *WHILE*-Schleife solange weitergesucht und jeder weitere Eintrag ausgegeben, bis *ReadNextEntry* ein *FALSE* zurückgibt, weil keine passenden Dateien mehr gefunden werden. In Turbo Pascal würde dagegen weitergesucht, bis ein *DosError* auftritt.

```
MODULE direct;
IMPORT IO,FIO;

PROCEDURE Dir(Path:ARRAY OF CHAR);
VAR Eintrag: FIO.DirEntry;          (* ein Directory-Eintrag *)
```

```
PROCEDURE WrEntry(E:FIO.DirEntry); (* Lokale Prozedur zur   *)
VAR taste:CHAR;                    (* Ausgabe des Eintrages *)
BEGIN
  WITH E DO
    IO.WrStrAdj(Name,-13);        (* Dateinamen            *)
    IO.WrLngCard(size,-8);        (* und Dateigröße        *)
  END;
  IO.WrLn;
END WrEntry;

BEGIN
  IF FIO.ReadFirstEntry(Path,FIO.FileAttr{},Eintrag) THEN (*Nr.1*)
    WrEntry(Eintrag);
    WHILE FIO.ReadNextEntry(Eintrag) DO      (* Weitere Einträge *)
      WrEntry(Eintrag);
    END
  ELSE
    IO.WrStr('Datei nicht gefunden');IO.WrLn;
  END
END Dir;

BEGIN
  Dir('C:\M2\*.*');
END direct.
```

Hinweis: Im Kapitel 7.9 über Fenstertechnik finden Sie einen Modul *DirBox*, der Verzeichnisse mit der Funktion *Select* in einem Fenster ausgibt. *Select* gibt den Namen einer Datei zurück, die man mit den Cursortasten ausgewählt hat.

Typen für Verzeichnis- und Dateinamen

TopSpeed Modula-2 stellt in *FIO* die zwei String-Typen *PathStr* und *PathTail* zum Ablegen von Pfad- bzw. Dateinamen bereit. Sie sind folgendermaßen definiert:

```
PathStr  = ARRAY[0..64] OF CHAR;
PathTail = ARRAY[0..12] OF CHAR;
```

Unterverzeichnisse ermitteln

Hierfür steht Ihnen die Prozedur *GetDir* zur Verfügung. Sie übergeben ihr die Nummer des Laufwerks (dabei steht 0 für das aktuelle, 1 für Laufwerk A usw.) und einen String, in dem dann der Pfadnamen abgelegt wird. Z.B.:

```
...
VAR p: PathStr;
...
  GetDir(0,p);
  WrStr(p);
```

Beachten Sie, daß für das Wurzelverzeichnis ein Leerstring zurückgegeben wird (nicht etwa *C:* o.ä.). Im Verzeichnis *C:\M2\BIN* gibt *WrStr(p)* *M2\BIN* aus!

Ein Verzeichnis wechseln

Mit *ChDir* wird in ein anderes Verzeichnis gewechselt.

```
ChDir('C:\M2\BIN');
```

Verzeichnisse anlegen und löschen

Unterverzeichnisse werden mit den Prozeduren *MkDir* und *RmDir* erzeugt bzw. gelöscht. Es werden jeweils Strings übergeben:

```
FIO.MkDir('D:\TEST');
FIO.RmDir('D:\TEST');
```

Ohne Pfadangabe wird das neue Verzeichnis unter dem aktuellen angelegt bzw. gelöscht. Im übrigen gelten die DOS-Vorschriften für solche Operationen.

Fehlerbehandlung

Fehler, die beim Aufruf der vorgestellten Prozeduren auftreten, können Sie mit der Auswertung des Resultats von *FIO.IOresult()* behandeln. Voraussetzung hierfür ist, daß Sie die in *FIO* deklarierte Variable *IOcheck* auf *FALSE* setzen (lesen Sie hierzu auch das Kapitel 7.6.4).

Eine rekursive Untersuchung der Verzeichnisstruktur

Zum Abschluß dieses Teilkapitels ein sehr praktisches kleines Programm für die Besitzer voller Festplatten. *Locate* ist ein Clone des Programmes *FFClone* von Arne Schäpers, aus dessen Pascal-Buch. *Locate* findet eine Datei, deren Namen Sie auch mit Wildcards angeben können, egal in welchem Verzeichnis sie sich befindet. Der Aufruf sieht so aus:

```
locate <Dateiname> [g] [l]
```

Es können zwei Schalter (einzeln oder gemeinsam) gesetzt werden:

```
locate m2.exe g
```

verzweigt in das erste Verzeichnis, in dem *m2.exe* gefunden wird.

```
locate fio.mod l
```

zeigt während der Suche die Verzeichnisse an, die *locate* gerade absucht. Ohne das *l* werden nur die gefundenen Dateien angezeigt.

Der Aufruf

```
locate fio.*
```

hat (auf meinem Rechner) diese Ausgabe zur Folge:

```
Suche: FIO.*
  718:\M2\SOURCE\FIO.MOD
  794:\M2\LIB\FIO.DEF
  795:\M2\LIB\FIO.OBJ
  967 Dateien untersucht
```

Funktionsweise: Zunächst merkt sich das Programm, von welchem Verzeichnis aus es aufgerufen wurde, um später dorthin zurückkehren zu können. Dann springt es in das Stammverzeichnis. Dort beginnt das rekursive Durchsuchen der Verzeichnisstruktur durch die Funktion *ScanDir*.

Wenn ein Verzeichnis mit allen Unterverzeichnissen untersucht wurde, wechselt das Programm wieder ins Hauptverzeichnis und sucht dort weiter, bis es wieder auf einen Directory-Eintrag stößt. Es wechselt dann in dieses Unterverzeichnis und untersucht alle Einträge, bis es wieder auf einen Directory-Eintrag stößt. Es wechselt dann in dieses Unterverzeichnis usw. Wenn es kein Unterverzeichnis mehr findet, springt es wieder eine Ebene höher und sucht weiter bis zum Ende des Directories. Wenn es kein Unterverzeichnis mehr findet, springt es wieder eine Ebene höher und sucht weiter bis zum Ende der Directory. Irgendwann befindet es sich wieder im Wurzelverzeichnis. Es sucht dort weiter, bis es wieder auf einen Directory-Eintrag stößt. Es wechselt dann in dieses Unterverzeichnis und untersucht dort alle Einträge, bis es auf einen Directory-Eintrag stößt usw.

```
MODULE locate;
FROM IO  IMPORT WrStr, WrLn, WrCard;
FROM FIO IMPORT directory,FileAttr,PathTail,PathStr,DirEntry,
                ReadFirstEntry,ReadNextEntry,ChDir, GetDir;
FROM Str IMPORT Compare, Match, Caps;
FROM Lib IMPORT ParamCount, ParamStr;(*vgl. Kapitel 7.10       *)
VAR      Datei   : PathTail;         (* das Objekt der Begierde *)
         StartDir,                   (* Anfang                  *)
         AktDir  : PathStr;          (* wo bef.sich das Programm*)
         Found,                      (* ein Treffer             *)
         Goto,           (* nicht mehr zurück zum Ausgangspunkt *)
         List    : BOOLEAN;(* durchsuchte Directories anzeigen *)
         Param   : CHAR;             (* Kommandozeilen-Argumente*)
         x,Anz   : CARDINAL;         (* Zähler                  *)
```

```
PROCEDURE ScanDir(Dir:PathTail);   (* Untersuche Verzeichnis  *)
VAR Eintrag: DirEntry;             (* Ein Directory-Eintrag   *)
BEGIN
  IF List THEN WrStr("suche in ->");WrStr(Dir); WrLn;END;
  Found := ReadFirstEntry('*.*',
  FileAttr{directory},Eintrag);
  WHILE Found DO
    IF Eintrag.attr = FileAttr{directory} THEN  (* Directory? *)
      IF (Compare(Eintrag.Name,'.') # 0)        (* ignorieren *)
      AND (Compare(Eintrag.Name,'..') # 0) THEN (* dito       *)
        ChDir(Eintrag.Name);               (* 1 Stockwerk tiefer *)
        ScanDir(Eintrag.Name);             (* untersuchen        *)
        ChDir('..');                       (* und wieder hoch    *)
      END
    ELSE
      INC(Anz);                                  (* Dateien *)
      IF Match(Eintrag.Name,Datei) THEN          (* Treffer *)
        WrCard(Anz,5);WrStr(':\');
        GetDir(0,AktDir);                (* welches Verzeichnis *)
        WrStr(AktDir);                   (* Namen ausgeben      *)
        IF AktDir[0] # 0C THEN WrStr('\'); END;(* außer Root  *)
        WrStr(Eintrag.Name);WrLn;              (* Dateinamen  *)
        IF Goto THEN HALT; END;                (* hierbleiben *)
      END
    END;
    Found := ReadNextEntry(Eintrag);           (* und weiter  *)
  END;
END ScanDir;

BEGIN
  Goto:=FALSE; List := FALSE; Anz := 0;  (* Initialisierung   *)
  IF ParamCount() = 0 THEN               (* keine Parameter   *)
    WrStr('Aufruf: locate <datei> [g]oto [l]ist');
    HALT;                                (* Programmabbruch   *)
  END;
  ParamStr(Datei,1);                     (* gesuchte Datei    *)
  FOR x := 2 TO ParamCount() DO          (* weitere Argumente *)
    ParamStr(Param,x);
    CASE Param OF
      'g':Goto := TRUE|          (* bleibe im gefundenen Ver.*)
      'l':List := TRUE           (* zeige alle Dir.-namen an *)
    END;
  END;
  Caps(Datei);                               (* Großbuchstaben *)
```

```
    GetDir(0,StartDir);                          (* Ausgangspunkt  *)
    IF Compare(StartDir,'') = 0
    THEN StartDir := '\' (* weil GetDir für Rootd. ''zurückgibt *)
    END;
    WrStr('Suche: ');WrStr(Datei);WrLn;
    ChDir('\');                             (* oberstes Stockwerk  *)
    ScanDir("\");                           (* starte Untersuchung *)
    WrCard(Anz,5);WrStr(' Dateien untersucht');WrLn;
    ChDir(StartDir);                  (* zurück zum Ausgangspunkt *)
  END locate.
```

7.9 Bildschirmoperationen

In diesem Teilkapitel geht es um
- *das Definieren, Öffnen und Schließen,*
- *das Verschieben und Zoomen von Fenstern,*
- *die Cursorsteuerung,*
- *das Einfügen und Löschen von Bildschirmzeilen usw.*

In Turbo Pascal können Sie Fenster durch den Aufruf der Prozedur *Window* recht einfach definieren. Diese Fenster sind im Grunde aber lediglich Bildschirmausschnitte. In TopSpeed Modula-2 sind Fenster komplexere Objekte. Zu ihnen gehört ein Rahmen, dessen Aussehen Sie festlegen können, und ein Titel, der an unterschiedlicher Stelle auf diesen Rahmen geschrieben werden kann. Sie können die Fenster von anderen überlappen lassen, Sie können sie zoomen, bewegen, verstecken, stapeln und umgruppieren. Sie können die Farben ihrer Komponenten bestimmen usw.

Bei all diesen Operationen müssen Sie sich nicht um die Bildschirmrestaurierung kümmern, weil jedes Fenster automatisch seinen Hintergrund speichert. Wenn Sie ein Fenster öffnen oder an eine andere Stelle bewegen, hat das keine Auswirkungen auf den darunterliegenden Bildschirminhalt.

Einen Teil der Möglichkeiten, die der Bibliotheksmodul *Window* bietet, kennen Sie bereits: die Oberfläche der integrierten Entwicklungsumgebung wurde mit diesem Modul geschrieben.

Die Struktur eines Fensters definieren

Die Struktur eines Fensters ist durch den Record *WinDef* aus *Window* definiert:

```
WinDef = RECORD
           X1,Y1,
           X2,Y2      : AbsCoord;
           Foreground,
           Background : Color;
           CursorOn   : BOOLEAN;
           WrapOn     : BOOLEAN;
           Hidden     : BOOLEAN;
           FrameOn    : BOOLEAN;
           FrameDef   : FrameStr;
           FrameFore,
           FrameBack  : Color;
         END;
```

Sprechen wir die einzelnen Komponenten durch: Mit *X1* etc. werden die Eckpunkte eines Fensters definiert:

```
X1,Y1: obere linke Ecke
X2,Y2: untere rechte Ecke
```

Die Werte legen Position und Größe des Fensters auf dem *Gesamt*bildschirm fest (auch wenn bereits andere Fenster definiert wurden und aktiv sind). Die obere linke Ecke des Gesamtbildschirmes hat die Koordinaten 0,0. Diese Koordinaten werden als *absolute* Koordinaten bezeichnet und spielen nur bei Fenster*definitionen* eine Rolle. Cursorpositionen etc. werden in sog. *relativen* Koordinaten angegeben, die sich auf ein Fenster beziehen. Die linke, obere Ecke eines Fensters hat die Koordinaten 1,1. Für beide Werte sind in *Window* die Typen *RelCoord* und *AbsCoord* vordefiniert worden:

```
TYPE RelCoord = CARDINAL;
     AbsCoord = CARDINAL;
```

Mit *Fore*- und *Background* werden die Farben des Fensters definiert. Diese Variablen basieren auf dem Typ *Color*, der im *Window*-Modul folgendermaßen definiert ist:

```
Color = ( Black,    Blue,         Green,      Cyan,
          Red,      Magenta,      Brown,      LightGray,
          DarkGray, LightBlue,    LightGreen, LightCyan,
          LightRed, LightMagenta, Yellow,     White );
```

Sie können, wenn Sie *Color* importieren, die Farben also mit ihren Namen festlegen.

CursorOn ist ein Schalter, mit dem Sie festlegen können, ob der Cursor abgeschaltet werden soll, sobald dieses Fenster aktiviert wird.

WrapOn legt fest, ob bei der Datenein- und -ausgabe ein Zeilenumbruch stattfinden soll oder nicht (s.u. die Erläuterungen zu *SetWrap*).

Mit *Hidden* bestimmen Sie, ob dieses Fenster "versteckt" werden soll. Wenn ja, ist das Fenster beim Öffnen nicht sichtbar, kann aber wie ein sichtbares behandelt werden. D.h. Sie können dort Daten ausgeben. Das Fenster kann dann mit den geeigneten Routinen (s.u.) auf den Bildschirm gebracht (und anschließend wieder versteckt) werden. Das ist z.B. bei Hilfsbildschirmen praktisch, die einmal geladen werden und dann im Hintergrund auf ihren Abruf warten.

Mit *FrameOn* bestimmen Sie, ob das Fenster einen Rahmen haben soll oder nicht. Der Typ des Rahmens wird mit *FrameDef* angegeben. *FrameDef* basiert auf dem Typ *FrameStr*. Dies ist ein String, in dem die neun Zeichen abgelegt sind, aus denen sich ein Rahmen zusammensetzt: obere linke Ecke, etc.:

```
FrameStr=ARRAY[0..8] OF CHAR;

(* 0    1    2 *)  (* Position der Elemente *)
(* 3         4 *)  (* bei der Darstellung   *)
(* 5    6    7 *)  (* des Rahmens           *)
```

Sie können das Aussehen des Rahmens selbst bestimmen oder aber auf zwei Rahmentypen, *SingleFrame* oder *DoubleFrame*, zurückgreifen, die als Konstanten-Aggregate vordefiniert sind. Das erste beschreibt einen einfachen, das zweite einen doppelten Rahmen.

Hinweis: Ein Rahmen wird nicht *um* ein Fenster gelegt, sondern *in* dem von Ihnen (mit den absoluten Koordinaten *X1* etc.) definierten Bildschirmausschnitt aufgebaut. Mit oder ohne Rahmen hat die linke obere Ecke des Fensters stets die (relativen) Koordinaten 1,1.

Bleiben die Komponenten *FrameFore* und *FrameBack*, mit denen Sie die Farben des Rahmens definieren. Benutzen Sie hier wieder die Farben aus *Color*.

Wir können jetzt eine Fensterstruktur definieren. Zuerst deklarieren wir eine Variable, die wir z.B. *DirWindow* nennen (weil in diesem Fenster später die Directory ausgegeben werden soll):

```
VAR DirWindow: Window.WinDef;
```

Nun kann Aussehen und Größe festgelegt werden. Da *DirWindow* ein Record ist, gibt es hierfür verschiedene Möglichkeiten: Sie können das Ganze mit einer *WITH*-Anweisung abwickeln, oder mit einem Aggregat. Hier die etwas umständlichere Lösung:

```
...
  WITH DirWindow DO
    X1 := 1;  Y1 := 1;              (* Koordinaten         *)
    X2 := 23; Y2 := 21;
    Foreground := Window.White; (* Hintergrund- und    *)
    Background := Window.Black; (* Vordergrundfarbe    *)
    CursorOn   := FALSE;            (* kein Cursor         *)
    WrapOn     := FALSE;            (* kein Wrap (s.u.)    *)
    Hidden     := FALSE;            (* nicht versteckt     *)
    FrameOn    := TRUE;             (* mit Rahmen          *)
    FrameDef   := Window.DoubleFrame;  (* doppelt          *)
    FrameFore  := White;            (* Rahmenfarben        *)
    FrameBack  := Black;
  END;
...
```

Hinweis: Da *X1*, *X2* etc. absolute Koordinaten sind, befindet sich die linke obere Ecke des definierten Fensters nicht direkt in der oberen linken Bildschirmecke, sondern ist um eine Spalte und eine Zeile eingerückt. Ob das Fenster mit oder Rahmen aufgebaut wird, spielt dabei keine Rolle.

Sie können ein Fenster auch per Aggregat definieren:

```
InputWindow := Window.WinDef(10,10,50,12,LightGray,Black,
  TRUE,FALSE,FALSE,TRUE,Window.SingleFrame,White,Black);
```

Fenster öffnen

Mit einer Definition wie *DirWindow* kann man noch nichts anfangen. Denn *DirWindow* ist selbst noch kein Fenster, sondern lediglich eine Fenster-*beschreibung*. Diese Beschreibung ist nicht an ein bestimmtes Fenster gebunden und kann für mehrere Windows benutzt werden.

Die einzelnen Fenster selbst werden als Variablen vom Typ *WinType* deklariert. Z.B.:

```
VAR  Directory: Window.WinType;
```

Dieser Fenstervariablen muß nun eine Beschreibung zugeordnet werden. Das geschieht, sobald Sie das Fenster mit der Prozedur *Open* öffnen (ob es dabei auch auf dem Bildschirm erscheint, hängt davon ab, ob *Hidden* auf *TRUE* oder *FALSE* steht). Sie können mit einem Fenster erst arbeiten, wenn Sie es zuvor geöffnet haben. Sollten Sie das versäumen, kommt es zu einem Programmabbruch nach der Meldung

```
"Window, Fatal error: Invalid Window"
```

Die Anweisung

```
Directory := Window.Open(DirWindow);
```

öffnet das Fenster *Directory* und ordnet ihm die Struktur-Beschreibung *DirWindow* zu. Ein Fenster wird beim ersten Öffnen automatisch geleert. Es erscheint als oberstes Fenster auf einem evtl. bestehenden 'Stapel' bereits geöffneter Fenster.

Die Gestaltung des Fensters ist nach dem Öffnen nicht endgültig festgelegt. Seine Größe, Farben etc. können jederzeit verändert werden (s.u.). Operationen, die das Erscheinungsbild des Fensters betreffen, wie Verstecken, Vergrößern, Verkleinern, Manipulation des Rahmens etc. werden unter Angabe der Variablen *Directory* abgewickelt. Ein- und Ausgabeoperationen, Cursorpositionierung usw. benötigen diese Angabe nicht. Wenn das Fenster z.B. versteckt werden soll geschieht das mit der Anweisung

```
Hide(Directory);
```

Allerdings kann man mit

```
IO.WrStr('Inhalt:');
```

einen String ausgeben.

Fenster schließen

Für jedes geöffnete Fenster wird automatisch Speicherplatz reserviert, um es mitsamt seinem Inhalt verstecken, seinen Hintergrund sichern zu können etc. Dieser Speicherplatz wird freigegeben, sobald das Fenster mit *Close* wieder geschlossen wird:

```
Window.Close(Directory);
```

Nach dem Schließen kann auf *dieses* Fenster nicht mehr zugegriffen werden. Der Versuch wird mit einem Laufzeitfehler quittiert.

Wenn Sie mehrere Fenster geöffnet haben, können Sie jedes beliebige wieder schließen. Beim Aufruf von *Close* spielt es also keine Rolle, ob das Fenster zuoberst auf einem Stapel liegt oder gerade aktiv ist. Wird ein Fenster geschlossen, wird sein unter ihm liegender Bildschirminhalt automatisch wiederhergestellt.

Datenein- und -ausgabe

Nach dem Öffnen bzw. Aktivieren eines Fensters spielen sich alle folgenden Ein- und Ausgabeoperationen automatisch in diesem Fenster ab. Wenn Sie unmittelbar nach dem Öffnen einen String mit *IO.WrStr* ausgeben, wird er automatisch in die obere linke Ecke des Fensters geschrieben.

Mit dem Inhalt eines Fensters wird, sobald Sie es verstecken oder ein anderes Fenster öffnen und/oder aktivieren, auch die letzte Position des Cursors gespeichert. Wenn Sie später an der gleichen Stelle Daten ausgeben wollen, müssen Sie den Cursor also nicht neu positionieren.

Ist ein String länger als die Fensterbreite, wird nur der passende Teil ausgegeben und der Rest unterdrückt. Das gilt auch für das Einlesen von Daten. Wenn Sie z.B. mit *RdStr* eine Zeichenkette einlesen, ist es möglich, daß diese oder ein Teil von ihr nicht zu sehen ist, weil Sie über den Fensterrahmen hinaus 'schreiben'. Das ändert aber nichts daran, daß Ihre Eingabe korrekt verarbeitet wird.

Wenn Sie diese unvollständige Ausgabe verhindern wollen, können Sie mit *SetWrap* dafür sorgen, daß die Ein- oder Ausgabe, wie bei den Pascal-Windows, in der nächsten Zeile weiterläuft. Ein wortweiser Umbruch (WordWrap) wird mit *SetWrap* freilich nicht bewirkt. *SetWrap* bezieht sich ausschließlich auf das gerade aktive Fenster. Der Prozedur wird der Wert *TRUE* oder *FALSE* übergeben, um den Umbruch ein-, bzw. auszuschalten.

Mit dem Befehl *Use* kann die Bildschirmausgabe in ein bestimmtes Fenster geleitet werden (das dafür nicht aktiv sein muß). An *Use* wird die Fensterreferenz übergeben.

```
Use(Directory);
```

leitet den folgenden Output in das Fenster *Directory*. Mit der Funktion *Used* kann die Referenz des Fensters ermittelt werden, in das die aktuelle Ausgabe geleitet wurde. Die beiden Funktionen können benutzt werden, um den Output von Coroutinen in bestimmte Fenster zu lenken (vgl. Kapitel 10).

Schnelle Textausgabe

Der Modul *Window* benutzt eigene Ausgaberoutinen. Bei seinem Import legt er in der Prozedurvariablen *WrStrRedirect* aus *IO* (vgl. Kapitel 7.2) automatisch eine Routine ab, die deutlich schneller ist, als jene des *IO*-Moduls. Dasselbe geschieht, wenn Sie in Turbo Pascal die *Crt*-Unit importieren.

Allerdings kostet die Einbindung von *Window* Speicherplatz. Wenn es Ihnen allein um die schnelle Textausgabe und die Cursorpositionierung geht, Sie aber die luxuriöse Fensterverwaltung nicht benötigen, sollten Sie sich auch den im Kapitel 9 über Lowlevel-Programmierung vorgestellten Modul *scr* ansehen.

Direkte Stringausgabe

Mit *DirectWrite* können Sie Strings, ohne eine *IO*-Routine zu benutzen, direkt und schnell an eine bestimmte Position in einem Bildschirmfenster schreiben. Hier der Kopf der Prozedur:

```
PROCEDURE DirectWrite(X,Y: RelCoord;A: ADDRESS;Len: CARDINAL);
```

Ihr werden die relativen Fensterkoordinaten übergeben, an denen die Ausgabe beginnen soll. Ferner die Adresse des auszugebenden Strings und seine Länge. Ein String *s* könnte mit seiner korrekten Breite so in der linken oberen Ecke des aktiven Fensters ausgegeben werden:

```
Window.DirectWrite(1,1,ADR(s),Str.Length(s));
```

Ein evtl. vorhandener Rahmen kann von *DirectWrite* überschrieben werden. Ein eingeschalteter *Wrap* hat auf diese Prozedur keine Auswirkung (Genaueres über *ADR*, eine Standardfunktion, die die Adresse eines Objektes zurückgibt, erfahren Sie im Kapitel 9.2).

Text- und Hintergrundfarbe

werden mit den Prozeduren *TextColor* und *TextBackground* eingestellt. Beiden wird eine Farbe vom Typ *Color* übergeben. In den folgenden Zeilen wird ein String invertiert ausgegeben und danach auf die normale Ausgabe zurückgeschaltet:

```
...
Window.TextBackground(LightGray);
Window.TextColor(Black);
IO.WrStr(Dir[x]); (* Dir.-Eintrag *)
Window.TextBackground(Black);
Window.TextColor(LightGray);
...
```

Fensterinhalt- und Zeilen löschen

Das gesamte, gerade aktive Fenster wird mit *Clear* (in Pascal *ClrScr*) geleert. Von der Cursorposition bis zum Ende der Zeile wird mit *ClrEol* gelöscht.

Einschieben und Entfernen von Zeilen

Hierfür stehen Ihnen zwei Prozeduren zur Verfügung, die Sie von Turbo Pascal kennen: *DelLine* und *InsLine*. *DelLine* entfernt die Zeile, in der sich der Cursor gerade befindet. Die darunterliegenden, sichtbaren Zeilen werden hochgezogen. Das Fenster und der gesamte übrige Bildschirmaufbau bleiben davon unberührt. *InsLine* fügt an der Cursorposition eine neue Zeile ein. Darunterliegende Zeilen werden weitergeschoben.

Der Cursor

Innerhalb eines Fensters können Sie den Cursor wie in Pascal mit der Prozedur *GotoXY* positionieren. Die Position des Cursors wird mit den Funktionen *WhereX* und *WhereY* abgefragt.

Sie können den Cursors im aktuellen Fenster mit *CursorOff* unterdrücken und mit *CursorOn* reaktivieren. Wenn Daten mit *RdStr* etc. eingelesen werden, erscheint der Cursor automatisch.

Fenster-Manipulation

Die Größe eines Fensters, seine Position, die Art seines Rahmens etc. kann entweder *vor* dem Öffnen, durch die Gestaltung des Definitionsrecords festgelegt werden, oder Sie manipulieren seine Struktur *nach* dem Öffnen, zur Laufzeit des Programmes. Sie haben damit die Möglichkeit, das gesamte Erscheinungsbild eines oder mehrerer Fenster beliebig zu manipulieren, Fenster zu bewegen, zu zoomen etc.

Auch wenn Sie das Aussehen und die Position eines Fensters erst zur Laufzeit festlegen möchten, müssen Sie es vorher, wie oben gezeigt, definiert und geöffnet haben, sonst kommt es zu einem Programmabbruch mit der Meldung:

```
"Window, Fatal error : Invalid Window"
```

Größe und Position verändern

Mit der Prozedur *Change* können Sie die vier Eckpunkte eines Fensters - in Form *absoluter* Koordinaten - (um)definieren:

```
PROCEDURE Change(W: WinType; X1,Y1,X2,Y2: AbsCoord);
```

Nach einer Veränderung der Koordinaten verschwindet das alte Fenster, der Bildschirm wird restauriert, und es wird ein neues mit den angegebenen Maßen erzeugt. Das geht so schnell, daß Sie es praktisch nicht mitbekommen.

Da jedes Fenster seinen Hintergrund speichert, bleibt der Inhalt des unter ihm liegenden Bildschirms erhalten. Nach einer Änderung der Koordinaten hat man deshalb den Eindruck, das Fenster würde vor einem gleichbleibenden Hintergrund gezoomt oder über den Bildschirm bewegt.

Wenn Sie ein Fenster verkleinern, hat das zur Folge, daß sein Inhalt korrekt vom Fensterrand überdeckt wird. Umgekehrt werden beim Vergrößern Leerzeichen an dem neu entstandenen Platz eingefügt.

```
...
  FOR x := 23 TO 1 BY -1 DO
    Window.Change(Directory,1,1,x,23);
  END;
...
```

In diesem Programmfragment wird ein Fenster von rechts nach links 'zugezogen'. Der Hintergrund erscheint dabei Stück für Stück in seinem ursprünglichen Zustand (vor dem Öffnen des Fensters).

Sie können ein Fenster auch dann mit *Change* verändern, wenn es nicht aktiv ist und/oder von anderen verdeckt wird (siehe das Programmfragment bei *ObscuredAt* weiter unten).

Rahmen

In der TopSpeed-Entwicklungsumgebung werden aktive Fenster mit einem doppelten, die anderen mit einem einfachen Rahmen gekennzeichnet. Dieser Effekt läßt sich mit der Prozedur *SetFrame* erreichen. *SetFrame* definiert Rahmentyp und -farbe des angegebenen Fensters zur Laufzeit. Hier der Prozedurkopf:

```
PROCEDURE SetFrame(W: WinType;Frame: FrameStr;
                   Fore,Back: Color);
```

Die Anweisung

```
Window.SetFrame (Directory,SingleFrame,LightGray,Black);
```

versieht das Directoryfenster mit einem einfachen, invertierten Rahmen. Sie sind nicht gezwungen einen vordefinierten Rahmentyp zu wählen, sondern können sich auch einen eigenen Rahmen vom Typ *FrameStr* "bauen".

```
Window.SetFrame(Directory,'+-+!!+-+',White,Black);
```

versieht das Directoryfenster mit diesem Rahmen

Bild 7.9-1 Ein mit SetFrame erzeugter Rahmen.

Wenn Sie einen Rahmen ändern, wird ein evtl. vorhandener Titel nicht zerstört.

Titel

Sie können mit der Prozedur *SetTitle* einen Titel auf den Rahmen des Fensters schreiben.

```
SetTitle(Directory,SubDir,Window.CenterUpperTitle);
```

legt mit dem String *SubDir* den Verzeichnisnamen auf dem Rahmen des Fensters *Directory* ab. Für den Titelstring wurde in *Window* der Typ *TitleStr* definiert. Die Position des Titels auf dem Rahmen kann aus der Aufzählung *TitleMode* ausgewählt werden:

```
TitleMode =
  (NoTitle, LeftUpperTitle, CenterUpperTitle, RightUpperTitle,
   LeftLowerTitle, CenterLowerTitle, RightLowerTitle);
```

Die obige Anweisung sorgt dafür, daß der Titel zentriert auf das obere Rahmenteil gesetzt wird.

Fensterbeschreibungen kopieren

Mit der Prozedur *Open* wird einem Fenster eine Definition zugewiesen. *Info* bewirkt das Gegenteil: Mit dieser Prozedur wird die Struktur eines bestehenden und evtl. zur Laufzeit veränderten Fensters in einen Definitionsrecord geschrieben. Hier der Kopf von *Info*:

```
PROCEDURE Info(W: WinType;VAR WD: WinDef);
```

In der Praxis kann das z.B. so aussehen

```
Window.Info(Directory,InputWindow);
```

Die Strukturbeschreibung des Fensters *Directory* wird in dieser Anweisung in den Definitionsrecord eines anderen Fensters *InputWindow* kopiert.

Hinweis: Man hätte so natürlich auch den Definitionsrecord des Fensters selbst manipulieren können. Damit eröffnen sich interessante Anwendungsmöglichkeiten: Wie bei der TopSpeed Entwicklungsumgebung kann man in eigenen Programmen Fenster interaktiv vom Benutzer verändern lassen (neue Positionen, Farben etc.). Der Zustand kann dann mit *Info* in den Beschreibungsrecord geschrieben und dieser gespeichert werden. Beim nächsten Programmstart wird sich das Programm in diesem neuen Outfit präsentieren.

Fenster stapeln und verstecken

Sie können Fenster stapeln. Wenn Sie mehrere Windows der Reihe nach öffnen, geschieht das automatisch (so diese nicht versteckt sind, weil die Recordkomponente *Hidden* auf *TRUE* gesetzt ist). Ein Fenster, ob sichtbar oder nicht, kann mit der Prozedur *PutOnTop* in den Vordergrund (d.h. ganz oben auf den Stapel) geholt und aktiviert werden. Auch versteckte Fenster werden mit dieser Prozedur auf den Bildschirm gebracht und aktiviert. Sie rufen die Prozedur mit der Fensterreferenz auf:

```
PROCEDURE PutOnTop(W: WinType);
```

Das Fenster liegt nach *PutOnTop* ganz oben auf dem Stapel, alle Ein- und Ausgaben etc. spielen sich jetzt hier ab. Der Inhalt anderer, von ihm überlagerter Fenster bleibt erhalten.

Mit der Prozedur *PutBeneath* wird ein Fenster unter ein anderes geschoben. Sie übergeben der Prozedur die Referenzen beider Fenster:

```
PROCEDURE PutBeneath(W1: WinType; W2: WinType);
```

Das Fenster *W1* wird unter *W2* geschoben. Die Anweisung:

```
Window.PutBeneath(Directory,Input);
```

schiebt das Fenster *Directory* unter das Fenster *Input*. Sie können mit *PutBeneath* auch versteckte Fenster in den Stapel, (z.B. unter ein gerade aktives Fenster) schieben.

Fenster können mit *Hide* versteckt werden:

```
PROCEDURE Hide(W: WinType);
```

Evtl. überdeckte Fenster sind dann wieder vollständig sichtbar. Der Inhalt eines Fensters, die letzte Position des Cursors etc. wird vor dem Verstecken automatisch gesichert. Sie können ein verstecktes Fenster später mit *PutOnTop* mit unverändertem Inhalt und Aussehen in den Vordergrund ziehen oder mit *PutBeneath* irgendwo im Stapel plazieren.

Fenster untersuchen

Mit der Prozedur *At* können Sie feststellen, welches Fenster sich an einer bestimmten Bildschirmposition befindet. Der Prozedur werden *absolute* Koordinaten übergeben.

```
IF Window.At(5,19) = Directory THEN ...
```

überprüft, ob sich in der fünften Spalte und neunzehnten Reihe des *Bildschirmes* ein Teil das Directory-Fensters befindet.

ObscuredAt gibt *TRUE* zurück, wenn ein bestimmtes Fenster an seinen (*relativen*) Koordinaten von einem anderen Fenster bedeckt wird. Im nächsten Programmfragment bewegt sich ein Fenster (*Input*) solange seitwärts, bis seine linke Seite nicht mehr überdeckt wird:

```
...
x := 0;
WHILE ObscuredAt(Input,0,0) DO
  INC(x);
  Change(Input,InputWindow.X1+x,InputWindow.Y1,
               InputWindow.X2+x,InputWindow.Y2);
END;
...
```

Sie sehen, daß hier die relativen Koordinaten 0,0 abgefragt wurden: Dies sind die Koordinaten des linken oberen Rahmeneckes von *InputWindow*. Würde in der Schleife nur die linke obere Ecke des Fensters (mit den Koordinaten 1,1) untersucht, bliebe der Rahmen durch das darüber liegende Fenster bedeckt. Beachten Sie auch, daß das (nicht aktive) *Input*-Window in diesem Programmfragment unter einem *aktiven* Fenster "herausgezogen" wird.

Ob ein Fenster ganz oben 'auf dem Stapel liegt', läßt sich mit der Funktion *Top* ermitteln:

```
IF Window.Top() = Directory THEN ...
```

Konvertierung relativer Koordinaten

Mit der Prozedur *ConvertCoords* können Sie relative Fensterkoordinaten in absolute Koordinaten umrechnen. Der Prozedurkopf sieht so aus:

```
PROCEDURE ConvertCoords(W: WinType;X,Y: RelCoord;
                        VAR XO,YO: AbsCoord);
```

Die Anweisung

```
Window.ConvertCoords(Directory,1,1,Abs_x,Abs_y);
```

konvertiert die Koordinaten der linken oberen Ecke des *Directory*-Fensters. Durch diese Prozedur ist es z.B. möglich, Fenster via *Change* (absolute Koordinaten) in Abhängigkeit von der aktuellen Cursorposition (relative Koordinaten) in einem aktiven Fenster zu öffnen.

SnapShot

Mit der Prozedur *SnapShot* kann der Inhalt des unter einem (als *Hidden* definierten) Fenster liegenden Bildschirmbereiches in dieses kopiert werden. Wird das Fenster dann mit *PutOnTop* in den Vordergrund geholt und aktiviert, bemerkt man davon nichts. Man kann diesen Bildschirm wie jedes andere Fenster behandeln. Schließt man das Fenster wieder, wird der *frühere* Bildschirmzustand unter dem Fenster automatisch wiederhergestellt. Auf diese Weise können z.B. Bildschirminhalte gesichert werden (etwa vor dem Aufruf eines externen Programmes), wie der folgende Programmausschnitt zeigen soll:

```
MODULE snap;
IMPORT IO;FROM Window IMPORT WinDef,WinType,Color,SnapShot,Open,
                PutOnTop,Close;
VAR win: WinDef; W: WinType; x: CARDINAL;

PROCEDURE CreateWin; (* ein Fenster von Bildschirmgröße *)
BEGIN
  WITH win DO
    X1 := 0;  Y1 := 0;
    X2 := 79; Y2 := 24;
    Foreground := White; Background := Black;
```

```
      CursorOn := FALSE;
      Hidden := TRUE; (* !!! *)
      FrameOn := FALSE;
    END;
    W := Open(win);
  END CreateWin;

BEGIN
  ...
  CreateWin;           (* Fenster von Bildschirmgröße erzeugen *)
  SnapShot;            (* Hintergrund in das Fenster kopieren  *)
  PutOnTop(W);         (* Bildschirm "zum Fenster machen"      *)
  ...
  (* Aufruf des externen Programmes; vgl.Kapitel 7.12          *)
  ...
  Close(W);            (* Der alte Bildschirm wird wieder      *)
  ...                  (* hergestellt                          *)
END snap.
```

Ein Beispiel: der Modul *DirBox*

Der Modul *DirBox* stellt eine Prozedur *Select* bereit, mit der Sie Dateien aus einem Directory-Fenster auswählen können. Mit PgUp und PgDn können Sie durch das Verzeichnis blättern. Mit den Cursortasten und Return können Sie eine bestimmte Datei anwählen, mit ESC die Prozedur verlassen. Am Ende zieht sich das Fenster zusammen und 'verschwindet spurlos'. Hier zunächst die Definitionsdatei:

```
DEFINITION MODULE DirBox;
IMPORT FIO;
 PROCEDURE Select(SubDir:ARRAY OF CHAR;VAR FileName:FIO.PathTail);
END DirBox.
```

An *Select* wird (als Wertparameter) der Pfad übergeben (z.B. C:\M2*.MOD). Nach Verlassen der Prozedur steht in (dem VAR-Parameter) *FileName* der Name der gewählten Datei - oder ein Leerstring, wenn mit ESC abgebrochen wurde. *SubDir* kann ein beliebiger String sein. Für *FileName* wird aber der in *FIO* vereinbarte Typ *PathTail* erwartet. Hier ein kleines Testprogramm für *Select*:

```
MODULE TestDir;
IMPORT IO,FIO;
FROM   DirBox IMPORT Select;
VAR    SubDir  : FIO.PathStr;
       FileName: FIO.PathTail;
```

```
BEGIN
  IO.WrCharRep(CHR(176),1920);          (* ein Hintergrund  *)
  IO.WrStr('Dir:'); IO.RdStr(SubDir); (* Unterverzeichnis *)
  Select(SubDir,FileName);
  IO.WrStr(FileName);           (* Ausgabe der gewählten Datei *)
END TestDir.
```

Hinweis: In *DirBox* werden die Einträge des gewünschten Verzeichnisses mit einer Prozedur *LoadDir* (die der Prozedur *Dir* im Kapitel über Directory-Operationen entspricht) in ein String-Array eingelesen, dessen Elemente vom Typ *FIO.PathTail* sind. Man kann das Feld auch auf dem Heap anlegen, um den belegten Speicherplatz nach dem Abarbeiten von *Select* wieder freigeben zu können (vgl. Kapitel 8.2).

```
IMPLEMENTATION MODULE DirBox;
FROM  IO      IMPORT WrStr,WrStrAdj,WrLn,RdKey;
FROM  FIO     IMPORT ReadFirstEntry,ReadNextEntry,FileAttr,DirEntry,
                     PathTail;
FROM  Window  IMPORT
WinDef,WinType,Clear,SetTitle,Open,Change,Close,
                     Color, TextBackground, TextColor, DoubleFrame,
                     CenterUpperTitle, GotoXY, WhereY;
CONST ESC =   33C; PgUp=111C; PgDn=121C; Return=15C;
              Up=110C; Dn=120C;               (* Tasten      *)
VAR   DirWindow: WinDef;                      (* Definition *)
      Directory: WinType;                     (* Fenster     *)
      Dir: ARRAY[0..511] OF PathTail;         (* Einträge    *)
      Cs,                                     (* Cursorzeile*)
      Nr,                                     (* Eintrag Nr.*)
      LastEntry: CARDINAL;                    (* Feldende    *)

PROCEDURE LoadDir(Path:ARRAY OF CHAR);(* legt Dir. in Array ab *)
VAR Eintrag: DirEntry;                (* Directory-Eintrag     *)


    PROCEDURE GetEntry(E:DirEntry);(* kopiert Eintrag in Array *)
    BEGIN
      Dir[LastEntry] := E.Name;       (* Dateinamen             *)
      INC(LastEntry)                  (* Feldende               *)
    END GetEntry;

BEGIN
  IF ReadFirstEntry(Path, FileAttr{},Eintrag) THEN
    GetEntry(Eintrag);
```

```
    WHILE ReadNextEntry(Eintrag) DO
      GetEntry(Eintrag);
    END;
    DEC(LastEntry);
  END;
END LoadDir;

PROCEDURE CreateDirWindow;                 (* Fenster definieren *)
BEGIN
  DirWindow := WinDef(1,1,15,12,LightGray,Black,FALSE,FALSE,FALSE,
  TRUE,DoubleFrame,White,Black);
  Directory := Open(DirWindow);            (* und öffnen         *)
END CreateDirWindow;

PROCEDURE WrInv(dir: PathTail);      (* Cursorzeile invertieren *)
BEGIN
  TextBackground(LightGray); TextColor(Black);
  WrStrAdj(dir,-13);
  TextBackground(Black); TextColor(LightGray);
  GotoXY(1,WhereY());
END WrInv;

PROCEDURE Display;                       (* ab Eintrag  Nr.      *)
VAR x: CARDINAL;                         (* 10 Einträge aus Feld *)
BEGIN                                    (* in Fenster ausgeben  *)
  x := 0;
  Clear;                                 (* Fenster leeren       *)
  WHILE (x < 10) & (x + Nr <= LastEntry) DO
    IF x = 0 THEN WrInv(Dir[x+Nr])       (* 1.Zeile invers       *)
    ELSE WrStr(Dir[x+Nr]);
    END;
    IF x < 9 THEN WrLn;END;
    INC(x);
  END;
  GotoXY(1,1); Cs := 0;
END Display;

PROCEDURE Select(SubDir: ARRAY OF CHAR; VAR FileName:PathTail);
VAR taste: CHAR; x: CARDINAL;
BEGIN
  LoadDir(SubDir);
  CreateDirWindow;
  SetTitle(Directory,SubDir,CenterUpperTitle);
  Nr := 0; Display;
```

```
    REPEAT
      taste := RdKey();
      IF taste = 0C THEN taste := RdKey(); END;
      CASE taste OF
        PgUp:IF Nr >= 9 THEN
               DEC(Nr,10);Display;
             END|
        PgDn:IF (LastEntry > 9) & (Nr <= LastEntry-10) THEN
               INC(Nr,10);Display;
             END|
        Dn  :IF Cs+Nr < LastEntry THEN
               IF Cs < 9 THEN
                 WrStrAdj(Dir[Cs+Nr],-13); WrLn;
                 INC(Cs); WrInv(Dir[Cs+Nr]);
               ELSE
                 IF Nr <= LastEntry-10 THEN
                   INC(Nr,10); Display;
                 END;
               END;
             END|
        Up  :IF Cs+Nr > 0 THEN
               IF Cs > 0 THEN
                 WrStrAdj(Dir[Cs+Nr],-13);
                 DEC(Cs);
                 GotoXY(1,WhereY()-1);
                 WrInv(Dir[Cs+Nr]);
               ELSE
                 IF Nr > 9 THEN
                   DEC(Nr,10); Display;
                   WrStrAdj(Dir[Cs+Nr],-13);
                   Cs := 9; GotoXY(1,10);
                   WrInv(Dir[Cs+Nr]);
                 END;
               END;
             END;
      END;
    UNTIL (taste = ESC) OR (taste = Return);
    FOR x := 15 TO 1 BY -1 DO               (* von rechts nach links *)
      Change(Directory,1,1,x,12);           (* Fenster "zuziehen "   *)
    END;
    Close(Directory);                       (* Fenster schließen     *)
    IF taste=ESC THEN FileName := '' ELSE FileName:= Dir[Nr+Cs] END;
  END Select;
  END DirBox.
```

Mit dem Gesamtbildschirm arbeiten

Die in diesem Abschnitt vorgestellten Routinen bezogen sich stets auf Fenster. Haben Sie zuvor kein Fenster geöffnet, beziehen sich einige Prozeduren (die keine Fenstervariable erwarten) automatisch auf den gesamten Bildschirm.

Wenn Sie lediglich den Bildschirm räumen wollen, genügt also der Aufruf von *Window.Clear*. Das gilt auch für *WhereX/Y*, *GotoXY* etc. Sie müssen dafür nicht etwa ein Fenster erzeugen oder andere Routinen oder Objekte aus *Window* importieren. Der Gesamtbildschirm wird in diesem Fall als Fenster interpretiert. Beachten Sie, daß deshalb auch *relative* Koordinaten angegeben werden müssen. Wenn Sie den Cursor oben links positionieren wollen, erreichen Sie das mit der Anweisung

```
GotoXY(1,1);
```

Der Bildschirm ist in *Window* als Fenster mit der Bezeichnung *FullScreen* vordefiniert:

```
CONST FullScreenDef = WinDef
        (0,0,ScreenWidth-1, ScreenDepth-1,
         White,Black,TRUE,TRUE,FALSE,FALSE,'      ',Black,Black );
VAR   FullScreen : WinType;
```

Sie können den Bildschirm über diese Variable ansprechen, wie jedes andere Fenster. Wenn Sie einen Rahmen um den Gesamtbildschirm ziehen möchten, können Sie das z.B. mit folgender Anweisung tun:

```
Window.SetFrame (Window.FullScreen,Window.SingleFrame,White,Black);
```

7.10 Kommandozeile und Environment

In diesem Teilkapitel lesen Sie, wie Sie
- *Argumente von der Kommandozeile auswerten und*
- *die Einträge der Environment-Tabelle lesen können.*

Kommandozeilenargumente

Sie können Ihren Modulaprogrammen mehrere Argumente via Kommandozeile übergeben. Für deren Auswertung müssen Sie die Prozeduren *ParamCount* und *ParamStr* aus dem Modul *Lib* benutzen, die es unter gleichem Namen in Turbo Pascal gibt. Die Funktion *ParamCount* liefert die Anzahl der übergebenen Argumente zurück. *ParamStr* ist eine Prozedur, die einem String ein bestimmtes Argument zuweist. Hier der Kopf von *ParamStr*:

```
PROCEDURE ParamStr(VAR S:ARRAY OF CHAR; N:CARDINAL);
```

Dabei ist *N* die Nummer des Argumentes. Das erste Argument hat die Nummer 1. Die Anweisung

```
Lib.ParamStr(Arg1,1);
```

legt dieses Argument im String *Arg1* ab. Es folgt das Listing eines kleinen Programmes, das die übergebenen Argumente der Reihe nach auflistet :

```
MODULE param;
FROM IO  IMPORT WrStr, WrLn, WrCard;
FROM Lib IMPORT ParamCount, ParamStr;
VAR  c: CARDINAL;  s: ARRAY[1..20] OF CHAR;
BEGIN
  FOR c := 1 TO ParamCount() DO         (* alle Argumente *)
    WrStr('Argument Nr. ');
    WrCard(c,-2);
    ParamStr(s,c);          (* Argument Nr. c in s ablegen *)
    WrStr(s); WrLn;
  END;
END param.
```

Hinweis: Wenn Sie das Programm in der Entwicklungsumgebung testen möchten, können Sie ihm im Optionenmenü (ALT-O) unter dem Punkt PROGRAMMSTART/KOMMANDOZEILE eine Reihe von Argumenten übergeben.

Das Environment

Mit der Funktion *Environment* aus *Lib* können Sie die Einträge in der DOS-Umgebungstabelle lesen. An die Funktion wird die Nummer des Eintrages (der erste hat die Nummer 0) übergeben. Sie liefert einen Zeiger auf diesen Eintrag zurück:

```
PROCEDURE Environment(N:CARDINAL):CommmandType;
```

Der Zeiger *CommmandType* ist ebenfalls in *Lib* definiert

```
CommandType = POINTER TO ARRAY[0..126] OF CHAR;
```

Im folgenden Programm wird die Tabelle bis zum Auftreten eines Leerstrings eingelesen und ausgegeben:

```
MODULE env;
FROM IO  IMPORT WrStr, WrLn;
FROM Lib IMPORT Environment, CommandType;
VAR  EnvStr: CommandType;    (* Eintrag *)
          c: CARDINAL;
BEGIN
  c:=0;                        (* Zähler für Einträge *)
  WrStr('Das aktuelle Environment:'); WrLn;
  REPEAT
    EnvStr := Environment(c);  (* Zeiger auf Eintrag  *)
    WrStr(EnvStr^); WrLn;
    INC(c);
  UNTIL EnvStr^[0] = 0C;         (* Leerstring *)
END env.
```

Hinweise: Die entsprechende Pascal-Funktion heißt *EnvStr*. In der Datei DIVERSE.TXT finden Sie eine Prozedur *EnvironmentFind*, die einen Suchstring in der Environmenttabelle findet - in Turbo Pascal leistet das die Funktion *GetEnv*.

7.11 Programmabbruch und Exitprozeduren

Hier erfahren Sie, wie Sie die Ausführung Ihrer Programme
- *mit oder ohne Fehlermeldung abbrechen,*
- *mit einem DOS-Returncode beenden,*
- *mit einer bestimmten Prozedur beenden und*
- *gegen den Abbruch mit CTRL+BREAK sichern können.*

Programmabbruch

Der einfachste Weg, ein Programm an einem beliebigen Punkt zu beenden, ist, wie in Pascal, der Aufruf der Standardprozedur *HALT.*

Abbruch mit Fehlermeldung

Wenn Sie ein Programm nach einem (gravierenden) Fehler sofort beenden müssen, können Sie mit der Prozedur *FatalError* aus *Lib* noch eine Fehlermeldung ausgeben, bevor diese *HALT* aufruft.

```
... THEN
  Lib.FatalError('ABBRUCH:nicht behebbarer Fehler!');
END;
```

Die anschließende Abfrage von ERRORLEVEL ergibt 1. Die Prozedur *UserBreak* aus *Lib* bricht das Programm mit einem Laufzeitfehler ab:

```
"Run Time Error [Seg:Ofs] User Break"
```

Returncodes setzen

Wenn Sie beim Beenden eines Programmes einen Returncode setzen möchten, der im DOS über ERRORLEVEL abgefragt werden kann, benutzen Sie die Prozedur *SetReturnCode* aus dem Bibliotheksmodul *Lib.* Dieser wird der gewünschte Exitcode übergeben:

```
PROCEDURE SetReturnCode(code: SHORTCARD);
```

Das folgende kleine Programm, mit dem man interaktive Stapeldateien schreiben kann, benutzt diese Prozedur:

```
MODULE Wait;
FROM Lib IMPORT SetReturnCode;
FROM IO IMPORT RdKey;
BEGIN
  SetReturnCode(SHORTCARD(ORD(RdKey())));
END Wait.
```

Wait wartet auf einen Tastendruck. Der Tastencode wird dann als Returncode gesetzt. Damit kann man sich Menüs wie das folgende basteln:

```
ECHO OFF
:Start
CLS
ECHO ========================================
ECHO  T - Textverarbeitung       M - Modula
ECHO  S - SpaceMonsters          Q - DOS
ECHO ========================================
Wait
IF ERRORLEVEL 116 GOTO text
IF ERRORLEVEL 113 GOTO END
IF ERRORLEVEL 109 GOTO m2
...
GOTO Start
:text
CD MSW
WORD/L
...
GOTO Start
:END
```

Hinweise: Beachten Sie, daß DOS bei der Auswertung von ERRORLEVEL prüft, ob ERRORLEVEL *größer oder gleich* dem angegebenen Wert ist. Sie können - wie im nächsten Abschnitt gezeigt wird - aus Ihren Modula-Programmen heraus externe Programme starten. Der Exitcode dieser Programme kann ebenfalls abgefragt werden. Die übliche Bedeutung bestimmter Exitcodes können Sie in Ihrem DOS-Handbuch nachschlagen. In Turbo Pascal werden Exitcodes mit der *Halt*-Prozedur gesetzt.

Exitprozeduren

Mit der Prozedur *Terminate* aus dem Modul *Lib* können sie eine Prozedur bestimmen, die aufgerufen wird,

- sobald das Programm an seinem Ende angelangt,
- auf eine *HALT*-Anweisung trifft,
- mit CTRL+BREAK unterbrochen wird oder
- ein Laufzeitfehler auftritt.

Mit *Terminate* wird somit sichergestellt, daß vor dem freiwilligen oder unfreiwilligen Ende eines Programmes eine bestimmte Routine oder Routinenkombination abgearbeitet wird. Der Kopf von Terminate sieht so aus:

```
Terminate(P:PROC;VAR C:PROC);
```

Die beiden Parameter sind Prozedurvariablen. *P* ist die gewünschte Ausstiegsprozedur. In *C* wird von *Terminate* die Prozedur zurückgegeben, die das Programm sonst - d.h. ohne *diese* Deklaration einer Exitprozedur - abgearbeitet hätte. Das kann entweder *HALT* sein - wenn ein solches zum Sprung in die Exitprozedur führte, das kann die Prozedur sein, die den Laufzeitfehler auslöste, oder es kann eine Prozedur sein, die *vor P* mit *Terminate* als Exitprozedur deklariert wurde.

Beginnen wir mit einem einfachen Beispiel:

```
MODULE Ex1;
IMPORT IO,Lib;
VAR Exit :PROC;

PROCEDURE ByBy;
VAR c:CHAR;
BEGIN
  IO.WrLn;IO.WrStr('Wollen Sie das Programm wirklich beenden?');
  c := IO.RdKey();
  IF c = "j" THEN
    Exit;
  END;
END ByBy;

PROCEDURE test1;BEGIN IO.WrStr("test-1");IO.WrLn; END test1;
PROCEDURE test2;BEGIN IO.WrStr("test-2");IO.WrLn; END test2;

BEGIN
  Lib.Terminate(ByBy,Exit);
  HALT;  (* Abbruch *)
  test1;test2;
END Ex1.
```

Dieses Programm wird mit *HALT* abgebrochen. Da aber *ByBy* als Abschlußprozedur vorgeschrieben wurde, wird es nicht sofort beendet, sondern verzweigt zur Sicherheitsabfrage. Wird dort ein "j" eingegeben, wird es durch den Aufruf der Prozedurvariablen *Exit* anschließend sofort beendet. Andernfalls läuft es bis zu seinem Ende weiter (so, daß auch *test1* und *test2* aufgerufen und abgearbeitet werden).

Der Aufruf von *Exit* beendet das Programm, weil in *Exit HALT* steht - die Prozedur, die ausgeführt worden wäre, wäre *ByBy* nicht als Exitprozedur vereinbart worden.

Terminate fängt nur *ein HALT* ab. Ein weiteres *HALT* führt zum Programmabbruch und nicht zu einem erneuten Aufruf von *ByBy*. Ebenso führt ein *HALT* in einer Exitprozedur zur sofortigen Beendigung des Programmes.

Im nächsten Beispiel wird skizziert, wie *Terminate* beim Auftreten eines Laufzeitfehlers, oder wenn CTRL+BREAK gedrückt wird, die Ausführung bestimmter Operationen sicherstellen, und so einen kontrollierten 'Abgang' gewährleisten kann. So könnten z.B. vor der Rückkehr ins Betriebssystem alle Dateien ordnungsgemäß geschlossen, wichtige Daten gespeichert werden usw.:

```
MODULE Ex3;
IMPORT IO,Lib; VAR Last:PROC;

PROCEDURE Exit;
BEGIN
  IO.WrLn;
  IO.WrStr('Programm wird abgebrochen !');
  (*
  ... Schließen aller Dateien usw.
  *)
  HALT;
END Exit;

VAR c1,c2:CARDINAL;
BEGIN
  Lib.Terminate(Exit,Last);
  c2 := 0; c1 := 4;c1 := c1 DIV c2;(* provoziert Laufzeitfehler *)
  (* alternativ:  Lib.UserBreak; simuliert Abbruch mit CTRL+C *)
  IO.WrStr('Dieses Programmende wird nie erreicht ');
END Ex3.
```

Wenn es zu einem Laufzeitfehler kommt, wird die Prozedur *Exit* abgearbeitet, die ihrerseits nun Prozeduren aufrufen könnte, die für die Datensicherung etc. zuständig sind. Damit nicht wieder die Prozedur aufgerufen wird, die den Fehler ausgelöst hat, wird die Exitprozedur (und damit das Programm) mit einem *HALT* beendet.

Sie können, wie das nächste Listing zeigt, auch mehrere Prozeduren definieren, die am Programmende ausgeführt werden sollen.

```
MODULE Ex2; IMPORT IO,Lib;
VAR Exit,Quit: PROC;
```

```
PROCEDURE ByBy;
VAR c:CHAR;
BEGIN
  IO.WrLn;
  IO.WrStr('Wollen Sie das Programm wirklich beenden?');
  c := IO.RdKey();
  IF c = "j" THEN
    Exit;
  END;
END ByBy;

PROCEDURE Ciao;
BEGIN
  IO.WrStr('*** Ciao ***');
  Quit;
END Ciao;

PROCEDURE test1;BEGIN IO.WrStr("test-1");IO.WrLn; END test1;
PROCEDURE test2;BEGIN IO.WrStr("test-2");IO.WrLn; END test2;

VAR c1,c2:CARDINAL;
BEGIN
  Lib.Terminate(Ciao,Quit);
  Lib.Terminate(ByBy,Exit);
  HALT;
  test1;
  test2;
END Ex2.
```

Wenn der Programmabbruch gewählt wird, wird von *ByBy Exit* aufgerufen. In *Exit* hat *Terminate* die Prozedur abgelegt, die zur Ausführung gekommen wäre, wenn *ByBy nicht* als Exitprozedur festgelegt worden wäre. Da *Ciao zuvor* als Exitprozedur benannt wurde, wäre in diesem Fall *Ciao* beim Programmende abgearbeitet worden - weswegen in *Exit* nun *Ciao* steht und sich das Programm recht freundlich verabschiedet.

In *Quit* steht, wenn das Programm die Prozedur *Ciao* abarbeitet, *HALT*. Wäre *vor Ciao* noch eine andere Prozedur mit *Terminate* als Exitprozedur deklariert worden, wäre diese in *Quit* abgelegt worden usw. Sie können also regelrechte Ketten von Abschlußprozeduren bilden. Das ist recht nützlich, wenn es darum geht, erst zur Laufzeit zu entscheiden, mit welcher Kombination von Prozeduraufrufen ein Programm beendet werden soll.

Programme gegen Abbruch mit CTRL+BREAK sichern

Normalerweise können Ihre Programme mit CTRL+BREAK bzw. CTRL+C abgebrochen werden. Es erscheint dann eine Fehlermeldung (`"User Break..."`), und der Benutzer findet sich an der Stelle wieder, von der aus das Programm gestartet wurde (im allgemeinen wohl im Betriebssystem).

Wenn Sie das verhindern möchten, können Sie mit der Prozedur *DisableBreakCheck* aus dem Modul *Lib* die Prüfung von CTRL+BREAK abschalten. Nach *EnableBreakCheck* kann das Programm wieder zu jedem Zeitpunkt unterbrochen werden.

7.12 Externe Programme

In diesem kurzen Abschnitt können Sie lesen,
- *wie die Execute-Funktion zu benutzen ist und*
- *wo man etwas besseres als Execute herbekommt.*

Sie können aus Ihren Programmen heraus externe Programme als Tochterprozeß starten. Eigentlich müßten Sie sich hierfür der *Execute*-Funktion des *Lib*-Moduls bedienen. *Execute* ist freilich ähnlich unkomfortabel wie die *Exec*-Prozedur von Turbo Pascal. Bevor ein neuer Prozeß gestartet werden kann, muß ihm genügend Speicherplatz reserviert werden. Dann kann *Execute* unter Angabe des kompletten Dateinamens (mit Pfadangabe) und eventueller Kommandozeilenparameter aufgerufen werden. Der reservierte Speicherplatz muß nach Ablauf des Programmes wieder freigegeben werden.

Zum Lieferumfang des Compilers gehört die Datei *DIVERSE.TXT* (auf der dritten Diskette im Unterverzeichnis *CORE*). Dort finden Sie die Prozeduren *Exec* und *ExecCmd* im Quelltext und mit allen notwendigen Erläuterungen versehen. Beide Prozeduren automatisieren den korrekten Aufruf von *Execute* und die Speicherverwaltung. Sie müssen deshalb von *Execute* eigentlich keinen Gebrauch machen.

Hier der Kopf von *Execute*:

```
PROCEDURE Execute (Name:ARRAY OF CHAR;CommandLine:ARRAY OF CHAR;
                   StoreAddr: ADDRESS; StoreLen:CARDINAL) :CARDINAL;
```

Mit *Name* wird der Programmname *mit Extension* und Pfad übergeben (etwa: "C:\TEXT\ED.EXE"). *CommandLine* übergibt die Kommandozeilenargumente (etwa "TEXT.TXT"). *StoreAddr* ist die Anfangsadresse, ab der der Prozeß Speicher belegen soll. Die Größe dieses Bereiches wird mit *StoreLen in Paragraphen* (á 16 Bytes) übergeben. Die

Funktion liefert den Returncode des gestarteten Programmes zurück. Ist dieser 0, ist alles ohne Komplikationen abgelaufen. Über die Bedeutung anderer Fehlercodes informieren Sie sich bitte in Ihrem DOS-Handbuch. Hier ein Beispiel für den Aufruf von *Execute*:

```
...
VAR Mem:ADDRESS;
    MemSize,
    ExitCode:CARDINAL;
...
  MemSize := 3000;                (* 3000 Paragraphen    *)
  ALLOCATE(Mem,MemSize * 16);     (* Speicher reservieren *)
  ExitCode:=Lib.Execute('C:\SYSTEM\PMAP.EXE','',Mem,MemSize);
  DEALLOCATE(Mem,MemSize * 16);   (* und wieder freigeben *)
  IF ExitCode # 0 THEN            (* Returncode auswerten *)
    IO.WrStr('DOS-ERROR: ');IO.WrCard(ExitCode,-3);
  END;
...
```

In diesem Programmfragment wird das Hilfsprogramm *PMap* (ohne Parameter) aufgerufen. Zuvor wurde mit *ALLOCATE* ein Speicherbereich von 3000 Paragraphen für den Tochterprozeß bereitgestellt.

ALLOCATE kann höchstens *MAX(CARDINAL)* Bytes reservieren. Deshalb ruft die *Exec*-Prozedur in DIVERSE.TXT die *Storage*-Prozedur *HeapAllocate* auf, mit der größere Bereiche reserviert werden können. Der Speicherplatz wird nach der Programmausführung mit *HeapDeallocate* wieder freigegeben.

7.13 Sortieren

Lesen Sie nun, wie man in TopSpeed Modula-2 Arrays
- *mit dem Heap- oder Quicksort*
- *auf- und absteigend sortierten kann.*

Im Bibliotheksmodul *Lib* sind zwei Sortierroutinen für Arrays enthalten: *HSort* und *QSort*, eine Heap- und eine Quicksort-Prozedur.

Beide Algorithmen müssen Elemente der Arrays vergleichen und vertauschen. Diese beiden Aktionen sind natürlich typabhängig. Um nicht für jeden Datentyp eine eigene Sortierroutine schreiben und das *Lib*-Modul auf fünf Disketten ausliefern zu müssen, haben die Programmierer von JPI Prozedurtypen benutzt. Das bedeutet: *HSort* und *QSort* rufen Tausch- und Vergleichsroutinen auf, die nur als Prozedurtypen deklariert sind. Die Routinen selbst müssen *Sie* für den jeweiligen Datentyp programmieren. Sehen wir uns zuerst den Kopf der Quicksort-Prozedur an:

```
PROCEDURE QSort(N:CARDINAL;Less:CompareProc;Swap:SwapProc);
```

N ist die Anzahl der zu sortierenden Elemente. *Less* eine Funktion vom Typ *CompareProc*, in der zwei Array-Elemente verglichen werden. *Swap* tauscht zwei Array-Elemente. Beide Prozeduren werden an *QSort* übergeben. Hier ihre Typdefinitionen in *Lib*:

```
TYPE CompareProc = PROCEDURE(CARDINAL,CARDINAL):BOOLEAN;
     SwapProc    = PROCEDURE(CARDINAL,CARDINAL);
```

Damit ist nur der Prozedurkopf der beiden Prozeduren vorgeschrieben (vgl. Kapitel 5.5), die Implementierung bleibt uns überlassen.

Den beiden Prozeduren werden nicht die Werte der Elemente übergeben, sondern ihre Position im Array! Die Vergleichsprozedur kann z.B. wie folgt aussehen:

```
PROCEDURE Compare(a,b:CARDINAL):BOOLEAN;
BEGIN
  RETURN feld[a] < feld[b]; (* aufsteigend *)
END Compare;
```

Für eine absteigende Sortierung muß nur der Vergleichsoperator ausgetauscht werden.

```
RETURN feld[a] > feld[b];
```

Durch die Verwendung von Prozedurtypen ist ein Umschalten zwischen auf- und absteigender Sortierung auch zur Laufzeit möglich. Wie das zu machen ist, zeigt das nächste Beispielprogramm. Darin wird ein *CARDINAL*-Array mit der Quicksort-Prozedur sortiert. Das Feld wird mit der, im nächsten Teilkapitel (Abschnitt Zufallszahlen) vorgestellten, Prozedur *RandArray* erzeugt. Es wurden zwei Tauschprozeduren geschrieben - eine für die auf-, eine für die absteigende Sortierung. Die gewünschte Prozedur wird in der Prozedurvariablen *Compare* abgelegt und diese an die Sortierroutine übergeben.

```
MODULE SortDem;
IMPORT IO,Lib;
CONST  max=200;                       (* Feldgröße  *)
VAR    ca: ARRAY[1..max] OF CARDINAL; (* Zahlenfeld *)
       x : CARDINAL;
```

```
PROCEDURE RandArray;          (* Feld mit Zufallszahlen erzeugen *)
BEGIN
  Lib.RANDOMIZE;                         (* aktiviert Generator *)
  FOR x := 1 TO max DO
    ca[x] := Lib.RANDOM(1000);
  END;
END RandArray;

PROCEDURE PrintArray;                    (* Zahlenfeld ausgeben *)
BEGIN
  FOR x := 1 TO max DO
    IO.WrCard(ca[x],8);
  END;
END PrintArray;

PROCEDURE Compare_desc(a,b:CARDINAL):BOOLEAN;
BEGIN
  RETURN ca[a] > ca[b];                 (* absteigend sortieren *)
END Compare_desc;

PROCEDURE Compare_asc(a,b:CARDINAL):BOOLEAN;
BEGIN
  RETURN ca[a] < ca[b];                 (* aufsteigend sortieren *)
END Compare_asc;

PROCEDURE Swap(a,b:CARDINAL);           (* Tauschprozedur         *)
VAR H:CARDINAL;                         (* Hilfsvariable          *)
BEGIN
  H := ca[a]; ca[a]:=ca[b]; ca[b]:=H;
END Swap;

VAR Compare: Lib.CompareProc; (* Prozedurtyp zur Aufnahme der    *)
         t: CHAR;             (* gewünschten Vergleichsprozedur *)
BEGIN
  IO.WrStr("1-aufsteigend  2-absteigend sortieren");t:=IO.RdKey();
  IF t = "1" THEN             (* Zuordnung der gewünschten Ver- *)
    Compare := Compare_asc    (* gleichsprozedur für            *)
  ELSE                        (* aufsteigende  oder             *)
    Compare := Compare_desc   (* absteigende Sortierung         *)
  END;
```

```
  RandArray;                       (* Zahlenfeld erzeugen   *)
  Lib.QSort(max,Compare,Swap);     (* sortieren / Quicksort *)
(*Lib.HSort(max,Compare,Swap);*)   (*           / Heapsort  *)
  PrintArray;                      (* Feld ausgeben         *)
END SortDem.
```

Sie sehen, daß Heap- und Quicksort mit den gleichen Parametern aufgerufen werden und deshalb austauschbar sind - man hätte also weitere Prozedurvariablen deklarieren und auch noch die Sortiermethode zur Laufzeit auswählen zu können.

Hinweis: Die Entscheidung, welcher Algorithmus eingesetzt werden soll, muß von der Beschaffenheit des Feldes abhängig gemacht werden. Der Quicksort ist bei normalen Anforderungen unschlagbar schnell, in Ausnahmesituationen aber unbrauchbar. Ausnahmesituationen sind: Sortieren bereits sortierter Felder und das Umsortieren bereits sortierter Felder. Der Heapsort ist in normalen Fällen etwas langsamer als der Quicksort, verliert aber dafür in Ausnahmefällen nur wenig an Geschwindigkeit. Da man *QSort* und *HSort* aber auch zur Laufzeit austauschen kann, kann auf alle Gegebenheiten mit dem geeigneten Algorithmus reagiert werden.

7.14 Verschiedenes

In diesem letzten Teilkapitel lesen Sie etwas über

- *die mathematischen Funktionen der TopSpeed-Bibliothek,*
- *das Erzeugen von Zufallszahlen,*
- *das Verzögern des Programmablaufes und*
- *den Sound-Befehl.*

Mathematische Routinen

Die mathematischen Funktionen des TopSpeed-Systems sind im Modul *MATHLIB* untergebracht. Diese Prozeduren sind in Assembler codiert. Eine Datei *MATHLIB.MOD* gibt es nicht.

Bei Fließkommaberechnungen spielt es keine Rolle, ob ein Coprozessor installiert ist oder nicht. Es wird stets Code für den 80x87 erzeugt. Ist dieser (bei der *Ausführung* des Programmes) nicht vorhanden, wird er automatisch emuliert. Eine besondere Kompilierung von Programmen, die auf den Coprozessor zugreifen sollen, ist nicht nötig.

An die in der folgenden Tabelle aufgelisteten trigonometrischen Funktionen werden *LONGREAL*-Werte übergeben. Sie liefern *LONGREAL*-Werte zurück. Der Prozedurkopf der Sinus-Funktion sieht z.B. so aus:

```
PROCEDURE Sin(A:LONGREAL):LONGREAL;
```

Sin errechnet den Sinus des (wie bei den verwandten Funktionen) in Bogenmaß übergebenen Wertes und liefert einen Wert zwischen -1 und 1 zurück.

Funktion	**Ergebnis**
ACos	Arcus-Cosinus
ASin	Arcus-Sinus
ATan	Arcus-Tangens
Cos	Cosinus
CosH	Cosinus-Hyperbolicus
Sin	Sinus
SinH	Sinus-Hyperbolicus
Tan	Tangens
TanH	Tangens-Hyperbolicus

Tabelle 7.14-1 Trigonometrische Funktionen aus MATHLIB

Der Funktion *ATan2*, die den Arcus-Tangens von *Y/X* zurückliefert, werden zwei Werte übergeben.

```
PROCEDURE ATan2(X,Y:LONGREAL):LONGREAL;
```

Weitere Funktionen

Die Funktion *Sqrt* errechnet die Quadratwurzel des übergebenen Wertes.

Die Funktion *Pow* erhält zwei *LONGREAL*-Werte. Die Anweisung

```
x := MATHLIB.Pow(l,0.5));
```

errechnet den Wert von $l^{0.5}$ und legt ihn in *x* ab. Die Funktion *Rexp* zerlegt den übergebenen Wert in Mantisse- und Exponent. Der Prozedurkopf sieht folgendermaßen aus:

```
PROCEDURE Rexp(VAR I:INTEGER;A:LONGREAL):LONGREAL;
```

A ist der übergebene Wert, *I* ist der errechnete Exponent zur Basis 2. Der zurückgelieferte Wert mal zwei hoch *I* ergibt *A*. Für die Zahl *l*:=256.0 liefert die Anweisung

```
x :=Rexp(Exp,l);
```

für den Exponenten *Exp* das Ergebnis 8 und für *x* 1.0E+0.

Die Funktion *Log* gibt den natürlichen Logarithmus des übergebenen Wertes zurück. Die Exponentialfunktion *Exp*(x) liefert den Wert e^x zurück. Die Funktion *Log10* ermittelt den Logarithmus zur Basis 10. Die Funktion *Mod* liefert den Rest einer *LONGREAL*-Division zurück. Der Prozedurkopf sieht so aus:

```
PROCEDURE Mod(X,Y:LONGREAL):LONGREAL;
```

Die Anweisung

```
x := MATHLIB.Mod(22.34,10.);
```

ergibt für *x* 2.34E+0.

Fehlerbehandlung

Bei einigen der aufgeführten Funktionen lösen falsche Übergaben (etwa `x := sqrt(-1.);`) eine Fehlerbehandlung durch die Prozeduren *MathError* oder *MathError2* aus. Wenn Sie eine Wurzel aus einem negativen Wert ziehen wollen, wird die Ausführung Ihres Programmes mit der Fehlermeldung

```
"Math Error: sqrt"
```

abgebrochen. *MathError2* ist für die *ATan2*-Funktion zuständig, *MathError* für *ACos, ASin, Cos, Log, Log10, Sin, Sqrt* und *Tan*. Die beiden Prozeduren stammen aus dem Modul *Lib* und sind in *MATHLIB* als Prozedur-Variablen deklariert.

```
VAR  MathError : PROCEDURE(LONGREAL,ARRAY OF CHAR);
     MathError2: PROCEDURE(LONGREAL,LONGREAL,ARRAY OF CHAR);
```

Sie können also eigene Routinen für die Fehlerbehandlung schreiben und diesen Variablen zuweisen.

Zufallszahlen

Bevor Sie Zufallswerte (ob *CARDINAL*- oder *REAL*-Zahlen) erzeugen lassen, müssen Sie den Zufallszahlengenerator aus dem Bibliotheksmodul *Lib* aktivieren. Rufen Sie dafür (wie in Turbo Pascal) die *RANDOMIZE*-Prozedur auf.

Die Funktion *RAND* produziert eine Zufallszahl vom Typ *REAL*.

```
r := Lib.RAND();
```

r ist größer oder gleich 0.0 und kleiner als 1.0. Die Funktion *RANDOM* erzeugt eine Zufallszahl vom Typ *CARDINAL*. Sie übergeben *RANDOM* die maximale Größe der Zahl. Das Ergebnis liegt zwischen 0 und der übergebenen Höchstzahl *-1*. Im nächsten Beispiel wird ein Array aus Zufallszahlen generiert, die zwischen 0 und 999 liegen können.

```
...
VAR ca:ARRAY[1..100] OF CARDINAL;  x:CARDINAL;

PROCEDURE RandArray;
BEGIN
  Lib.RANDOMIZE; (* aktiviert Generator *)
```

```
    FOR x := 1 TO 100 DO
      ca[x] := Lib.RANDOM(1000);
    END;
  END RandArray;
```

Verzögerung des Programmablaufs

Die Abarbeitung des Programmes kann mit der Prozedur *Delay* über eine gewünschte Zeitspanne hinweg angehalten werden. Wie in Pascal übergeben Sie *Delay* die Wartezeit in Millisekunden (Typ *CARDINAL*). Die Anweisung

```
Lib.Delay(10000);
```

läßt Ihr Programm zehn Sekunden lang nichts tun.

Sound

Liegt Ihnen an einer kakophonischen Untermalung Ihrer Software, spielen Sie mit dem Gedanken, den ultimativen Stockhausen-Emulator zu programmieren? Dann ist dieser Abschnitt genau das richtige.

Die Prozedur *Lib.Sound* erzeugt einen Ton der übergebenen Frequenz (vom Typ *CARDINAL*). Dieser ertönt so lange, bis Sie die Prozedur *NoSound* aufrufen, die wieder für Ruhe sorgt. Eine Beendigung des Programmes schaltet den Lautsprecher *nicht* aus! Wenn Sie einen Ton eine gewisse Zeit halten wollen, können Sie mit *Lib.Delay* für eine Verzögerung sorgen. Hören Sie nun das folgende Programm.

```
MODULE SoundDem; IMPORT Lib;
VAR x:CARDINAL;
BEGIN
  Lib.DisableBreakCheck; (* ! *)
  Lib.RANDOMIZE;
  FOR x := 1 TO 60000 DO
    Lib.Sound(Lib.RANDOM(3000));
    Lib.Delay(Lib.RANDOM(121));
  END;
END SoundDem.
```

8 Programmieren mit Zeigern

In diesem Kapitel lesen Sie u.a. wie
- *mit Zeigervariablen gearbeitet wird,*
- *sehr große Arrays mit Zeigern realisiert werden,*
- *einfach und doppelt verkettete Listen erzeugt werden uvm.*

8.1 Zeigervariablen

Wenn Sie im Vereinbarungsteil eines Programmes eine (globale) Variable

```
VAR String:ARRAY[0..79] OF CHAR;
```

deklarieren, wird ihr 80 Bytes an Speicherplatz zugeordnet. Diese 80 Bytes belegt sie während der gesamten Laufzeit des Programmes. Eine solche *statische* Variable kann weder 'entfernt' werden, noch kann man Ihre Größe während der Laufzeit verändern. Bei einer String-Variablen mag das noch angehen. Bei mehreren größeren Strukturen - die den Speicher ebenfalls permanent belegen - kann es im 64 KByte großen Datensegment aber schnell eng werden.

Die Größe des Datensegmentes kann z.B. auch zum Problem werden, wenn Sie mit sehr großen Feldern arbeiten möchten. Eine Tabelle mit 300 Spalten und Reihen für Real-Zahlen werden sie dort z.B. kaum unterbringen.

Außerdem ist diese Speicherverwaltung oft zu unflexibel. Das wird z.B. bei der Programmierung von Editoren deutlich. Eine statische Datenstruktur zur Aufnahme der Texte könnte etwa so aussehen:

```
ARRAY[1..MaxZeilen] OF Zeile;
```

Aber wie können Sie im voraus wissen, wieviele Zeilen der Text haben wird und ob er nicht vielleicht größer als 64 kByte sein wird? Ganz abgesehen davon, daß das Einfügen neuer Zeilen bei Feldern recht aufwendig ist, scheint ein Array also schon von der Speicherverwaltung her kaum die geeignete Lösung zu sein. Eine ideale Struktur müßte:

- während der Laufzeit wachsen (Einfügen neuer, ungleich langer Zeilen) und schrumpfen (Löschen einzelner Zeilen und Blöcke) können,

- mehr Platz bieten als das Datensegment bietet (und dabei noch völlig unabhängig von der RAM-Ausstattung des Rechners sein) und
- Möglichkeiten für schnelle Blockoperationen (kopieren, verschieben, löschen) gewährleisten.

Mit Hilfe von Zeigern können Sie diese Struktur erzeugen. Ein Zeiger ist im Grunde eine ganz normale Variable. Allerdings enthält sie nicht bestimmte *Daten*, sondern die *Adresse*, unter der diese Daten auf dem Heap gespeichert sind. Die dort abgelegten Daten werden über einen Zeiger angesprochen, der auf sie weist. Ein Pointer kann auf einfache Typen wie Integers usw. weisen und auf selbstdefinierte Objekte wie Arrays, Records oder sehr komplexe Gebilde, die selbst aus Zeigern bestehen können.

Statische Variablen werden im 64kByte großen Datensegment gespeichert. Eine Zeigervariable auch. Sie belegt dort (statisch) vier Bytes, in denen Segment und Offset der Adresse auf dem Heap gespeichert sind. Die Größe des Heaps hängt von der Größe des Speicherraumes ab, der Ihrem Programm zur Verfügung steht (RAM-Ausstattung, minus Betriebssystem, minus residente Programme etc.).

Der Platz, der für eine Zeigervariable auf dem Heap reserviert wird, kann wieder freigegeben werden und steht dann für andere Variablen zur Verfügung. Beides, sowohl die Reservierung als auch die Freigabe des belegten Speicherraumes, geschieht zur Laufzeit des Programmes. Deswegen wird diese Speicherverwaltung als *dynamisch* bezeichnet (im Gegensatz zur statischen, die während der gesamten Laufzeit unverändert bleibt).

Speicherreservierung

Eine Zeigervariable wird im Vereinbarungsteil des Programmes definiert und durch den Zusatz *POINTER TO* als Pointer deklariert:

```
TYPE ZeigerVariable = POINTER TO Variablentyp
```

Hier ein Beispiel:

```
TYPE String80  = ARRAY[0..79] OF CHAR;
     ZeigerVar = POINTER TO String80;
VAR  z : ZeigerVar;
VAR  Ip: POINTER TO INTEGER; (* anonym *)
(* Pascal: ZeigerVar: ^String80; *)
```

Diese Zeiger weisen jetzt auf *NIL*! Im Gegensatz zu Turbo Pascal deutet ein Pointer nach der Deklaration automatisch auf *NIL* (Not In List) und nicht 'irgendwohin'. Wenn Sie einer Zeigervariablen nun Werte zuweisen, ohne ihr zuvor Speicherplatz reserviert zu haben, wird das zwar vom Compiler akzeptiert, hat aber den Laufzeitfehler

```
"Dereference of Nil pointer"
```

zur Folge. Vergessene Reservierungen haben also kein unkalkulierbares Verhalten oder Abstürze des Rechners zur Folge (wie in Pascal). Die Prüfung auf Dereferenzierung von *NIL* können Sie mit der *$Z*-Compilerdirektive abschalten (siehe Anhang).

Um Speicherplatz auf dem Heap zu reservieren, wird die Standardprozedur *NEW* aufgerufen.

```
NEW(z);
```

reserviert auf dem Heap den von *z* *benötigten* Speicherplatz und legt die Anfangsadresse dieses Platzes in *z* ab. Weist der Zeiger auf eine Integervariable, werden mit *NEW* also 2 Bytes reserviert. Bei unserem Beispiel, in dem *z* auf einen 80 Zeichen langen String zeigt, werden 80 Bytes reserviert. Deutet der Zeiger auf ein Array von 10000 Realzahlen sind es 40000 Bytes usf.

Bevor Sie *NEW* (und später *DISPOSE*) aufrufen können, muß Ihr Programm aus dem *Storage*-Modul *ALLOCATE* und *DEALLOCATE* importiert haben, sonst meldet der Compiler

```
"DE(ALLOCATE nicht importiert)"
```

Storage ist der Bibliotheks-Modul, der die Routinen für die Speicherverwaltung bereitstellt. Die Prozedur *ALLOCATE* reserviert einen Bereich der übergebenen Größe auf dem Heap. *DEALLOCATE* gibt einen bestimmten Speicherbereich wieder frei. *NEW* und *DISPOSE* basieren auf diesen beiden Prozeduren. In Pascal ist das nicht anders. Dort benötigt *New GetMem* und *Dispose* ruft *FreeMem* auf. *NEW*(*z*) tut dasselbe wie die Anweisung

```
ALLOCATE(z,SIZE(String80));
```

In beiden Sprachen automatisiert *NEW* also den korrekten Aufruf der Prozedur für die Speicherreservierung und erspart Ihnen so Arbeit. Daß es aber dennoch notwendig sein kann, die Prozeduren *ALLOCATE* und *DEALLOCATE* zu benutzen, wird in Kapite 8.4 gezeigt. Kommen wir also zurück zu unserem Beispiel. Nach *NEW*(*z*) zeigt z auf eine 'leere' Speicherstelle:

Auf diesen Speicherplatz wird, wie in Pascal, mit *z^* zugegriffen:

```
z^ := 'Hallo';
```

führt zu:

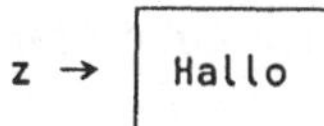

Wie gesagt: *z* selbst enthält nicht die Information "Hallo", sondern die Adresse, unter der der String auf dem Heap abgelegt ist. An die Information "Hallo" kann man nur über ein Zeiger gelangen, der auf diese Adresse deutet. Auf die unter der Adresse in *z* gespeicherte Information kann mit *z^* zugegriffen werden:

```
WrStr(z^);
```

ergibt also "Hallo", während *WrStr(z)*; eine Fehlermeldung zur Folge hat. Hier noch ein paar Zuweisungsbeispiele, die das oben gesagte verdeutlichen sollen.

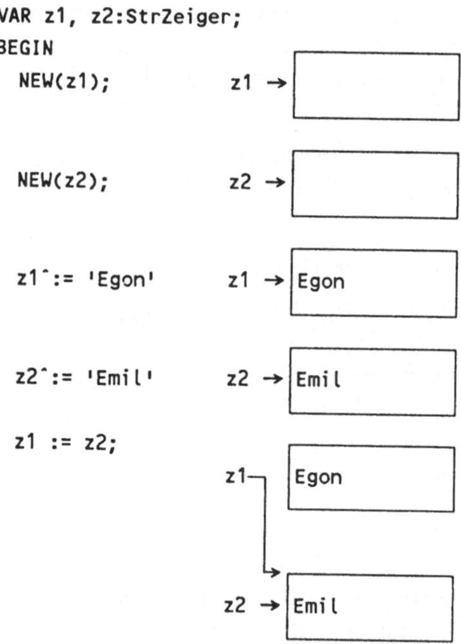

WrStr(z1^); ergibt "Emil", *WrStr(z2^)*; ergibt ebenfalls "Emil", weil beide Zeiger auf das gleiche Objekt deuten. "Egon" ist nach dieser Zuweisungsoperation verloren - es gibt keine Möglichkeit mehr, auf diesen String zuzugreifen. Man kann den zuvor für ihn reservierten Platz auch nicht mehr freigeben - dieser 'Müll' belegt den Speicher permanent.

Würden wir jetzt *z1^* "Egon" zuweisen, ergäbe *WrStr(z1^)* "Egon". *WrStr(z2^)* hätte das gleiche Ergebnis, weil beide Zeiger auf die gleiche Speicherstelle weisen. Über welche Zeigervariable diese Adresse angesprochen wird, spielt also keine Rolle.

Wenn in *z1^* "Egon" und in *z2^* "Emil" steht, betrifft die Zuweisung `z1^ := z2^` (statt `z1 := z2`) nicht die Zeiger selbst, sondern kopiert den Inhalt des zweiten 'Kästchens' in das erste:

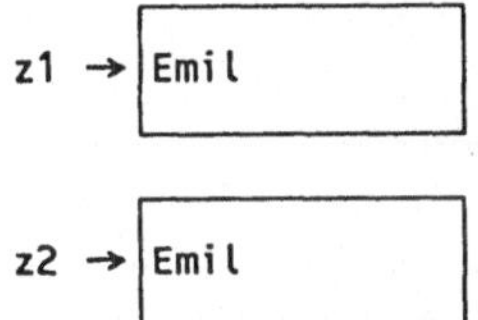

Nun soll gezeigt werden, wie Pointer vertauscht werden. Dabei fungiert *H* als Zwischenspeicher. Für *H* muß kein Speicherplatz reserviert werden, weil er nur eine Adresse speichert. Ein *NEW(H)* ist deswegen nicht erforderlich:

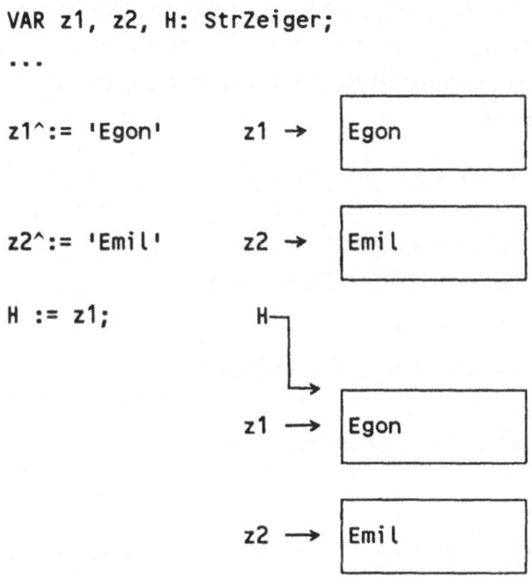

Zunächst wird der Zeiger *z1* auf *z2* 'gebogen':

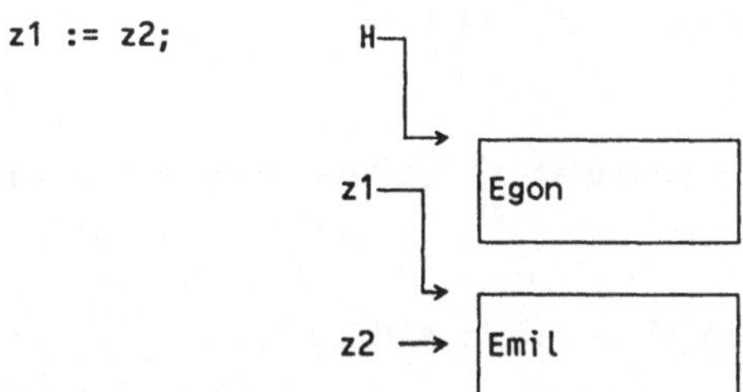

und dann *z2* auf den Hilfszeiger *H*:

```
z2 := H;
```

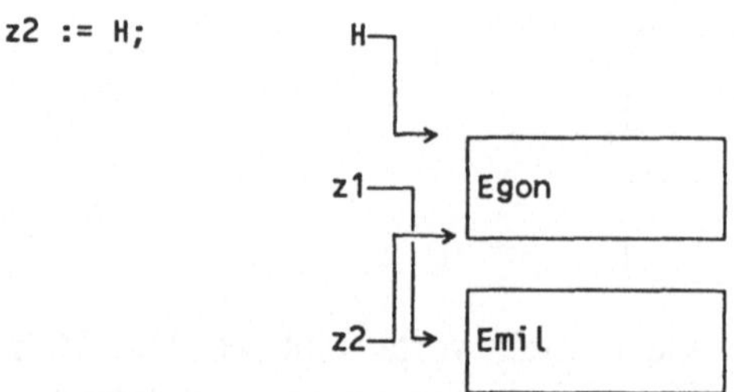

Dieses Beispiel soll auch zeigen, daß Zeigeroperationen *schnell* sind. Wenn Strings vertauscht werden, kopiert der Computer tatsächlich komplette Strings. Beim Tausch von Zeigern werden hingegen nur 4 Bytes für die Adressen umgespeichert. So lassen sich durch den Einsatz von Zeigern z.B. Sortieralgorithmen optimieren.

Hinweis: Mit einem Testprogramm können Sie das, z.B. mit Hilfe der *QSort*-Routine (vgl. Kapitel 7.13), nachprüfen. Erzeugen Sie ein Feld mit Zeigern auf z.B. 1000 Strings á 200 Zeichen und lassen Sie es sortieren. Messen Sie die Zeit, die es benötigt, wenn es *Strings* und wenn es *Adressen* tauscht. Hier die notwendigen Prozeduren:

```
...
PROCEDURE Compare(a,b:CARDINAL):BOOLEAN;
BEGIN
  RETURN Str.Compare(sf[a]^,sf[b]^) = -1;
END Compare;

PROCEDURE Swap(a,b:CARDINAL);  (* Adressen tauschen *)
VAR H:ADDRESS;
BEGIN
  H := sf[a]; sf[a]:=sf[b]; sf[b]:=H;
END Swap;
(**
PROCEDURE Swap(a,b:CARDINAL);  (* komplette Strings tauschen *)
VAR H:string;
BEGIN
  H := sf[a]^; sf[a]^:=sf[b]^; sf[b]^:=H;
END Swap;
**)
```

Freigabe von Speicherplatz

Wenn wir die Variable *z1* nicht mehr benötigen, geben wir mit der *DISPOSE*-Anweisung den von ihr auf dem Heap belegten Speicherplatz wieder frei:

```
DISPOSE(z1);
```

Freilich existiert der Zeiger *z1* trotzdem weiter (und belegt im Datensegment auch weiterhin 4 Bytes). Man könnte ihm an einer anderen Stelle, für neue Aufgaben, mit *NEW* wieder Speicherplatz zuordnen. Der Wechsel von *NEW* und *DISPOSE* ist beliebig oft möglich. Im Gegensatz zu Turbo Pascal weist in TopSpeed Modula-2 eine Zeigervariable nach *DISPOSE* automatisch auf *NIL*! In Modula-2 gibt es übrigens kein Pendant zu *Mark* und *Release*.

Beachten Sie, daß Sie *DISPOSE* nur anwenden dürfen, wenn die Zeigervariable auch auf einen vorher reservierten Speicherbereich weist. Korrespondierend zu

```
NEW(z1); NEW(z2);
```

gibt es im allgemeinen ein

```
DISPOSE(z1); DISPOSE(z2);
```

Schauen wir uns aber das obige Beispiel noch einmal an, bei dem *z1* und *z2* (für die beide mit *NEW* Platz auf dem Heap reserviert worden war) einander zugewiesen wurden. Das sah so aus:

```
z1 := z2;
```

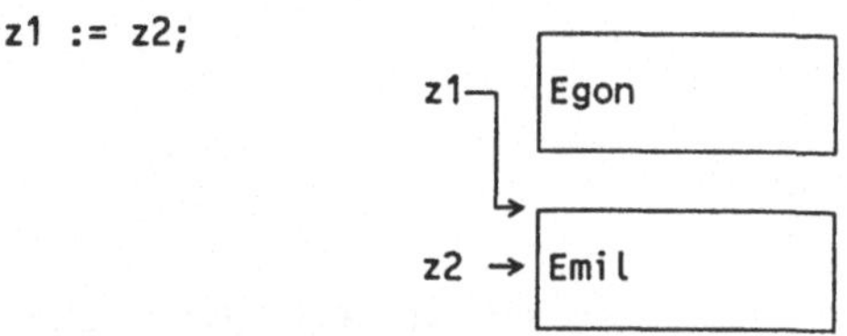

Wenn jetzt *DISPOSE(z1)* aufgerufen wird, wird der entsprechende Bereich freigegeben *und z1 weist auf NIL*. Ein Zugriff auf *z1* hat einen Laufzeitfehler und die Meldung

```
"Dereference of Nil pointer"
```

zur Folge. Der andere Zeiger *z2* weist auf eine Adresse, die nicht mehr verwaltet wird. Ein *DISPOSE(z2)* führt deshalb wahrscheinlich zum Absturz des Rechners. Nicht nur die frühere Information *z1^*, sondern auch der Speicherbereich, in dem "Egon" steht, ist definitiv verloren. Weder kann man auf ihn zugreifen, noch kann man ihn wieder freigeben. Eine Ausgabe eines 'dangling pointer' wie *z2* mit *WrStr(z2^)* wird zufällige und möglicherweise sinnlose Ergebnisse bringen. Folgende Anweisungssequenz ist freilich möglich:

```
VAR z1,z2,H:StrZeiger;
...
  NEW(z1); NEW(z2);
  H := z1;
  z1:=z2;
  DISPOSE(H); DISPOSE(z1);
...
```

In diesem Programmfragment wurde der gesamte vorher belegte Platz auf dem Heap wieder freigegeben. *H* wurde vorher mit *NEW* kein Speicherplatz zugewiesen. Das ist in diesem Fall auch nicht nötig. *H* enthält eine Adresse, und *DISPOSE* dealloziert den vom Typ *StrZeiger* belegten Platz ab dieser Adresse. Ein zusätzliches *DISPOSE*(*z2*) hätte freilich wiederum unkalkulierbare Folgen gehabt.

Operationen mit Zeigervariablen

Bei der Arbeit mit Zeigern müssen Sie zwischen Operationen unterscheiden, die Sie mit einem Pointer ausführen dürfen, und solchen, die Sie mit dem Objekt ausführen können, auf das der Pointer zeigt.

Zeiger können von Funktionen zurückgeliefert werden und dürfen an Prozeduren übergeben werden:

```
PROCEDURE say (s:StringZeiger);
BEGIN
  WrStr(s^);WrLn;
END; say;
...
say(z1); (* Aufruf *)
...
```

Zeiger können verglichen werden. Zeigen Sie auf das gleiche Objekt, d.h. speichern sie die gleiche Adresse im Heap, ergibt ein Vergleich den Wert *TRUE*:

```
...
NEW(z1); NEW(z2); NEW(h);
z1^:= 'Egon';
z2^:= 'Emil';
h := z1;
```

Hier ergibt: `IF h = z1...` *TRUE* und `IF h = z2...` *FALSE*.

Mit den Objekten, auf die Zeiger weisen, können Sie *alle* Operationen ausführen, die Sie mit 'normalen' Variablen des gleichen Typs auch ausführen dürfen. Jedoch können Zeigervariablen nicht als Kontrollvariablen von *FOR*-Schleifen eingesetzt werden.

Auch bei Zeigern besteht eine strenge *Typenbindung*. Sie können einer Zeigervariablen, die auf eine Integerzahl weist, keinen String oder einen Zeiger auf einen String zuweisen. Lediglich die Zeigerkonstante *NIL* kann jedem beliebigen Zeiger zugeordnet werden. (Möglichkeiten zur Umgehung der Typenbindung werden in Kapitel 9 vorgestellt.)

Zeiger auf Prozeduren

Wie das folgende Listing zeigt, können Sie Zeiger auch auf Prozedurtypen weisen lassen. In diesem Fall deuten dann Zeiger auf Zeiger, weil Prozedurtypen selbst nichts anderes als Pointer sind.

```
MODULE przptr;
FROM  Storage IMPORT ALLOCATE,DEALLOCATE;IMPORT IO;
TYPE  Ptyp = PROCEDURE;     (* Prozedurtyp   *)
VAR   P: POINTER TO Ptyp;  (* Zeiger darauf *)

PROCEDURE p_1;                  (* Bsp.1 *)
BEGIN IO.WrStr( 'Das ist p_1'); END p_1;

PROCEDURE p_2;                  (* Bsp.2 *)
BEGIN IO.WrStr(' Das ist p_2'); END p_2;

BEGIN
  NEW(P);
  P^:=p_1;
  P^;       (* Ausführung *)
  P^:=p_2;
  P^;       (* Ausführung *)
  DISPOSE(P);
END przptr.
```

8.2 Große Arrays

Es kann vorkommen, daß Sie entweder sehr große Arrays benötigen, die die 64KByte Grenze des Datensegments sprengen, oder, daß Sie in Ihrem Speicher *mehrere* Felder unterbringen möchten, für die das Datensegment nicht genug Platz bietet. Mit dynamischen Variablen lassen sich beide Probleme lösen.

Beachten Sie jedoch, daß ein Objekt, auf das ein Pointer zeigt, nicht größer als 64kByte sein kann. Mit *NEW* bzw. *ALLOCATE* können auch keine größeren Speicherräume reserviert werden (dafür gibt es die Prozedur *HeapAllocate*). Möglich ist z.B. folgende Deklaration:

```
CONST max = MAX(CARDINAL);
TYPE  F   = ARRAY[1..max]OF CHAR;
      ZeigerVar = POINTER TO F;
```

Eine größere Datenstruktur würde vom Compiler nicht akzeptiert. Größere Objekte können aber mit Listen etc. erzeugt werden. Auch dann deutet ein

Zeiger aber nur auf ein Element, das diese Größe nicht überschreitet. Ein Teil dieses Elementes ist wiederum ein Zeiger, der auf ein weiteres Element deutet usf. Auf diese Weise werden sehr große Datengebilde erzeugt. Ich komme hierauf noch zurück.

Wenn Sie mit Zeigern Felder aufbauen möchten, sind verschiedene Konstrukte möglich, z.B. ein Zeiger, der *auf ein Feld* (auf dem Heap) *weist*, oder ein *Feld von Zeigern*, die auf Objekte auf dem Heap weisen. Hier die erste Möglichkeit:

```
...
Feld = ARRAY [1..10000] OF REAL;
Liste = POINTER TO Feld;
```

In diesem Fall zeigt *Liste* auf ein Feld im Heap:

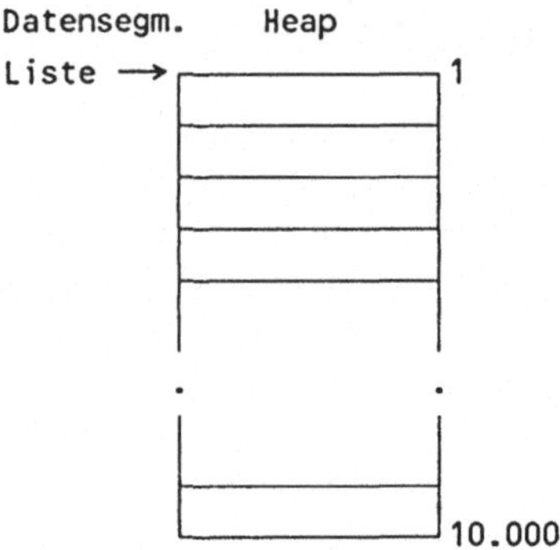

Dabei belegt *Liste* im Datensegment 4 Bytes, das Objekt im Heap 40.000 Bytes. Eine andere Möglichkeit ist diese:

```
...
Element=POINTER TO String80;
Liste = ARRAY[1..1000] OF Element;
```

Damit wurde ein *Feld von Zeigern* deklariert:

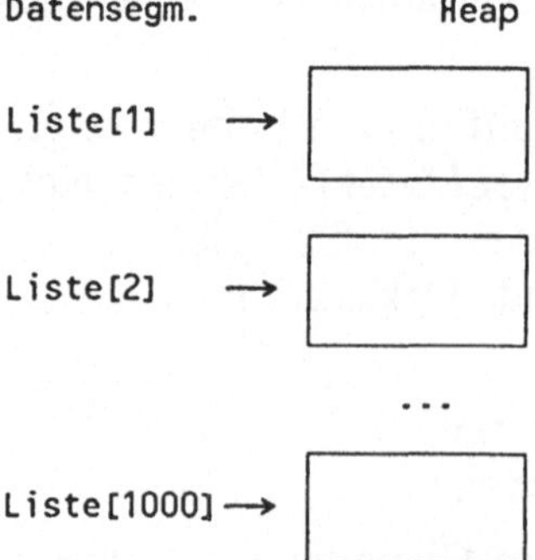

Das folgende Beispiel soll Ihnen zeigen, wie Sie auf diese Weise große Arrays erzeugen können. In dem kleinen Programm wird auf dem Heap ein Feld mit 1500 Strings á 100 Zeichen (das also 150.000 Bytes benötigt) abgelegt. Im Datensegment wäre das nicht möglich gewesen. Den Versuch würde der Compiler mit der Fehlermeldung "Objekt zu groß" quittieren.

Zum Aufbau des Feldes: *StrZeiger* ist ein Pointer, der auf einen String im Heap weist. Der Typ *Zeigerfeld* ist ein Array, dessen Elemente (vom Typ *StrZeiger*) auf Strings auf dem Heap weisen. *Liste* ist die Variable, die auf der Basis von *Zeigerfeld* deklariert wird.

Um auf dem Heap Speicher zu reservieren, muß in einer Schleife jedem Element des Feldes mit *NEW* Platz zugewiesen werden. *Liste* belegt dort 1500 * 4 Bytes. Am Ende des Programmes wird - ebenfalls in einer Schleife - der Speicherplatz, der jedem Element mit *NEW* reserviert wurde, mit *DISPOSE* wieder freigegeben. Der Zugriff auf die Elemente erfolgt über den Index und den ^ Operator:

```
Liste[99]^ := 'Hallo Karin!';
```

legt einen String im Speicherbereich ab, auf den *das 99. Element von Liste weist.*

```
MODULE zeiger1;
FROM Storage IMPORT ALLOCATE,DEALLOCATE; (* Für NEW und DISPOSE *)
FROM IO      IMPORT WrStr,WrCard,WrLn;
TYPE String    = ARRAY [0..99] OF CHAR;
     StrZeiger = POINTER TO String;  (* Zeiger auf einen String *)
     ZeigerFeld =  ARRAY[1..1500] OF StrZeiger; (* 1500 Zeiger  *)
                                           (* weisen auf Strings im Heap *)
VAR  Liste: ZeigerFeld;
     x    : CARDINAL;

BEGIN
  FOR x := 1 TO 1500 DO     (* für jeden Zeiger der Liste Platz *)
    NEW(Liste[x]);          (* Platz auf dem Heap reservieren   *)
  END;

  FOR x := 1 TO 1500 DO     (* Zuweisung von Werten             *)
    Liste[x]^ := '*';
  END;

  FOR x := 1 TO 1500 DO
    WrCard(x,4);            (* Ausgabe                          *)
    WrStr(Liste[x]^);WrLn;
  END;
```

```
    FOR x := 1 TO 1500 DO      (* Mit dieser Schleife wird der     *)
      DISPOSE(Liste[x]);       (* Platz auf dem Heap wieder frei-  *)
    END;                       (* gegeben                          *)
  END zeiger1.
```

Im nächsten Beispiel wird ein Zeiger angelegt, der auf ein Feld mit 500 Strings weist (siehe oben, erstes Schema). Auf diese Weise können Sie z.B. mehrere große Arrays auf dem Heap plazieren. Da *Liste* in diesem Fall nur ein Zeiger ist, erfolgt die Speicherreservierung nicht in einer Schleife, sondern mit einem einfachen

```
NEW(Liste);
```

Liste belegt 4 Bytes im Datensegment und deutet auf ein Objekt von 50.000 Bytes auf dem Heap. Beachten Sie die Schreibweise bei der Wertzuweisung.

```
Liste^[99] := 'Test';
```

weist dem 99. Element des Feldes, auf das *Liste* weist, einen String zu.

```
MODULE zeiger2;
FROM Storage IMPORT ALLOCATE,DEALLOCATE;
FROM IO      IMPORT WrStr,WrCard,WrLn;
TYPE String = ARRAY[0..99] OF CHAR;
     StrFeld= ARRAY[1..500] OF String;(* Deklaration des Feldes *)
     FeldZeiger= POINTER TO StrFeld;  (* und des Zeigertyps der *)
                                      (* auf dieses Feld deutet *)
VAR  Liste: FeldZeiger;
     x    : CARDINAL;
BEGIN
  NEW(Liste);
  FOR x:=1 TO 500 DO Liste^[x] := '*'; END;          (* Zuweisung *)
  FOR x := 1 TO 500 DO                  (* komplettes Feld ausgeben *)
    WrCard(x,5);
    WrStr(Liste^[x]);WrLn;
  END;
  DISPOSE(Liste);                 (* Speicherplatz wieder freigeben  *)
END zeiger2.
```

Das dritte Beispiel soll Ihnen zeigen, wie sich ein größeres zweidimensionales Feld auf dem Heap aufbauen läßt. Es wird eine Tabelle mit 40000 Zellen für Real-Zahlen erzeugt. Die Prozeduren für das Eingeben von Zahlen und das spaltenweise Addieren sollen lediglich zeigen, wie auf ein solches zweidimensionales Array zuzugreifen ist.

Zur Datenstruktur: *Col* ist ein Feld mit 200 Realzahlen. *ColPtr* ist ein Zeiger, der auf dieses Feld deutet. *Tab* wiederum ist ein Feld, das aus diesen Zeigern besteht:

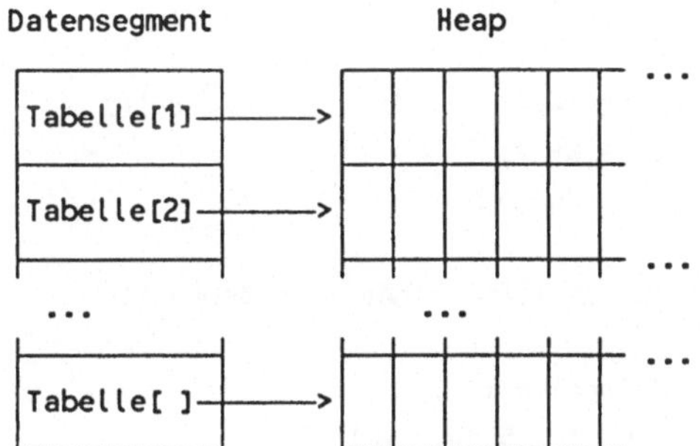

Eine Zelle in der Zeile *y* und Spalte *x* dieser Tabelle wird mit

```
Tabelle[y]^[x] := 4.7;
```

angesprochen.

```
MODULE ZTab;
FROM Storage IMPORT ALLOCATE, DEALLOCATE;
FROM IO      IMPORT WrLn,WrStr,RdStr,RdKey,RdCard,RdReal,WrReal;
TYPE Col    = ARRAY[1..200] OF REAL;       (* Ein Real-Array    *)
     ColPtr = POINTER TO Col;              (* Ein Zeiger darauf *)
     Tab    = ARRAY[1..200] OF ColPtr;     (* ein Zeigerarray   *)
VAR  Tabelle: Tab;
     x,y    : CARDINAL;
     Taste  : CHAR;

PROCEDURE Init; (* Speicherzuweisung und Initialisierung *)
BEGIN
  FOR y := 1 TO 200 DO
    NEW(Tabelle[y]);              (* dem Zeiger-Array wird Platz *)
  END;                            (* auf dem Heap zugewiesen     *)

  FOR y:= 1 TO 200 DO
    FOR x := 1 TO 200 DO
      Tabelle[y]^[x] := 0.0;        (* alle Zellen auf 0 *)
    END;
  END;
END Init;

PROCEDURE WelcheZelle;
BEGIN
  WrStr('Zeile : ');y :=RdCard();WrStr('Spalte: ');x :=RdCard();
END WelcheZelle;
```

```
PROCEDURE Eingabe; (* Einer Zelle einen Wert eingeben *)
VAR Wert: REAL;
BEGIN
  WelcheZelle;WrStr('Wert  : ');Wert := RdReal();
  Tabelle[y]^[x] := Wert;
END Eingabe;

PROCEDURE Ausgabe; (* Zellen-Inhalt ausgeben *)
BEGIN
  WelcheZelle; WrStr('Wert  : ');
  WrReal(Tabelle[y]^[x],5,10); WrLn;
END Ausgabe;

PROCEDURE SpaltenSumme; (* ...errechnen *)
VAR
  Summe: REAL;
BEGIN
  WrStr('Spalte: '); x := RdCard();
  FOR y := 1 TO 200 DO
    Summe := Summe + Tabelle[y]^[x];
  END;
  WrStr('Summe: ');WrReal(Summe,5,10);WrLn;
END SpaltenSumme;

BEGIN
  Init;
  REPEAT
    WrStr('<E>ingeben <S>palten addieren <A>usgeben ESC:Ende');
    WrLn;Taste := RdKey();
    CASE Taste OF
      'e':Eingabe|  's':SpaltenSumme|  'a':Ausgabe
    END;
  UNTIL Taste = CHR(27);
  FOR x := 1 TO 200 DO       (* Den belegten Speicherplatz *)
    DISPOSE(Tabelle[x]);     (* wieder freigeben           *)
  END;
END ZTab.
```

Zeiger-Arrays sortieren

Das nächste Beispiel zeigt, wie Zeigerfelder mit der *QSort*-Routine aus dem Modul *Lib* sortiert werden können. Das Programm gibt eine sortierte Liste der Prozedurköpfe eines Moduls mit der Ausgabeumleitung (Kapitel 7.5) auf den Drucker aus. Die Liste ist als Feld von Zeigern angelegt, die auf Records weisen. In diesen ist der Prozedurkopf und die Zeilennummer abgelegt. Der Text wird zeilenweise eingelesen. Wenn das erste Wort einer Zeile "*PROCEDURE*" ist, wird sie in das Feld aufgenommen.

```
MODULE PList;
FROM  FIO IMPORT  RdStr, File, Open, EOF, Close;
FROM  IO  IMPORT  WrStr, WrLn, WrCard, RedirectOutput;
FROM  Lib IMPORT  ParamCount, ParamStr, QSort;
FROM  Str IMPORT  Item, CHARSET; IMPORT Str;
FROM  Storage     IMPORT ALLOCATE, DEALLOCATE;
TYPE  String      = ARRAY[0..128] OF CHAR;
      Eintrag     = RECORD           (* Eintrag in Prozedurliste *)
                      ProzName: String;
                      ZeilenNr: CARDINAL;
                    END;
      EintrZg     = POINTER TO Eintrag;
VAR   Liste       : ARRAY[1..1000] OF EintrZg;  (* Prozedurliste *)
      Quelle      : File;                       (* Textdatei     *)
      DName,                                    (* Dateiname     *)
      HString,                                  (* Hilfsstring   *)
      Zeile       : String;                     (* Textzeile     *)
      Index,                                    (* für Liste     *)
      Zaehler,                                  (* Zeilenzahl    *)
      x           : CARDINAL;                   (* Hilfsvariable *)

PROCEDURE Swap(a,b: CARDINAL);  (* Tausch von 'Adressen' *)
VAR H: ADDRESS;
BEGIN H:=Liste[a]; Liste[a]:=Liste[b]; Liste[b]:=H; END Swap;

PROCEDURE Compare(a,b: CARDINAL): BOOLEAN;
BEGIN
  RETURN Str.Compare(Liste[a]^.ProzName ,Liste[b]^.ProzName) = -1;
END Compare;

BEGIN
  IF ParamCount() < 1 THEN
    WrStr('Dateiname ? '); HALT;
  END;
  ParamStr(DName,1);
  Quelle := Open(DName);
  RedirectOutput("PRN");                      (* Ausgabe  umleiten *)
  FOR x := 1 TO 1000 DO                       (* Prozedurliste mit *)
    NEW(Liste[x]);                            (* 1000 Einträgen    *)
  END;                                        (* erzeugen          *)
  Zaehler:=0;    Index := 0;
```

```
    WHILE NOT EOF DO                              (* bis Dateiende      *)
      RdStr(Quelle,Zeile);                        (* Zeile einlesen     *)
      INC(Zaehler);                               (* Zeilenzähler       *)
      Item(HString,Zeile,CHARSET{CHR(32)},0); (* 1.Wort d. Zeile  *)
      IF (Str.Compare(HString,'PROCEDURE') = 0) THEN
        INC(Index);
        WITH  Liste[Index]^ DO           (* Zeile in Liste aufnehmen *)
          ProzName := Zeile;
          ZeilenNr := Zaehler;
        END;
      END;
    END;
    Close(Quelle);
    QSort(Index,Compare,Swap);                      (* sortieren        *)
    WrStr('Prozeduren in Modul ');WrStr(DName); WrLn;
    FOR x := 1 TO Index DO                          (* Ausgabe          *)
      WITH Liste[x]^ DO
        WrCard(ZeilenNr,4); WrStr(': ');WrStr(ProzName); WrLn;
      END;
    END;
    FOR x := 1 TO 1000 DO DISPOSE(Liste[x]); END;
  END PList.
```

8.3 Listen

Eine der interessantesten Aufgaben beim Programmieren ist die Entwicklung komplexer, 'verzeigerter' Datenstrukturen: von 'Listen', 'Bäumen' etc. Hier nur ein paar Beispiele zum Thema Listen.

Einfach verknüpfte Listen

Stellen Sie sich vor, Sie programmieren eine Dateiverwaltung. Das Programm sucht bestimmte Datensätze und gibt sie am Bildschirm aus. Die Position des Satzzeigers soll bei jeder Fundstelle mitgespeichert werden (z.B. um zurückblättern zu können). Mit welcher Datenstruktur könnte man das erreichen? Ein Feld dieser Art:

```
TrefferListe:ARRAY[1..1000] OF CARDINAL;
```

hat zwei gravierende Nachteile. Erstens belegt es über die ganze Laufzeit des Programmes Speicherplatz. Zweitens wissen Sie nicht, wieviele Datensätze das Programm mitspeichern soll. Soll das Feld also für 100, 1000 oder mehr Fundstellen dimensioniert werden?

Beide Nachteile lassen sich mit einer Liste vermeiden, die zur Laufzeit nach Bedarf wächst und nur dann Speicherplatz belegt, wenn es wirklich nötig ist. Jedesmal wenn das System einen Datensatz findet, soll ein neues Listenelement erzeugt werden. Das neue Element enthält die Datensatznummer (i.e. die Position des Satzzeigers) und wird dann an die Liste angekoppelt. Schematisch dargestellt sieht das so aus:

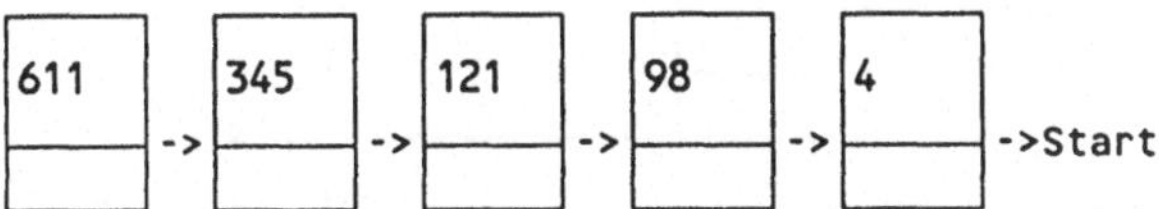

Die Elemente werden durch Zeiger verknüpft. Eine solche Liste zu erzeugen ist möglich, weil Zeiger auch auf Objekte deuten können, die ihrerseits Zeiger enthalten. Bei einer einfach verknüpften Liste besteht ein Listenelement aus zwei Komponenten: dem 'Inhalt' (in unserem Beispiel die Datensatznummer) und einem Zeiger auf das Vorgängerelement der Liste. Der dazugehörige "rekursive Datentyp" (N.Wirth) könnte z.B. so aussehen:

```
TYPE
  Zeiger = POINTER TO EinListenElement;
  EinListenElement = RECORD
                       LetztesElement:Zeiger;(*auf den Vorgänger*)
                       DsatzNr:CARDINAL;     (* Inhalt          *)
                     END;
VAR  ListenEnde, ListenElement:Zeiger;
```

Man baut die Liste auf, indem man zunächst einmal einen Anfangspunkt festsetzt. Dafür lassen wir (vor dem Beginn der Recherche in unserer Datenbank) das Ende der leeren Liste auf *NIL* zeigen:

```
ListenEnde -> NIL
```

Das Programm soll nun den ersten gefundenen Datensatz in der Liste eintragen. Dafür muß zuerst ein leeres Listenelement erzeugt werden:

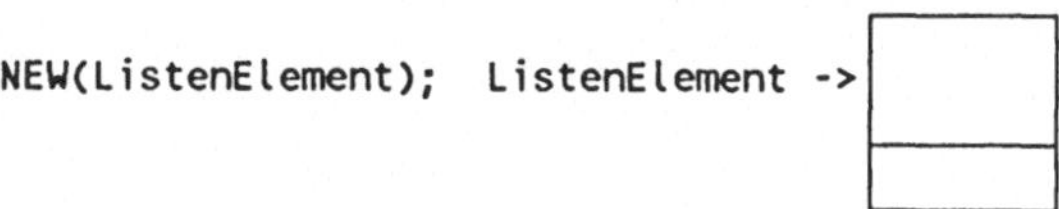

Mit

```
ListenElement^.DSatzNr := x
```

erhält es seinen Inhalt, z.B. die Datensatznummer 5

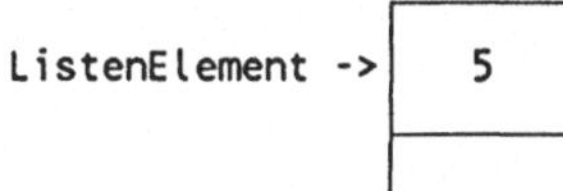

Jetzt fügen wir das Element Schritt für Schritt in die Liste ein:

```
ListenElement^.LetztesElement := ListenEnde;
```

Das hat zur Folge, daß der Zeiger *LetztesElement* wie *ListenEnde* auf *NIL* deutet:

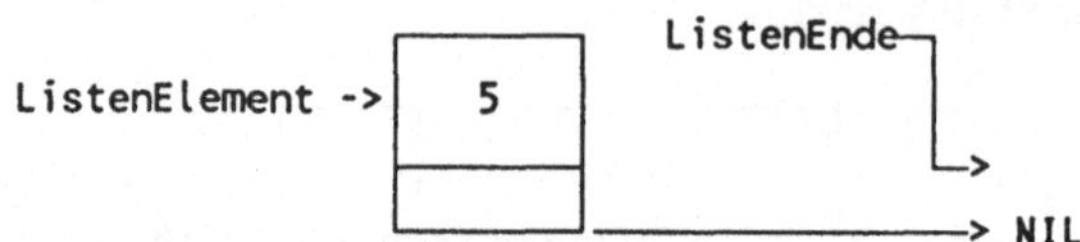

Das Listenende können wir jetzt auf unser neues Element setzen:

```
ListenEnde := ListenElement;
```

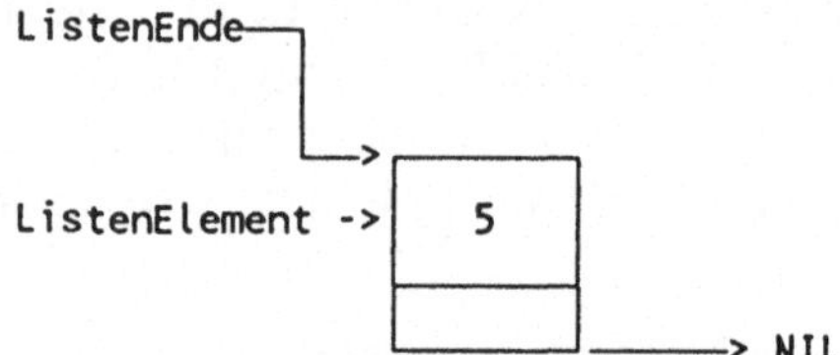

Damit ist das neue Element in die Liste 'eingehängt' worden. Dies wiederholt sich nun jedesmal, wenn ein neuer Datensatz gefunden und in die Liste aufgenommen wird. Zuerst wird wieder ein neues Element erzeugt:

```
NEW(ListenElement);
```

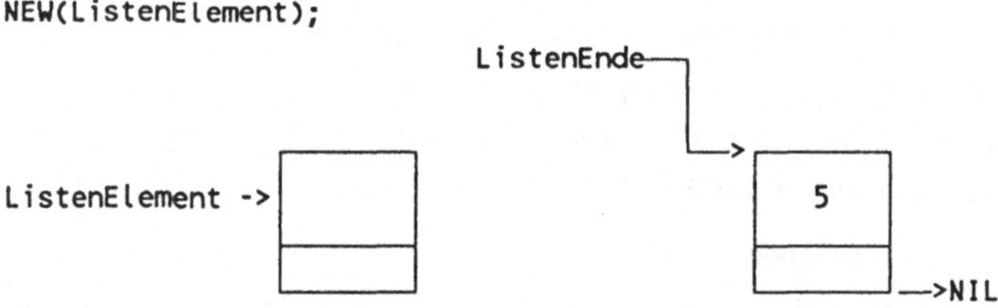

dann erfolgt die Wertzuweisung, z.B. mit:

```
ListenElement^.DSatzNr := 23
```

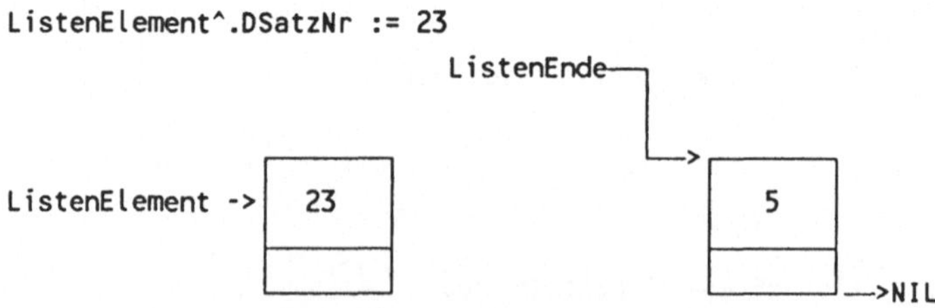

Das neue Element wird an das andere angekoppelt:

```
ListenElement^.LetztesElement := ListenEnde;
```

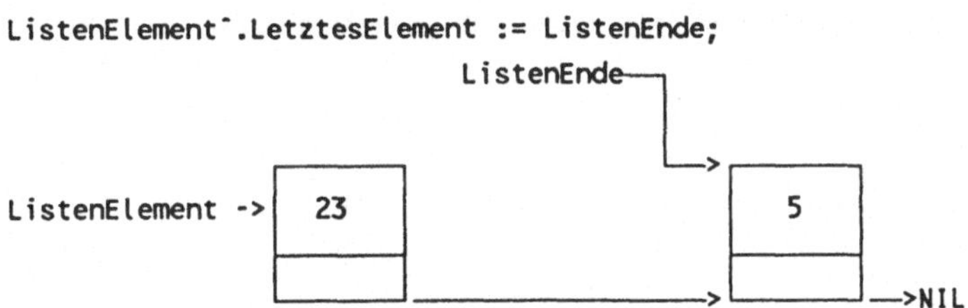

Und das Listenende wird 'weitergesetzt':

```
ListenEnde := ListenElement;
```

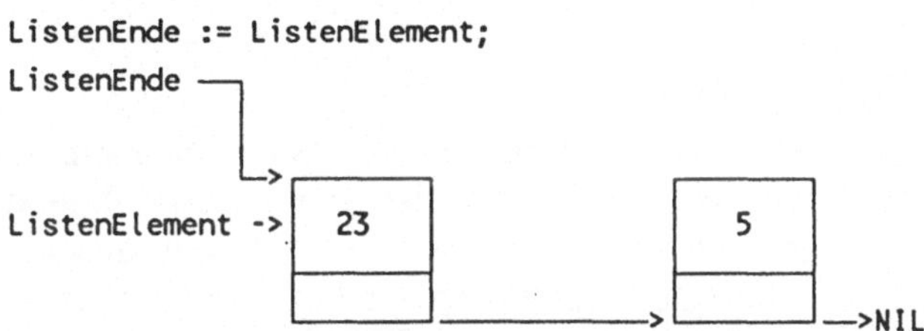

Hierzu ein kleines Beispielprogramm. Es soll Zahlen, die Sie eingeben, in eine solche Liste eintragen. Am Ende der Eingabe (die hier das Eintragen der Datensatznummer darstellt), soll es die gesamte Liste ausgeben. Außerdem sollen Sie während der Eingabe auch zurückblättern können.

Für das Zurückblättern benutzen wir einen Hilfszeiger, um die Liste nicht zu zerstören. Bei der Ausgabe und beim Zurückblättern hangelt sich das Programm vom letzten Eintrag aus, von Element zu Element, in Richtung Listenanfang. Das ist dadurch möglich, daß der jeweilige Pointer auf das Objekt gesetzt wird, auf das *LetztesElement* zeigt. Dann wird der Inhalt dieses Objektes (die Satznummer) ausgegeben, und der Zeiger wird erneut mit *LetztesElement* gleichgesetzt, damit er auf das Vorgängerelement weist.

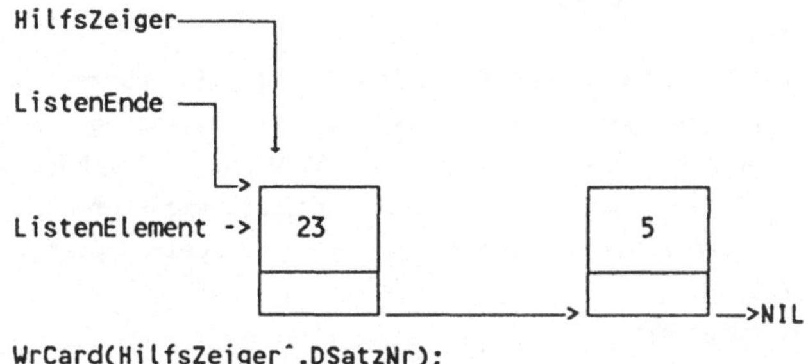


```
WrCard(HilfsZeiger^.DSatzNr);
```

ergibt 23. Nun kann dieser Zeiger weiterbewegt werden mit:

```
HilfsZeiger := HilfsZeiger^.LetztesElement;
```

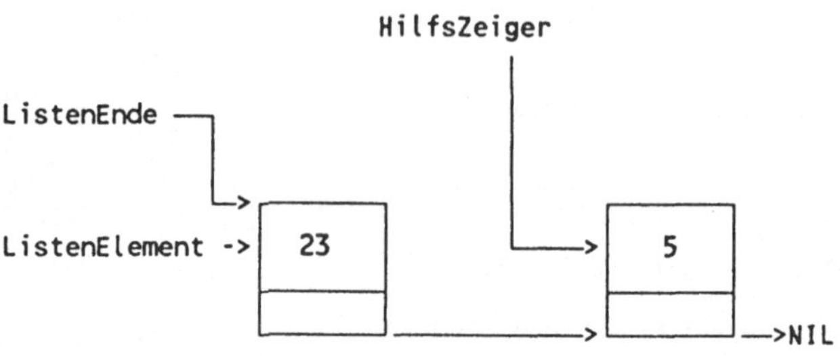


```
WrCard(HilfsZeiger^.DSatzNr,5);
```

ergibt 5. Das geht so weiter, bis der Zeiger *LetztesElement* schließlich auf *NIL* und damit auf das Ende der Liste weist. Bei der abschließenden Ausgabe der Liste wird jedes Element, nachdem sein Inhalt ausgegeben wurde, 'aufgelöst', um den belegten Speicherplatz zurückzugewinnen. Dieses System funktioniert wie ein dynamischer LIFO-Stack (Last in, first out). Die zuletzt 'gepushten' Daten werden zuerst wieder ausgegeben.

```
MODULE Stack1;(*LIFO*)
FROM IO      IMPORT RdKey,RdCard,WrLn,WrStr,WrCard;
FROM Storage IMPORT ALLOCATE,DEALLOCATE;
TYPE Zeiger = POINTER TO EinListenElement;
     EinListenElement = RECORD
                          NaechstesElement:Zeiger;
                          Inhalt:CARDINAL;
                        END;
VAR  ListenElement, Anfang, HilfsZeiger:Zeiger;
     x: CARDINAL; c: CHAR;

PROCEDURE Ausgabe;
BEGIN
  WHILE ListenElement # NIL DO         (* bis 'Wurzel' der Liste  *)
    HilfsZeiger := ListenElement;      (* Hilfszeiger auf Element *)
    WrCard(ListenElement^.Inhalt,5);WrLn;   (* Inhalt ausgeben  *)
    ListenElement := ListenElement^.NaechstesElement; (* zurück *)
    DISPOSE(HilfsZeiger);              (* Speicherplatz freigeben *)
  END;
END Ausgabe;

PROCEDURE zurueckblaettern;
VAR Taste:CHAR;
```

```
BEGIN
  HilfsZeiger:= ListenElement;          (* auf das Letzte Element *)
  WHILE (HilfsZeiger^.NaechstesElement # NIL)&(Taste # CHR(27))DO
    HilfsZeiger := HilfsZeiger^.NaechstesElement;      (* zurück  *)
    WrStr('->');WrCard(HilfsZeiger^.Inhalt,5);WrLn;   (* Ausgabe *)
    WrStr('ESC:zurück zur Eingabe. Sonst:zurückblättern');WrLn;
    Taste := RdKey();
  END;
END zurueckblaettern;

BEGIN
  Anfang := NIL;
  REPEAT
    NEW(ListenElement);                           (* neues Element *)
    WrStr('>');x:=RdCard();
    ListenElement^.Inhalt:=x;                          (* Inhalt *)
    ListenElement^.NaechstesElement:=Anfang;     (* 'einhängen' *)
    Anfang := ListenElement;
    WrStr('<E>nde <Z>urückblättern. Sonst:Eingabe');WrLn;
    c := RdKey();IF c = 'z' THEN zurueckblaettern;END;
  UNTIL c = 'e';
  Ausgabe;                        (* Liste ausgeben und 'auflösen' *)
END Stack1.
```

Eine andere Möglichkeit, die Recherche zu protokollieren, ist ein FIFO-Stack (First in, first out). Dabei wird das zuerst eingefügte Element auch zuerst ausgegeben. Ein solches System, wie es im folgenden Listing skizziert wird, könnte eingesetzt werden, um die gefundenen Datensätze am Ende der Recherche in der Reihenfolge ihrer Speicherung auszudrucken.

```
MODULE Stack2; (*FIFO*)
FROM IO      IMPORT WrCard,RdCard, WrLn;
FROM Storage IMPORT ALLOCATE,DEALLOCATE;
TYPE Zeiger = POINTER TO EinListenElement;
     EinListenElement = RECORD
                          NaechstesElement:Zeiger;
                          Inhalt:CARDINAL;
                        END;
VAR  ListenElement,Ende,Anfang:Zeiger;

PROCEDURE Ausgabe;
VAR Z:Zeiger;                                   (* Hilfszeiger *)
```

```
BEGIN
  ListenElement := Anfang;                          (* Listenanfang *)
  WHILE ListenElement # NIL DO                          (* bis Ende *)
    WrCard(ListenElement^.Inhalt,6);WrLn;               (* Ausgabe  *)
    Z := ListenElement;                    (* Hilfszeiger auf Element *)
    ListenElement := ListenElement^.NaechstesElement; (* weiter*)
    DISPOSE(Z);        (* Platz des letzten Elementes freigeben *)
  END;
END Ausgabe;

PROCEDURE Einf(Nr:CARDINAL);             (* neues Element einfügen *)
BEGIN
  NEW(ListenElement);                    (* Platz für neues Element *)
  ListenElement^.Inhalt := Nr;                             (* Inhalt *)
  ListenElement^.NaechstesElement := NIL;       (* Zeiger auf NIL *)
  IF Anfang = NIL THEN                (* wenn 1. Element der Liste *)
     Anfang := ListenElement;               (* ist dies der Anfang *)
     Ende := Anfang;                          (* und auch das Ende *)
  ELSE                                  (* sonst:Element einhängen *)
     Ende^.NaechstesElement:=ListenElement; (* Zeiger auf Ende *)
     Ende := ListenElement;                           (* weiterrücken *)
  END
END Einf;

VAR c: CARDINAL;

BEGIN
  REPEAT  c := RdCard(); Einf(c);  UNTIL c = 0;
  Ausgabe;
END Stack2.
```

Doppelt verknüpfte Listen

Sie werden bemerkt haben, daß die beiden Beispielprogramme bzw. die dort benutzten Datenstrukturen, eine Schwäche haben: man kann sich in der Liste nur in eine Richtung bewegen. In doppelt verknüpften Listen kann man sich zum Listenanfang *und* zum Listenende bewegen. Eine solche Liste basiert auf einer ähnlichen Datenstruktur wie die oben vorgestellte. Schematisch dargestellt, sieht ein Ausschnitt aus der Liste so aus:

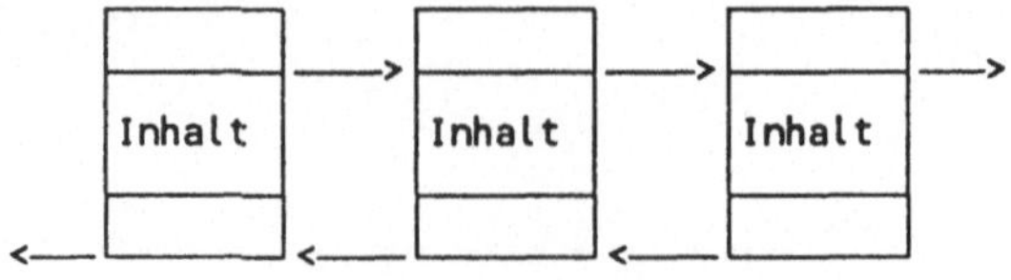

Jedes Element enthält also zwei Zeiger. Einer weist auf sein linkes (nachfolgendes) Element, der andere auf sein rechtes Element (seinen Vorgänger). Damit ist es möglich, sich - durch das Entlanghangeln von Zeiger zu Zeiger - innerhalb der Liste nach links und nach rechts zu bewegen. Mit doppelt verketteten Listen lassen sich z.B. Editoren schreiben. Beginnen wir mit der Datenstruktur:

```
TYPE
  String = ARRAY[0..80] OF CHAR;     (* Inhalt einer Zeile        *)
  Element = POINTER TO EineZeile;    (* Ein Element der Liste     *)
  EineZeile = RECORD                 (* = eine Zeile              *)
                links : Element;     (* Zeiger auf vorige Zeile   *)
                inhalt: String;      (* der Inhalt                *)
                rechts: Element;     (* Zeiger auf nächste Zeile *)
              END;
VAR ErsteZeile, LetzteZeile, NeueZeile, CursorZeile: Element;
```

Beim Einfügen und Löschen gilt es einen Spezialfall zu beachten. Wenn nämlich am Anfang oder Ende der Liste eingefügt oder gelöscht wird, muß man *NIL* berücksichtigen (*NIL* selbst darf niemals ein Wert zugewiesen werden) und entsprechende Abfragen in die jeweiligen Prozeduren einbauen. Man kann das umgehen, indem man zum Start des Programmes eine leere Liste erzeugt. Diese besteht aus zwei Pseudoelementen *ErsteZeile* und *LetzteZeile*. Zwischen diesen beiden Zeilen (die selbst nicht gelöscht oder beschrieben werden) spielt sich dann alles weitere ab. Schließlich wird noch eine Leerzeile eingesetzt, die *CursorZeile* genannt wird:

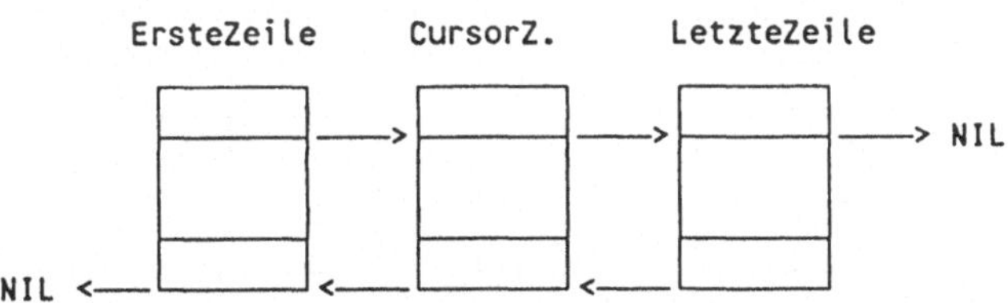

CursorZeile ist die Zeile, die wir gerade bearbeiten. Neue Zeilen werden immer vor der *CursorZeile* eingefügt. Wenn eine neu eingegebene Zeile mit RETURN beendet wird, wird ein neues Element vor der *CursorZeile* erzeugt und dann dort der Inhalt der *CursorZeile* abgelegt. Mit

```
NEW(NeueZeile)
```

wird ein neues Element erzeugt.

```
NeueZeile^.inhalt := CursorZeile^.inhalt;
```

überträgt den Inhalt der *CursorZeile* in dieses Element. Und nun kann das Einklinken in die Liste beginnen, indem der Vorgängerzeiger des neuen Elements auf den Vorgänger von *CursorZeile* gebogen wird:

```
NeueZeile^.links := CursorZeile^.links;
```

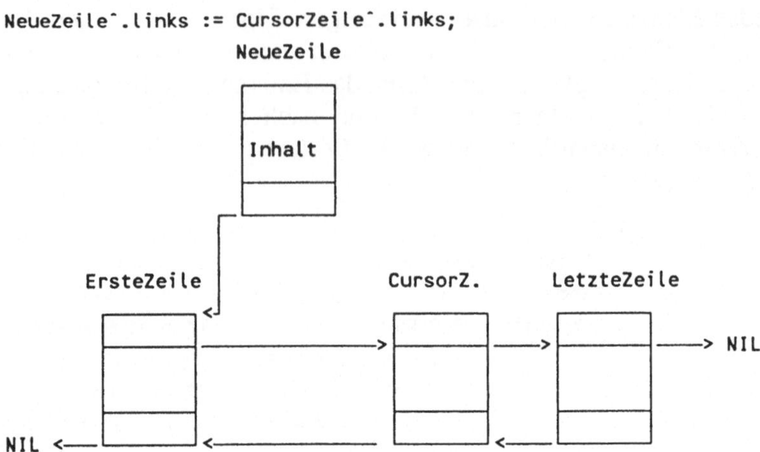

Danach wird der rechte Zeiger mit folgender Anweisung entsprechend 'verbogen':

```
NeueZeile^.rechts := CursorZeile;
```

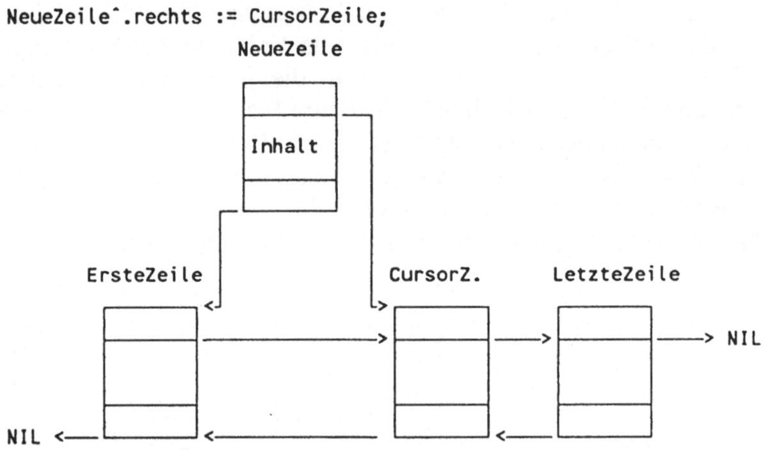

Nun folgt die etwas kryptische Anweisung:

```
CursorZeile^.links^.rechts := NeueZeile;
```

*CursorZeile^.links^* ist das Element links von dieser Zeile (also die Zeile vor der Cursorzeile). In diesem Fall ist es das Element *ErsteZeile*. Dann ist *CursorZeile^.links^.rechts* jener Zeiger in der Struktur des Vorgängers, der auf die *CursorZeile* selbst deutet. Dieser wird auf das neue Element gebogen:

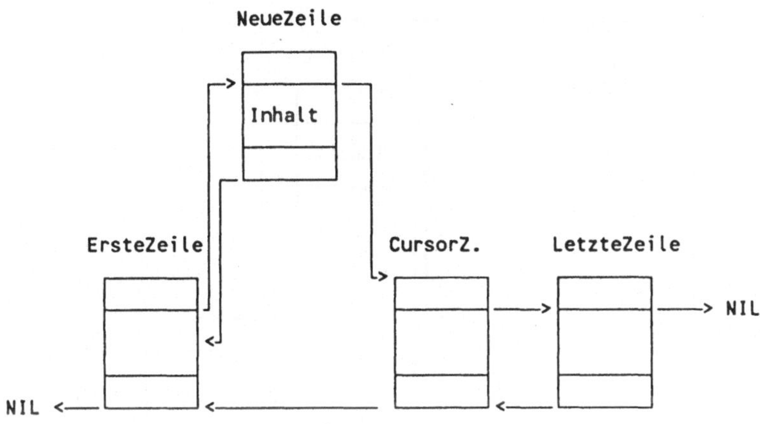

Mit

```
CursorZeile^.links := NeueZeile;
```

wird das neue Element vollkommen integriert:

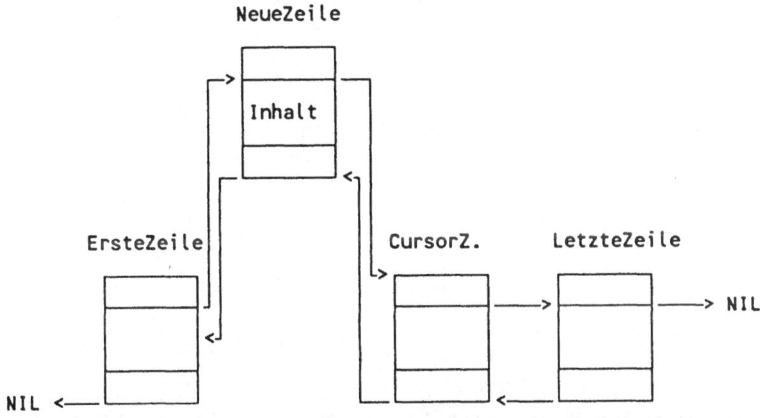

Sehen Sie nun, wie man ein Element (die Cursorzeile) aus einer solchen Liste entfernen kann. Da wir *CursorZeile* noch brauchen, benutzen wir eine (am besten lokale) Hilfsvariable *ZuLoeschen*, um nicht mehr benötigte Zeilen verschwinden zu lassen. Zuerst lassen wir *ZuLoeschen* auf die *CursorZeile* zeigen (*ZuLoeschen* wird zuvor *kein* Speicherplatz zugeordnet):

```
ZuLoeschen := CursorZeile;
```

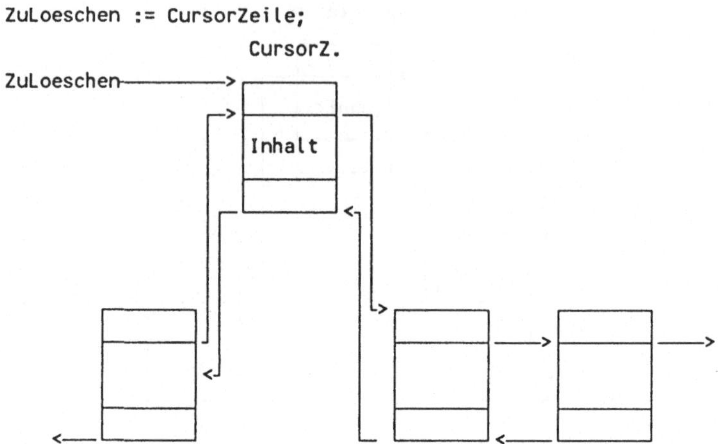

Nun aktualisieren wir den Cursor, indem wir ihn eine Zeile tiefer (nach rechts) rücken:

```
CursorZeile := CursorZeile^.rechts;
```

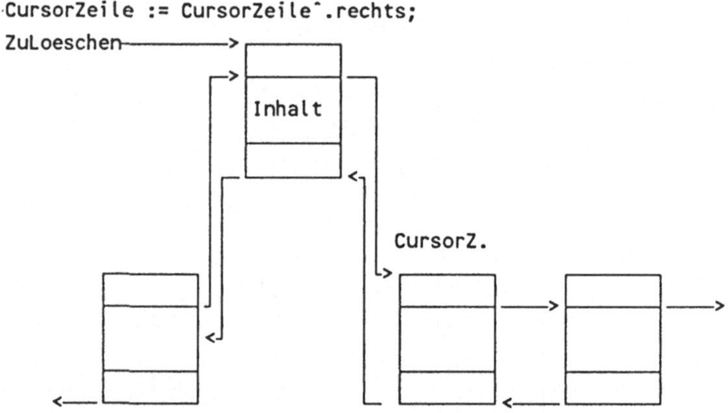

Jetzt kommt das überaus geheimnisvoll anmutende Ausklinken des Elementes vor dem neu positionierten Cursor:

```
CursorZeile^.links := CursorZeile^.links^.links;
```

Der linke Teil der Anweisung dürfte klar sein: wir verbiegen jenen Zeiger der Cursorzeile, der auf ihren Vorgänger weist. Und zwar auf den Vorgänger des Vorgängers. Wir übergehen damit das zu löschende Element. Noch einmal in Zeitlupe: *CursorZeile^.links* deutet auf den Vorgänger von *CursorZeile*. *CursorZeile^.links^* ist das Objekt, auf das der Zeiger weist (der Vorgänger selbst). Und *CursorZeile^.links^.links* ist der Zeiger dieses Objektes, der auf dessen Vorgänger weist. Die schematische Darstellung soll das verdeutlichen.

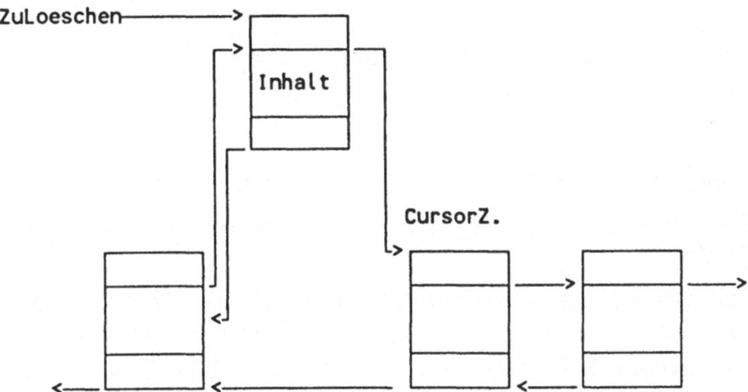

Jetzt müssen wir nur noch den *rechts*-Zeiger des neuen Vorgängers (also: *CursorZeile^.links^.rechts*) auf die *CursorZeile* selbst weisen lassen:

```
CursorZeile^.links^.rechts := CursorZeile;
```

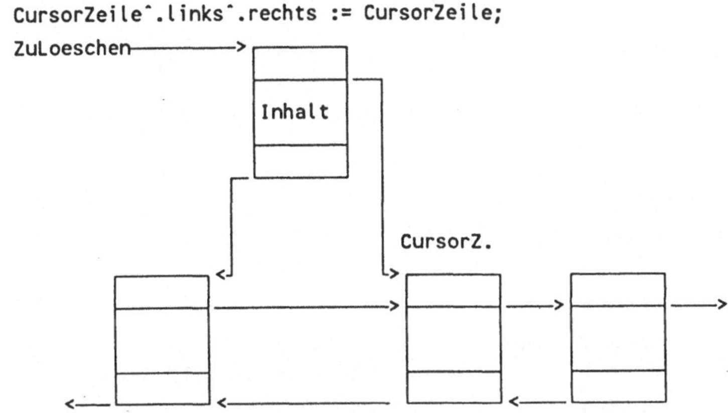

Und weil wir den von dieser Zeile belegten Speicherplatz wiedergewinnen wollen, lassen wir sie mit der letzten Anweisung verschwinden:

```
DISPOSE(ZuLoeschen);
```

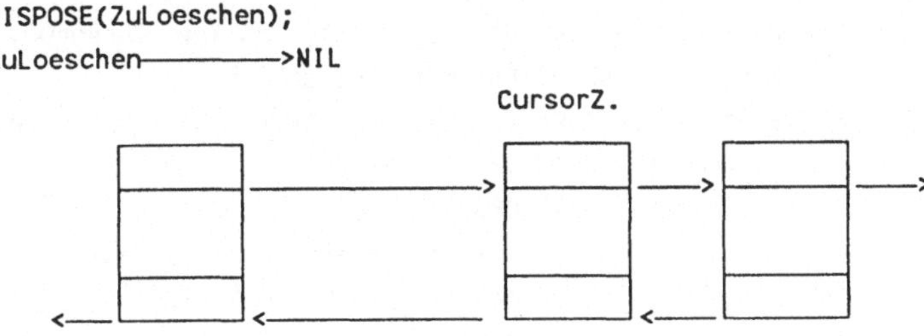

Der Modul *Disp*

Zum Abschluß ein Beispielprogramm. Disp ist eine etwas komfortablere Version des DOS-Befehls *TYPE*. Aufgerufen wird es mit

```
DISP <Dateiname>
```

Sie können damit ein ASCII-File in eine solche Liste einlesen und betrachten. Mit den Cursortasten können Sie sich durch die Datei bewegen. ESC beendet das Programm.

Die Datenstruktur des Programmes unterscheidet sich von der oben besprochenen in einem Detail: Der Inhalt der einzelnen Zeile ist selbst ein Zeiger auf einen String. Schematisch dargestellt sieht diese Liste so aus:

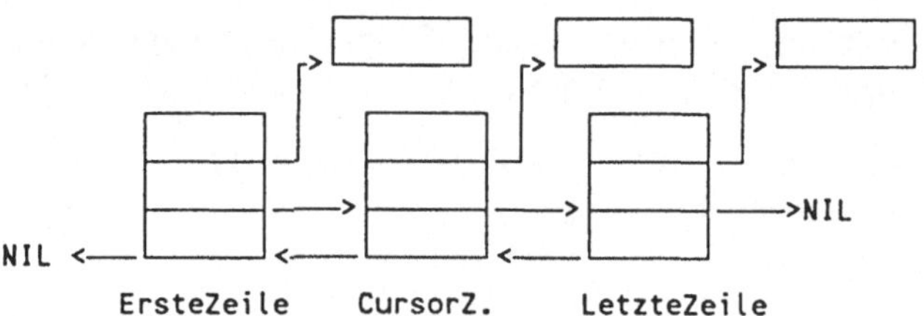

Hinweis: Der Zeiger *Z0* hat die Funktion auf die letzte weggescrollte Zeile zu weisen, um ein eventuell gewünschtes hochscrollen zu vereinfachen. *Z0* wird also parallel, aber um eine Seite verschoben zu *CursorZeile* durch den Text bewegt.

```
MODULE disp;
FROM Storage IMPORT ALLOCATE,DEALLOCATE,
                    Available, HeapAvail,MainHeap;
FROM IO      IMPORT RdKey, WrLn, WrStr;
FROM FIO     IMPORT File, BufferOverhead, AssignBuffer, Open,
                    Close, EOF, RdStr;
FROM Str     IMPORT Length, Copy;
FROM Window  IMPORT Clear, GotoXY, InsLine, CursorOn, CursorOff;
FROM Lib     IMPORT ParamStr, ParamCount;
TYPE String  = ARRAY[0..79] OF CHAR;(* für Inhalt einer Zeile  *)
     Element = POINTER TO EineZeile;
     EineZeile = RECORD
                  links : Element;(* Zeiger auf vorige Zeile  *)
                  inhalt: POINTER TO String;
                  rechts: Element;(* Zeiger auf nächste Zeile *)
                END;
```

```
VAR  ErsteZeile, LetzteZeile, NeueZeile, CursorZeile,ZO: Element;
     FName : String;
     f     : File;
     Buffer: ARRAY[1..BufferOverhead+1024]OF BYTE;(* 2K-Puffer *)

PROCEDURE INIT;                    (* 'leere Liste' erzeugen  *)
BEGIN
  NEW(ErsteZeile);  NEW(LetzteZeile);
  NEW(CursorZeile); NEW(CursorZeile^.inhalt);
  ErsteZeile^.links := NIL;
  LetzteZeile^.rechts := NIL;
  ErsteZeile^.rechts := CursorZeile;
  CursorZeile^.links := ErsteZeile;
  CursorZeile^.rechts:= LetzteZeile;
  LetzteZeile^.links := CursorZeile;
END INIT;

(*! wird weiter unten noch verbessert !*)
PROCEDURE Einfuegen;
BEGIN
  NEW(NeueZeile);                (* Ein neues Element erzeugen *)
  NEW(NeueZeile^.inhalt);
  NeueZeile^.inhalt^ := CursorZeile^.inhalt^;(* und einhängen *)
  NeueZeile^.links   := CursorZeile^.links;
  NeueZeile^.rechts  := CursorZeile;
  CursorZeile^.links^.rechts := NeueZeile;
  CursorZeile^.links := NeueZeile;
END Einfuegen;

PROCEDURE SeiteAufbauen(ab:Element);
VAR l: CARDINAL;
BEGIN
  CursorZeile := ab; ZO := CursorZeile; l:=1; Clear;
  WHILE (l<=25) & (CursorZeile # LetzteZeile) DO
    WrStr(CursorZeile^.inhalt^);
    IF l#25 THEN WrLn END;
    CursorZeile := CursorZeile^.rechts;INC(l);
  END
END SeiteAufbauen;
```

```
PROCEDURE CursorUp;
BEGIN
  GotoXY(1,1); InsLine;
  CursorZeile := CursorZeile^.links;
  Z0 := Z0^.links;
  WrStr(Z0^.inhalt^);
END CursorUp;

PROCEDURE CursorDn;
BEGIN
  GotoXY(80,25); WrLn;
  WrStr(CursorZeile^.inhalt^);
  CursorZeile := CursorZeile^.rechts;
  Z0 := Z0^.rechts
END CursorDn;

PROCEDURE PgUp;
VAR x: CARDINAL;
BEGIN
  x := 0;
  WHILE (x < 25) & (Z0 # ErsteZeile^.rechts) DO
    Z0 := Z0^.links;
    CursorZeile := CursorZeile^.links;
    INC(x);
  END;
  SeiteAufbauen(Z0);
END PgUp;

PROCEDURE PgDn; BEGIN SeiteAufbauen(CursorZeile); END PgDn;

PROCEDURE Menue;
VAR Taste:CHAR;l:CARDINAL;
BEGIN
  SeiteAufbauen(ErsteZeile^.rechts);
  REPEAT
    Taste := RdKey();IF Taste = 0C THEN Taste := RdKey();END;
    CASE Taste OF
      CHR(72): IF Z0^.links # ErsteZeile THEN CursorUp END|
      CHR(80): IF CursorZeile # LetzteZeile THEN CursorDn END|
      CHR(81): IF CursorZeile # LetzteZeile THEN PgDn END|
      CHR(73): PgUp
    END;
  UNTIL Taste=CHR(27)                        (* ESC = Ende *)
END Menue;
```

```
BEGIN
  IF ParamCount() = 0 THEN WrStr('Aufruf:DISP <Datei>');HALT;END;
  INIT;
  ParamStr(FName,1);
  f := Open(FName);
  AssignBuffer(f,Buffer); (* Tempo *)
  WHILE NOT EOF DO
    RdStr(f,CursorZeile^.inhalt^);
    Einfuegen;
  END;
  Close(f);
  CursorOff;
  Menue;
  CursorOn;
END disp.
```

8.4 *ALLOCATE* und *DEALLOCATE*

In dem obigen Programm wird sehr verschwenderisch mit dem Platz auf dem Heap umgegangen. Mit *NEW* wird jeder Zeile 80 Bytes reserviert - auch wenn sie vielleicht weniger Zeichen enthält. Wenn es um eine effiziente Speicherverwaltung geht, sollten Sie deshalb besser mit *ALLOCATE* und *DEALLOCATE*, anstelle von *NEW* und *DISPOSE*, arbeiten:

```
PROCEDURE ALLOCATE  (VAR a:ADDRESS; size:CARDINAL);
PROCEDURE DEALLOCATE(VAR a:ADDRESS; size:CARDINAL);
```

Wenn Sie mit *ALLOCATE* arbeiten, können Sie die Speicherreservierung selbst in die Hand nehmen. Das bedeutet, daß Sie sie nicht einfach vom *Typ* der Variablen abhängig machen müssen, wie *NEW* das tut, sondern von der jeweiligen, tatsächlichen Größe des Objektes.

Ich möchte Ihnen das zunächst anhand eines sehr kurzen Programmes zeigen, das ein dynamisches Stringarray aufbaut. Die Zeilen müssen Sie diesmal von Hand eingeben. Der für jeden String bereitzustellende Speicherplatz wird mit der Funktion *Length* aus *Str* ermittelt. Zusätzlich wird ein Byte für die Stringende-Markierung 0C reserviert:

```
MODULE da;
IMPORT IO,Str;
FROM   Storage IMPORT ALLOCATE,DEALLOCATE;
CONST  max = 800;                         (* max. Zeilenbreite *)
TYPE   String = ARRAY[0..max]OF CHAR;     (* ein String        *)
       StrPrt = POINTER TO String;        (* ein Zeiger darauf *)
       ZArray = ARRAY[1..10] OF StrPrt;   (* ein Zeiger-Array  *)
```

```
VAR    ZeigerFeld: ZArray;
       s: String; x,len: CARDINAL;
BEGIN
  FOR x := 1 TO 10 DO
    IO.WrCard(x,3);IO.WrStr('>');IO.RdStr(s);      (* Eingabe *)
    len := Str.Length(s);                         (* Länge ermitteln *)
    ALLOCATE(ZeigerFeld[x],len+1);                (* +1 für 0C       *)
    Str.Copy(ZeigerFeld[x]^,s);                   (* in Feld ablegen *)
  END;
  FOR x := 1 TO 10 DO                             (* Ausgabe         *)
    len := Str.Length(ZeigerFeld[x]^);            (* Länge ermitteln *)
    IO.WrStr(ZeigerFeld[x]^);IO.WrLn;
    DEALLOCATE(ZeigerFeld[x],len+1);              (* Freigabe        *)
  END;
END da.
```

Hinweis: In *Storage* ist die Variable *ClearOnAllocate* vom Typ *BOOLEAN* definiert. Wenn Sie diese auf *TRUE* setzen, wird ein mit *ALLOCATE* reservierter Bereich automatisch mit Null-Zeichen aufgefüllt. Die Voreinstellung für *ClearOnAllocate* ist *FALSE*.

Kommen wir jetzt noch einmal auf das Programm *disp* zurück: Wir können es nun so modifizieren, daß die Größe der Dateien, die man damit laden kann, wirklich nur noch von der Größe des Hauptspeichers und nicht mehr von der Zeilenzahl abhängt. Das war auch der Grund, warum ich für den Inhalt einer Zeile *POINTER TO String* als Datentyp gewählt habe: Es ist so sehr einfach, den Speicherplatz via *ALLOCATE* zu reservieren. Die veränderte Routine sieht so aus:

```
PROCEDURE Einfuegen;
VAR len:CARDINAL;
BEGIN
  len := Str.Length(CursorZeile^.inhalt^);   (* Länge ermitteln *)
  NEW(NeueZeile);                           (* Neues Element erzeugen *)
  ALLOCATE(NeueZeile^.inhalt,len+1);  (* Speicher reservieren    *)
  Str.Copy(NeueZeile^.inhalt^,CursorZeile^.inhalt^);
  NeueZeile^.links   := CursorZeile^.links;   (* und einhängen  *)
  NeueZeile^.rechts  := CursorZeile;
  CursorZeile^.links^.rechts := NeueZeile;
  CursorZeile^.links := NeueZeile;
END Einfuegen;
```

8.5 Ermittlung des freien Speicherplatzes

Sie können mit *disp* jetzt, je nach RAM-Ausstattung Ihres Rechners, einige hundert KByte große Dateien laden. Trotzdem kann es passieren, daß das Programm mit der Fehlermeldung

```
"Storage, Fatal error Heap Overflow"
```

abgebrochen wird, weil die Speicherkapazität erreicht wurde. Dies können Sie mit der Funktion *Available* aus dem Modul *Storage* abfangen. *Available* gibt *TRUE* zurück, wenn die übergebene Anzahl Bytes auf dem Hauptheap noch verfügbar ist und mit *NEW* oder *ALLOCATE* reserviert werden kann. Eine sehr primitive Überprüfung (ohne Fehlermeldung etc.) könnte in *disp* so aussehen:

```
...
 WHILE NOT EOF & Available(500) DO
   RdStr(f,CursorZeile^.inhalt^);
   Einfuegen;
 END;
 Close(f);
...
```

Sobald weniger als 500 Bytes verfügbar sind, wird der Lesevorgang beendet.

Mit den Funktionen *HeapAvail* und *HeapTotalAvail* läßt sich der momentane Speicherplatz auf dem Heap abfragen. *HeapTotalAvail* gibt die Größe des Speicherplatzes *in Paragraphen* (zu 16 Bytes) zurück. *HeapAvail* liefert die Größe des größten auf dem Heap reservierbaren Speicherblockes zurück (ebenfalls in Paragraphen). *HeapAvail* entspricht der Funktion *MaxAvail* in Turbo Pascal, *HeapTotalAvail* entspricht *MemAvail* (die aber beide ab Version 4.0 die Anzahl freier *Bytes* zurückgeben).

Nur wenn beide Ergebnisse identisch sind, ist der von *HeapTotalAvail* gemeldete Platz auch vollständig für Ihr Programm benutzbar. Wenn Sie mit *ALLOCATE* und *DEALLOCATE* arbeiten, kann es zu 'Löchern' im Heap kommen, wenn ständig ungleich große Bereiche reserviert und wieder freigegeben werden. Dieses Problem taucht z.B. bei Editoren auf, wo Zeilen unterschiedlicher Größe gelöscht und eingefügt werden. Dadurch ist es möglich, daß irgendwann zwar noch freier Speicher verfügbar ist, dieser aber derart fragmentiert ist, daß keine komplette Zeile mehr darin abgelegt werden kann. Überprüfen Sie die Speicherkapazität in solchen Fällen also mit *HeapAvail*. Hier die Köpfe der beiden Prozeduren:

```
PROCEDURE HeapAvail(Source:HeapRecPtr):CARDINAL;
PROCEDURE HeapTotalAvail(Source:HeapRecPtr):CARDINAL;
```

Die folgende Zeile gibt den freien Platz aus.

```
WrCard(HeapAvail(MainHeap),5);WrLn;
```

Sie sehen hier die Variable *MainHeap*, die ebenfalls in *Storage* definiert und entsprechend zu importieren ist:

```
TYPE HeapRecPtr = POINTER TO HeapRec;
     HeapRec    = RECORD
                    size : CARDINAL;
                    next : HeapRecPtr;
                  END;
VAR  MainHeap : HeapRecPtr;
```

MainHeap ist der Standardheap, mit dem Sie gewöhnlich arbeiten werden. Es ist in TopSpeed Modula-2 möglich, 'zusätzliche' Heaps zu definieren.

9 Low-Level-Programmierung

Themen dieses Kapitels sind:
- *Adressoperationen,*
- *absolute Variablen,*
- *Interrupts und DOS-Funktionen,*
- *Operationen auf Bitebene und*
- *Spezialtypen für Low-Level-Operationen.*

Mit der Low-Level-Programmierung wird das Abstraktionsniveau der Hochsprache teilweise verlassen. Die Optimierung von Programmen verlangt diesen Schritt aber oft. TopSpeed Modula-2 gibt dem Programmierer für solche Aufgaben zahlreiche sehr effizient nutzbare Werkzeuge an die Hand.

Bei deren Einsatz müssen Sie sich freilich darüber im klaren sein, daß sie die Portierbarkeit Ihrer Software u.U. erschweren oder sogar völlig ausschließen. Sie sollten solche Prozeduren in eigenen Moduln abkapseln, um bei eventuellen Portierungen nicht das komplette Programm umschreiben zu müssen.

9.1 Der Typ *ADDRESS*

In diesem Abschnitt wird das Thema Zeiger noch etwas weitergeführt. Von Turbo Pascal kennen Sie den Standardtyp *Pointer*, einen nicht typisierten Zeiger, der zu sämtlichen anderen Zeigern kompatibel ist. In TopSpeed Modula-2 wird für entsprechende Operationen auf den Standardtyp *ADDRESS* zurückgegriffen. *ADDRESS* entspricht dem Typ *POINTER TO WORD*, einem Zeiger auf ein *beliebiges* 2 Byte Maschinenwort (der Typ *WORD* wird weiter unten behandelt). In einer Variablen vom Typ *ADDRESS* kann *jede* Adresse gespeichert werden, Sie können ihr daher auch jeden beliebigen Pointer zuweisen, egal worauf dieser deutet.

Dadurch sind Operationen möglich, die die Typenbindung sonst nicht zuläßt. Die folgende Prozedur tauscht *beliebige* Pointer, egal worauf sie deuten:

```
PROCEDURE swap(VAR s1,s2:ADDRESS);
VAR H:ADDRESS;
BEGIN
  H := s1; s1 := s2; s2 := H;
END swap;
```

Testen Sie die Prozedur z.B. so:

```
VAR  s1,s2 : POINTER TO string80;
     c1,c2 : POINTER TO CARDINAL;
  ...
  swap(s1,s2);
  swap(c1,c2);
 ...
```

Hinweis: Neben der Zuweisung sind auch Vergleiche möglich: `IF adr1 = adr2 THEN ...` ermittelt, ob in *adr1* und *adr2* (beide vom Typ *ADDRESS*) die Adresse des gleichen Objektes abgelegt ist. Die Dereferenzierung von *adr* ist nur bedingt möglich und sinnvoll:

```
adr1^ := adr2^
```

ist z.B. gestattet. Die Anweisung hat zur Folge, daß das *Wort*, das unter der Adresse *adr2* gespeichert ist, unter der Adresse abgelegt wird, die in *adr1* gespeichert ist. In Turbo Pascal ist es übrigens nicht möglich eine Variable vom Typ *Pointer* zu dereferenzieren.

Die Stärke des Typs *ADDRESS* und, wie sich noch zeigen soll, aller Spezialtypen für Low-Level-Operationen, liegt in ihrer universellen Verwendbarkeit. Sie können mit solchen Typen sehr allgemein einsetzbare Prozeduren schreiben, und so die Typenprüfung umgehen. Sie können mit *swap* z.B. auch Pointer auf unterschiedliche Typen vertauschen:

```
...
VAR s80: POINTER TO string80;
    s10: POINTER TO String10;
    c  : POINTER TO CARDINAL;
BEGIN
  NEW(s80);NEW(s10);NEW(c1);
  swap(s80,c);
  swap(s10,s80);
...
```

Der Compiler hätte den Versuch, *s80* an *c* zuzuweisen, abgelehnt. Das Vertauschen via *swap* wird akzeptiert. Diese Freiheit sollte mit Vorsicht genossen werden. Da Sie auf diese Weise die Typenprüfung umgehen, liegt die Verantwortung für die Korrektheit solcher Operationen nur noch bei *Ihnen*: Nichts hindert Sie daran, durch solche Operationen Datenstrukturen zu zerstören oder einfach völlig unsinnige Ergebnisse zu produzieren.

9.2 Adressoperationen

Die 'Zeigerarithmetik' von Modula-2 ist in Pascal unbekannt. Zeigerarithmetik bedeutet, daß Sie mit Pointern 'rechnen' können. Dafür stellt das Modul *Lib* die entsprechenden Prozeduren und Funktionen bereit, mit denen sich z.B. *ADDRESS*-Werte inkrementieren und dekrementieren lassen. Halten wir uns zunächst das *Prinzip* vor Augen.

```
TYPE  string80=ARRAY[0..79] OF CHAR;
      Rec=RECORD
            rs1, rs2, rs3, rs4, rs5:string80;
          END;
VAR   adr: ADDRESS;
      s  : POINTER TO string80;
      R  : POINTER TO Rec;
      ...
      NEW(R);
```

Wir haben einen Zeiger auf einen Record mit fünf Stringkomponenten erzeugt und weisen ihm nun ein paar Werte zu:

```
R^.rs1:='1.String'; ... R^.rs5:='5.String';
```

In Records werden die einzelnen Komponenten hintereinander, gemäß ihrer Deklaration, gespeichert. Das bedeutet, daß die ersten 80 Byte von *rs1* belegt werden, die folgenden 80 von *rs2* usw.

```
R --->Adresse x
      Adresse x+80
      Adresse x+160
      ...
```

Nach der Zuweisung `adr := R;` steht in *adr* die Adresse *x* des Recordanfangs. Schauen Sie sich die folgende Schleife an.

```
NEW(s);
FOR x := 1 TO 5  DO
  s := adr; IO.WrStr(s^);IO.WrLn;
  Lib.IncAddr(adr,80);
END;
```

adr enthält zunächst die Anfangsadresse von *R*. Diese wird in *s* abgelegt. Der Zeiger *s* deutet jetzt auf *R*, also auf die erste Komponente des Records! Damit sind *s^* und *rs1* identisch, und *WrStr(s^)* hat die Ausgabe von "1.String" zur Folge. Die Anweisung

```
Lib.IncAddr(adr,80);
```

inkrementiert die Adresse, die in *adr* gespeichert ist um den Wert 80. Danach enthält *adr* die Anfangsadresse der *zweiten* Recordkomponente. Nach der Zuweisung von *adr* an *s* deutet *s* auf die zweite Komponente, die man wieder mit *WrStr(s^)* ausgeben kann. In der *FOR*-Schleife wird also sukzessive der gesamte Record ausgegeben.

Für Operationen dieser Art bietet ihnen der Modul *Lib* eine ganze Reihe von Werkzeugen, die ich Ihnen jetzt vorstellen möchte. Ein Beispiel für den Einsatz folgt danach.

Adresswerte inkrementieren

AddAddr gibt Ihnen die Adresse zurück, die *i* Bytes 'hinter' *A* liegt.

```
PROCEDURE AddAddr(A:ADDRESS; i:CARDINAL):ADDRESS;
```

IncAddr inkrementiert die übergebene Adresse um den Wert von *i*:

```
PROCEDURE IncAddr(VAR A:ADDRESS; i:CARDINAL);
```

Adresswerte dekrementieren

SubAddr gibt Ihnen die Adresse zurück, die *d* Bytes 'vor' *A* liegt.

```
PROCEDURE SubAddr(A:ADDRESS; d:CARDINAL):ADDRESS;
```

DecAddr dekrementiert die übergebene Adresse um den Wert von *d*:

```
PROCEDURE DecAddr(VAR A:ADDRESS; d:CARDINAL);
```

Speicherbereiche untersuchen

Sie können - von einer bestimmten Adresse aus - Speicherbereiche auf das Vorkommen eines bestimmten Zeichens untersuchen:

Die Funktion *ScanR* sucht den Bereich ab der Adresse *A*, in Richtung der höheren Adressen, nach dem ersten Auftreten des Wertes *B* vom Typ *BYTE* ab. *BYTE* ist ein Typ, der im nächsten Abschnitt noch vorgestellt wird und z.B. mit dem Typ *CHAR* kompatibel ist. Sie können so z.B. feststellen, ob ein bestimmtes ASCII-Zeichen in diesem Bereich gespeichert ist. Wieviele Bytes *ScanR* untersuchen soll, geben Sie mit dem Wert *Count* an:

```
PROCEDURE ScanR(A:ADDRESS;Count:CARDINAL;B:BYTE):CARDINAL;
```

Die Funktion gibt die Anzahl der untersuchten Bytes zurück, wobei *ab 0* gezählt wird. Wenn der Wert 5 ermittelt wird, bedeutet das, daß das sechste Byte hinter der Adresse *A B* entspricht. Wenn *ScanR Count* zurückliefert, wurde die gesuchte Information nicht gefunden.

ScanL tut das gleiche wie *ScanR* in Richtung der tieferen Adressen (nach 'links'):

```
PROCEDURE ScanL(A:ADDRESS;Count:CARDINAL;B:BYTE):CARDINAL;
```

Die beiden Prozeduren *ScanNeL* und *ScanNeR* sind quasi Umkehrungen der beiden eben vorgestellten Prozeduren. Sie ermitteln das Auftreten des ersten Bytes 'links' oder 'rechts' der übergebenen Adresse, das *nicht* mit dem übergebenen Byte übereinstimmt. Es wird *Count* zurückgegeben, wenn kein Byte gefunden wird, das sich von *B* unterscheidet. Hier die Prozedurköpfe:

```
PROCEDURE ScanNeR (A:ADDRESS;Count:CARDINAL;B:BYTE):CARDINAL;
PROCEDURE ScanNeL (A:ADDRESS;Count:CARDINAL;B:BYTE):CARDINAL;
```

Mit *Compare* können Sie zwei komplette Speicherbereiche vergleichen, deren Anfangsadressen Sie mit *A1* und *A2* übergeben:

```
PROCEDURE Compare(A1,A2:ADDRESS;Len:CARDINAL):CARDINAL;
```

Compare vergleicht die Bereiche Byte für Byte über die Distanz *Len*. Die Funktion liefert die Zahl der Bytes zurück, nach der sich die beiden Bereiche zum ersten Mal unterscheiden. Wenn *Len* zurückgegeben wird, sind die Bereiche demnach identisch.

Adressen ermitteln

Wenn Sie mit Prozeduren wie *Compare* arbeiten, ist die Übergabe der Adressen, wenn es um Pointer geht, einfach: diese enthalten die Adresse des Objektes, auf das sie deuten. Die Adressen statischer Variablen müssen dagegen zuerst mit der Standardfunktion *ADR* ermittelt werden. Wenn *v* eine Variable ist, legt die Anweisung

```
a := ADR(v);
```

die Speicheradresse dieser Variablen in *a* (vom Typ *ADDRESS*) ab. Das bedeutet, daß wir das obige Beispiel auch mit einem statischen Record wiederholen können. Angenommen, *r* würde nicht als Pointer deklariert:

```
VAR r: Rec;
```

dann könnten die Komponenten von *r* mit der folgenden Schleife ausgegeben werden.

```
...
adr := ADR(r);   (* auf Rec.-Anfang *)
FOR x := 1 TO 5  DO
  s := adr;
  WrStr(s^); WrLn;
  IncAddr(adr,80);
END;
...
```

s zeigt hier auf eine statische Variable. *ADR* entspricht der Pascal-Funktion *Addr* bzw. dem @-Operator.

Hinweis: Die folgenden Zeilen beziehen sich noch einmal auf das Beispiel mit dem Zeiger auf einen Record:

```
TYPE Rec= RECORD rs1,rs2,rs3,rs4,rs5:string80; END;
VAR  adr: ADDRESS;
     s  : POINTER TO string80;
     R  : POINTER TO Rec;
```

Sehen Sie nun, wie mit Hilfe von *ADR* direkt auf eine seiner Komponenten zugegriffen werden kann:

```
adr := ADR(R^.rs3);     (* auf 3.Komponente *)
Lib.IncAddr(adr,80);    (* 80 Byte weiter   *)
s := adr; IO.WrStr(s^) (* Ausgabe der 4.Komponente *)
```

Adressen bestehen aus einem Segment und einem Offsetteil. Diese beiden Komponenten können Sie - wie in Turbo Pascal - mit den Funktionen *Seg* und *Ofs* ermitteln. *Seg* und *Ofs*, die Sie aus dem Modul *SYSTEM* importieren müssen, geben einen Wert vom Typ *CARDINAL* zurück. Die Anweisungen

```
IO.WrHex(SYSTEM.Seg(c),5); IO.WrHex(SYSTEM.Ofs(c),5);
```

geben die beiden Teile der Adresse der Variablen *c* aus.

Eine universell einsetzbare Funktion *in*

Mit der folgenden Beispielprozedur *in* können praktisch alle Datenstrukturen (in denen die Daten Byte für Byte hintereinander abgelegt sind) auf das Vorkommen eines Suchstrings untersucht werden. Ist der String vorhanden, wird *TRUE* zurückgegeben, sonst *FALSE*. Mit der Funktion *in* können Sie *alle* Arten von Strings, String-Arrays, Records, Record-Arrays etc. untersuchen. Das geschieht wohlgemerkt mit einer *einzigen* Prozedur, die man mit der konventionellen High-Level-Programmierung kaum hätte realisieren können. An *in* wird die Adresse des zu untersuchenden Objektes, das Suchwort und die Größe des Objektes (die via *SIZE* ermittelt werden kann) übergeben. Hier ein Beispiel für den Aufruf:

```
...
IO.WrStr('Suchwort>>'); IO.RdStr(sw);
  IF in(ADR(Rfeld),sw,SIZE(Rfeld)) THEN
    IO.WrStr('gefunden!')
  ...
```

Hier der Code der Prozedur:

```
PROCEDURE in(adr:ADDRESS;sw:ARRAY OF CHAR;size:CARDINAL):BOOLEAN;
VAR len,pos: CARDINAL;
    found  : BOOLEAN;
BEGIN
  len := Str.Length(sw);
  found := FALSE;
  REPEAT
     pos := ScanR(adr,size,sw[0]);
     IF pos # size THEN
       DEC(size,pos);
       IncAddr(adr,pos);
       IF Compare(adr,ADR(sw),len) = len THEN
         RETURN TRUE
       ELSE
         IncAddr(adr,1);
         DEC(size,1);
       END;
     END;
  UNTIL pos = size;
  RETURN FALSE;
END in;
```

Funktionsweise: Zuerst wird die Länge des Suchwortes ermittelt und in *len* abgelegt. In einer Schleife wird dann das Auftreten des *ersten* Buchstabens des Suchwortes *sw* überprüft. Wird das Ende des Objektes (von der Größe *size*) erreicht, wird die Funktion beendet, weil der Suchstring in diesem Speicherbereich nirgendwo abgelegt sein kann. Sobald dieser erste Buchstabe aber mit *ScanR* entdeckt wird, wird *adr* auf dieses Zeichen 'positioniert'. Weil *adr* mit diesen Positionierungen dem Ende des Objektes 'näherkommt', muß *size* um den entsprechenden Betrag dekrementiert werden. Nachdem der erste Buchstaben *sw[0]* so lokalisiert werden konnte, wird überprüft, ob der Speicherbereich von diesem Punkt *adr* an, über die Distanz *len*, mit dem Suchwort übereinstimmt. Wenn ja, wird die Funktion mit einer positiven Rückmeldung beendet, andernfalls wird um eine Adresse weitergerückt und die Untersuchung weitergeführt. Die Prozedur können Sie z.B. mit den folgenden Datenstrukturen testen:

```
TYPE Rec = RECORD  s1,s2,s3:string;  END;
VAR  R    : POINTER TO Rec;
     r    : Rec;
     Rfeld: ARRAY[1..10] OF Rec;
     feld : ARRAY[1..200] OF string;
```

Weitere Prozeduren zur Speicherverwaltung

Speicherbereiche füllen

Von Pascal kennen Sie die Prozedur *FillChar*. Das Modula-Pendant hierzu ist *Fill* aus dem *Lib*-Modul:

```
PROCEDURE Fill(A:ADDRESS;Count:CARDINAL;Value:BYTE);
```

Fill belegt den Speicher, von der Adresse *A* an, mit *Count* Zeichen mit dem Wert *Value*. Betrachten Sie die folgenden Anweisungen:

```
Lib.Fill(ADR(S),1000,'*');IO.WrStr(S);
Lib.Fill(ADR(S),1000,1);  IO.WrStr(S);
```

Zuerst wird der 1000-Zeichen-String *S* mit 1000 Sternchen und dann mit 1000 Gesichtern (ASCII-Code 1) gefüllt und ausgegeben. Die Prozedur ist vor allem für Initialisierungen geeignet.

Wenn Sie die *Storage*-Variable *ClearOnAllocate* auf *TRUE* setzen, wird ein mit *ALLOCATE* reservierter Bereich automatisch mit Null-Zeichen aufgefüllt. *ALLOCATE* ruft, wenn *ClearOnAllocate* 'eingeschaltet' ist, die Prozedur *Lib.WordFill* auf:

```
PROCEDURE WordFill(A:ADDRESS;WordCount:CARDINAL;Value:WORD);
```

Ihre Funktion ähnelt der von *Fill*: Sie legt, ab der Adresse *A*, den Wert *Value* vom 2-Byte-Typ *WORD*(!) in den folgenden 2-Byte-*Worten* ab. Deren Anzahl wird mit *WordCount* übergeben.

Speicherbereiche kopieren

Die Prozedur *Move* kopiert von der Adresse *Source Count* Byte zur Adresse *Dest*:

```
PROCEDURE Move(Source,Dest:ADDRESS;Count:CARDINAL);
```

Der gleichnamigen Prozedur in Pascal werden Variablen, nicht deren Adresse übergeben. Die Anweisungssequenz

```
NEW(s1);NEW(s2);
s1^ := 'Das ist ein Test';
s2^ := '..............................';
Lib.Move(s1,s2,Str.Length(s1^));
WrStr(s1^); WrLn; WrStr(s2^); WrLn;
```

hat diese Bildschirmausgabe zur Folge:

```
Das ist ein Test
Das ist ein Test................
```

Die Prozedur *WordMove* kopiert 2-Byte-*Worte* nach dem gleichen Prinzip:

```
PROCEDURE WordMove(Source,Dest:ADDRESS;WordCount:CARDINAL);
```

Entwicklung einiger Bildschirmroutinen

Um den Umgang mit absoluten Variablen, Interrupts etc. zu zeigen, sollen jetzt einige Bildschirmroutinen entwickelt werden: zum Sichern und Zurückschreiben des kompletten Bildschirminhalts, zum direkten Beschreiben des Bildschirmspeichers usw. Der Sinn des hier entwickelten Moduls *scr*, den Sie nach eigenen Bedürfnissen ausgestalten können, ist es, schnellen Bildschirmtext und einige Cursorroutinen zur Verfügung stehen zu haben, ohne *Window* importieren zu müssen - was ein paar kByte an Speicherplatz sparen hilft - *wenn man auf den Fenster-Manager verzichten kann*. Deshalb kann akzeptiert werden, daß dieser Modul nicht mit *Window* zusammenarbeitet!

9.3 Absolute Variablen

Absolute Variablen können Sie auch in Modula-2 deklarieren. Anders als in Pascal dürfen sie *nicht lokal* definiert werden. Außerdem sieht ihre Deklaration etwas anders aus.

```
VAR GraphMode[40H:49H]: SHORTCARD;
```

definiert eine Variable *GraphMode*, die sich im Speicher an der Adresse 40H (Segment):49H (Offset) befindet. An dieser Stelle ist der Video-Modus gespeichert. Steht dort eine 7, ist eine Mono-, sonst irgendeine andere Karte installiert.

Sichern des Bildschirminhaltes

Um den Bildschirminhalt retten zu können, wollen wir zuerst seine Anfangsadresse ermitteln. Dafür werden zwei absolute Variablen deklariert, deren Adressen den Beginn des Bildschirmspeichers bei Color- und Monoadaptern repräsentieren:

```
HGC[0B000H:0000H]: CHAR;          (* Mono          *)
CGA[0B800H:0000H]: CHAR;          (* CGA,EGA etc. *)
```

Weiterhin wird eine Zeigervariable *Screen* definiert, in der die *jeweilige* Anfangsadresse des Bildschirmspeichers abgelegt werden soll. Genaueres über die Zeigervariable *Screen* folgt weiter unten. Hier die Prozedur, die den Videomodus identifiziert und *Screen* dann auf den Anfang des Bildschirmspeichers 'biegt':

```
PROCEDURE DetectGraph;
BEGIN
  IF GraphMode = 7 THEN
    Screen := ADR(HGC);
  ELSE
    Screen := ADR(CGA);
  END;
END DetectGraph;
```

Screen deutet nach dem Aufruf von *DetectGraph* auf die Adresse des ersten Bytes des Bildschirmspeichers, den man mit der Prozedur *Move* in ein geeignetes, global deklariertes Feld kopieren kann, das hier *dump* genannt wird:

```
VAR dump: ARRAY[1..2000] OF zeichen;
```

Zeichen ist ein Record, der Textzeichen und die dazugehörigen Bildschirmattribute repräsentiert (genaueres folgt weiter unten).

Außer dem Bildschirminhalt soll die aktuelle Cursorposition gerettet werden. Diese steht an der Speicherstelle 40H:50H in zwei Bytes. Zum Auslesen werden die beiden absoluten Variablen:

```
Xpos[40H:50H]: SHORTCARD;
Ypos[40H:51H]: SHORTCARD;
```

definiert. Hier sind übrigens *absolute* Koordinaten gespeichert, d.h. die obere linke Ecke des Bildschirms hat die Koordinaten 0,0. Die Position selbst werden wir in den Variablen

```
cx,cy: SHORTCARD;
```

zwischenspeichern. Hier nun die Prozedur zum Sichern des Bildschirminhaltes:

```
PROCEDURE SaveScreen;
BEGIN
  cx := Xpos; cy := Ypos;          (* Cursorposition *)
  Lib.Move(Screen,ADR(dump),4000);(* screen -> dump *)
END SaveScreen;
```

Hinweis: Die Benutzung einer *Zeiger*variablen *Screen* ist hier natürlich nicht zwingend. Ich habe einen Zeiger benutzt, weil dieser auch in der Routine für die Stringausgabe verwendet wird. Die Kopieranweisung in *SaveScreen* könnte (bei Monoadaptern) z.B. auch so aussehen:

```
Lib.Move(ADR(HGC),ADR(dump),4000);
```

Im übrigen hätte auch *dump* dynamisch angelegt werden können.

Für das *Zurückschreiben* muß lediglich der Inhalt von *dump* nach *Screen* kopiert werden. Allerdings soll auch der Cursor, der zwischenzeitlich vielleicht bewegt wurde, wieder korrekt positioniert werden. Wir könnten natürlich die

Werte von *cx* und *cy* einfach in *Xpos* und *Ypos* schreiben. Tatsächlich würde die nächste Schreiboperation mit *IO.Wrstr* etc. an der korrekten Position ansetzen. Aber bis zu dieser Schreiboperation blinkt der Cursor dann an seiner letzten Position, was u.U. nicht besonders gut aussieht. Deshalb muß eine andere Methode gewählt werden: Wir benutzen eine BIOS-Routine, die wir über den Interrupt 10H aufrufen können.

9.4 Interrupts und DOS-Funktionen

Software-Interrupts werden mit der Prozedur *Intr* aus *Lib* ausgelöst. Ihr Kopf sieht wie folgt aus:

```
PROCEDURE Intr(VAR R:SYSTEM.Registers; I:CARDINAL);
```

Sie übergeben ihr die gesetzten Register und die Nummer des Interrupts. Nach dem Auslösen des Interrupts kann der Registerzustand analysiert werden. *Registers* ist im Modul *SYSTEM* folgendermaßen definiert:

```
TYPE
  Registers = RECORD
                CASE : BOOLEAN OF
                | TRUE : AX,BX,CX,DX,BP,SI,DI,DS,ES: CARDINAL;
                         Flags                    : BITSET;
                | FALSE: AL,AH,BL,BH,CL,CH,DL,DH  : SHORTCARD;
                END;
              END;
```

Um den Cursor an die in *cx* und *cy* gespeicherte (absolute) Position bewegen zu können, kann man sich des Interrupts 10H und dessen Funktion 2 bedienen. Und so sieht die Prozedur *Locate* aus, in der die Register in einer *WITH*-Konstruktion gesetzt werden:

```
PROCEDURE Locate(x,y:SHORTCARD);
VAR Regs:SYSTEM.Registers;
BEGIN
  WITH Regs DO
    AH := 2;                    (* Funktionsnummer    *)
    BH := 0;                    (* Seite              *)
    DH := y;                    (* Zeile  (absolut)   *)
    DL := x;                    (* Spalte (absolut)   *)
  END;
  Lib.Intr(Regs,10H);           (* Interrupt auslösen *)
END Locate;
```

Hinweis: Funktionen des Interrupts 21H werden mit der Prozedur *Dos* aufgerufen (vgl. folgenden Abschnitt).

Die Prozedur zum Zurückschreiben des gesicherten Bildschirminhaltes kann jetzt mit Hilfe von *Locate* komplettiert werden:

```
PROCEDURE RestoreScreen;
BEGIN
  Lib.Move(ADR(dump),Screen,4000);     (* dump -> screen       *)
  Locate(cx,cy);                       (* Cursor an alte Pos.  *)
END RestoreScreen;
```

Direkte Stringausgabe in den Bildschirmspeicher

Hierfür benötigt man zuerst eine Datenstruktur, die einen einfachen Umgang mit dem Bildschirmspeicher erlaubt. Dafür wurde ein Recordarray gewählt. Die Komponenten des Records stellen das Textzeichen und das dazugehörige Bildschirmattribut dar:

```
TYPE zeichen = RECORD
                   TextZeichen:CHAR; (* Datenbyte *)
                   Attribut   :BYTE; (* Attribut  *)
                END;
      display = ARRAY[1..2000] OF zeichen;
```

Nun soll der oben schon benutzte Pointer *Screen* deklariert werden, der auf den Bildschirmanfang weist:

```
VAR Screen: POINTER TO display;
```

Der Prozedur *PrintString* (die Sie im Listing des Moduls *scr* weiter unten finden) wird der auszugebende String, das Bildschirmattribut und die Cursorposition übergeben:

```
PROCEDURE PrintString
              (s:ARRAY OF CHAR; spalte,zeile:CARDINAL;attrib:BYTE);
```

Die Cursorposition (*zeile,spalte*) wird - wie von *GotoXY* gewohnt in *relativen* Koordinaten übergeben (die linke obere Ecke hat also die Koordinaten 1,1). Sie werden in der Prozedur mit

```
DEC(spalte);DEC(zeile);
```

in *absolute* Koordinaten umgewandelt. Dann wird die entsprechende Position im Bildschirmspeicher (also in *Screen*) mit der Formel:

```
Position := zeile * 80 + spalte;
```

berechnet. Nun kann die Textausgabe beginnen: in einer Schleife (vom ersten bis zum letzten Zeichen des Strings) wird der Index *Position* des *Screen*-Arrays weitergerückt und das jeweilige Element des übergebenen Strings in *Screen* plaziert. Außerdem wird das übergebene Bildschirmattribut gesetzt. Für die Bildschirmattribute eines Monochrommonitors werden folgende Konstanten definiert:

```
CONST normal=7; invers=112; hell=15;
```

Weitere können Sie selbst hinzufügen. Sie finden in den Listings, neben den besprochenen Prozeduren, die Prozeduren *GotoXY* (die die übergebenen relativen Koordinaten für *Locate* in absolute aufbereitet), *WhereX*, *WhereY*, *ClrScr* und *ClrEoL*.

```
DEFINITION MODULE scr;
CONST normal=7; invers=112; hell=15;(* einige Textattribute     *)
PROCEDURE SaveScreen;               (* Bildschirminhalt sichern *)
PROCEDURE RestoreScreen;            (* Bildschirm restaurieren  *)
PROCEDURE WhereX():CARDINAL;        (* horiz. Cursorposition    *)
PROCEDURE WhereY():CARDINAL;        (* vertik. Cursorposition   *)
PROCEDURE GotoXY(x,y:CARDINAL);     (* Cursor positionieren     *)
PROCEDURE ClrScr;                   (* Bildschirm räumen        *)
PROCEDURE ClrEoL;                   (* Löschen bis Zeilenende   *)
PROCEDURE PrintString
          (s:ARRAY OF CHAR; spalte,zeile:CARDINAL;attrib:BYTE);
(*direktes,cursorunabhängiges Schreiben in d. Bildschirmspeicher*)
END scr.


IMPLEMENTATION MODULE scr;
IMPORT Lib,Str,SYSTEM;
TYPE  zeichen=RECORD                  (* Zeichen auf Bildschirm*)
                TextZeichen: CHAR;    (* Datenbyte             *)
                Attribut   : BYTE;    (* Attribut              *)
              END;
      display=ARRAY[1..2000] OF zeichen; (* Bildschirmspeicher *)
CONST blank = zeichen(CHR(32),normal);
VAR   Screen : POINTER TO display;    (* Zeiger a.Bildschirmsp.*)
      dump:ARRAY[1..2000] OF zeichen;  (* Zwischenspeicher     *)
      GraphMode[40H:49H] : SHORTCARD;  (* Videotyp             *)
      HGC[0B000H:0000H]  : CHAR;       (* Monospeicher-Anf.    *)
      CGA[0B800H:0000H]  : CHAR;       (* CGA,EGA etc.         *)
      Xpos[40H:50H]      : SHORTCARD;  (* Aktuelle Cursor-     *)
      Ypos[40H:51H]      : SHORTCARD;  (* position             *)
      cx,cy              : SHORTCARD;  (* Für Cursorposition   *)

PROCEDURE Locate(x,y:SHORTCARD);       (* Positioniert Cursor  *)
VAR Regs:SYSTEM.Registers;             (* an absoluten         *)
```

```
BEGIN                                    (* Koordinaten          *)
  WITH Regs DO                           (* über Interrupt 10    *)
    AH := 2;                             (* Funktionsnummer      *)
    BH := 0;                             (* Seite                *)
    DH := y;                             (* Zeile                *)
    DL := x;                             (* Spalte               *)
  END;
  Lib.Intr(Regs,10H);
END Locate;

PROCEDURE ClrScr;
BEGIN                               (* Screen-Array mit Leerzeichen *)
  Lib.WordFill(Screen,2000,WORD(blank));               (* füllen *)
  Locate(0,0);                                         (* Home   *)
END ClrScr;

PROCEDURE ClrEoL;
VAR pos:CARDINAL;
BEGIN
  pos := (CARDINAL(Ypos) * 80 + CARDINAL(Xpos)) + 1;
  Lib.WordFill(ADR(Screen^[pos]),CARDINAL(80-(Xpos)),WORD(blank));
END ClrEoL;

PROCEDURE WhereX():CARDINAL;
BEGIN RETURN CARDINAL(Xpos+1); END WhereX;

PROCEDURE WhereY():CARDINAL;
BEGIN RETURN CARDINAL(Ypos+1); END WhereY;

PROCEDURE GotoXY(x,y:CARDINAL);
BEGIN
  IF x > 0 THEN DEC(x) END;              (* Umwandlung in        *)
  IF y > 0 THEN DEC(y) END;              (* absolute Koordinaten *)
  Locate(SHORTCARD(x),SHORTCARD(y));
END GotoXY;

PROCEDURE SaveScreen;
BEGIN
  cx := Xpos;                            (* Cursorposition       *)
  cy := Ypos;                            (* ermitteln            *)
  Lib.Move(Screen,ADR(dump),4000);       (* screen -> dump       *)
END SaveScreen;
```

```
PROCEDURE RestoreScreen;
BEGIN
  Lib.Move(ADR(dump),Screen,4000);        (* dump -> screen       *)
  Locate(cx,cy);                          (* Cursor an alte Pos.  *)
END RestoreScreen;

PROCEDURE PrintString(s:ARRAY OF
CHAR;spalte,zeile:CARDINAL;attrib:BYTE);
VAR Position,i: CARDINAL;
BEGIN
  DEC(spalte);DEC(zeile);                 (* Abs. Koordinaten     *)
  Position := zeile * 80 + spalte;        (* Position i. Screen   *)
  FOR i := 1 TO Str.Length(s) DO
    WITH Screen^[Position+i] DO
       TextZeichen:= s[i-1];              (* Buchstabe            *)
       Attribut:=attrib ;                 (* Attribut             *)
    END;
  END;
END PrintString;

PROCEDURE DetectGraph;
BEGIN
  IF GraphMode = 7 THEN Screen := ADR(HGC);
  ELSE Screen := ADR(CGA) END;
END DetectGraph;

BEGIN (* Anweisungsteil *)
  DetectGraph;
END scr.
```

Dadurch, daß *DetectGraph* im Anweisungsteil des Moduls aufgerufen wird, erfolgt die Initialisierung von *Screen* automatisch beim Programmstart.

DOS-Funktionen

Die DOS-Funktionen des Interrupts 21H können mit der Prozedur *Dos* aufgerufen werden (in Pascal *MsDos*). Mit der folgenden Prozedur wird der freie Speicherplatz eines Plattenlaufwerks ermittelt:

```
PROCEDURE DiskFree(Drive:SHORTCARD):LONGCARD;
(* 0=aktuelles Laufwerk, 1=A, 2=B ...      *)
VAR regs:SYSTEM.Registers;
BEGIN
  WITH regs DO
    AH := 36H;           (* Funktionsnummer *)
    DL := Drive;
  END;
  Lib.Dos(regs);         (* Intr. auslösen  *)
  WITH regs DO
    RETURN LONGCARD(AX)*LONGCARD(BX)*LONGCARD(CX);
  END
END DiskFree;
```

9.5 Operationen auf Bitniveau

Der Standardtyp *BITSET* erlaubt Operationen auf Bitebene. Eine Menge dieses Typs enthält 16 Elemente {0..15}, die die Bit-Struktur eines Maschinenwortes repräsentieren können. Die in der folgenden Tabelle aufgeführten Bitsetoperationen, erlauben es, einzelne Bits zu manipulieren oder abzufragen:

Schreibweise	Operation
n IN b	liefert TRUE, wenn Bit n in BITSET b gesetzt ist
INCL(b,n)	setzt das Bit n in BITSET b
EXCL(b,n)	löscht das Bit n in b
{0..15} - b	invertiert sämtliche Bits
b1 := b1 * b2	bitweises AND der Mengen b1 und b2
b1 := b1 / b2	bitweises XOR der Mengen b1 und b2
b1 := b1 + b2	bitweises OR
b1 := b1 - b2	bitweises AND von b1 mit invertiertem b2
c >> n	schiebt die Bits von c um n Stellen nach rechts
c << n	schiebt den Bits von c um n Stellen nach links
c und n müssen vom Typ CARDINAL, SHORTCARD oder LONGCARD sein.	

Tabelle 9-1 zeigt die Möglichkeiten zur Bitmanipulation

Die Operatoren >> und << werden nicht auf Bitsets, sondern auf numerische Typen angewandt. Sie entsprechen den Operatoren *shr* und *shl* in Turbo Pascal.

Das folgende Programm (das nur unvollständig abgedruckt wird) soll die Wirkung einiger dieser Operationen veranschaulichen. Um *CARDINAL*-Zahlen als *BITSET* darstellen bzw. übergeben zu können, werden sie, analog zu dem bekannten Transferprocedere mit

```
b := BITSET(c);
```

umgewandelt. Im Zentrum des Programmes steht die Ausgabe-Prozedur *display*, an die ein Bitmuster übergeben wird. Ist ein Bit gesetzt (was mit *IN* ermittelt wird), gibt *display* I, sonst 0 aus. Ich habe die Ausgabe von *display* in Kommentarklammern beigefügt, damit ersichtlich ist, was die einzelnen Operationen bewirken:

```
...
PROCEDURE display(b:BITSET);
VAR x:CARDINAL;
BEGIN
  FOR x := 15 TO 0 BY -1 DO (* Ausgabe in Dualschreibweise *)
    IF x IN b THEN IO.WrChar('I') ELSE IO.WrChar('0'); END;
  END;IO.WrLn;
END display;
...
  c := 0;
  b:=BITSET(c);          (*     Resultat      *)
  display(b);            (* 0000000000000000 *)
  b:= {0..15}-b;         (*  invertieren      *)
  display(b);            (* IIIIIIIIIIIIIIII *)
  b:= {0..15}-b;         (*  noch einmal      *)
  display(b);            (* 0000000000000000 *)
  INCL(b,0);             (*  Bit 0 setzen     *)
  display(b);            (* 000000000000000I *)
  INCL(b,15);            (*  Bit 15 setzen    *)
  display(b);            (* I00000000000000I *)
  EXCL(b,15);            (*  Bit 15 löschen   *)
  display(b);            (* 000000000000000I *)
...
  c := 24;
  display(BITSET(c));  (* 00000000000II000 *)
  c := c >> 2;         (*  um 2 Bits nach rechts schieben *)
  display(BITSET(c));  (* 0000000000000II0 *)
  c := c << 2;         (*  um 2 Bits nach links schieben  *)
  display(BITSET(c));  (* 00000000000II000 *)
```

```
    c := 24; c2 := 1;
    display(BITSET(c)); (* 0000000000011000 *)
    display(BITSET(c2));(* 0000000000000001 *)
    c := c + c2;        (*  OR *)
    display(BITSET(c)); (* 0000000000011001 *)
...
```

Den Tastaturstatus ermitteln

Es folgt ein kurzes Anwendungsbeispiel für Bitoperationen. An der Adresse 40H:17H ist in zwei Bytes der Tastatur-Status gespeichert. Durch Abfrage der entsprechenden Bits, läßt sich feststellen, ob der Nummernblock aktiviert wurde, die linke oder die rechte SHIFT-Taste gedrückt wurde usw. Im folgenden Programm werden während der Dateneingabe ständig die NUMLOCK- und die CAPSLOCK-Bits abgefragt und eine entsprechende Meldung in der untersten Bildschirmzeile ausgegeben:

```
MODULE tast;
IMPORT IO; FROM scr IMPORT PrintString, normal, invers;
VAR  TStatus[40H:17H]: BITSET;
     c               : CHAR;

PROCEDURE CTaste;
BEGIN
  IF 5 IN TStatus THEN PrintString('Num',70,25,invers)
  ELSE PrintString('   ',70,25,normal) END;
  IF 6 IN TStatus THEN PrintString('Caps',74,25,invers);
  ELSE PrintString('    ',74,25,normal) END
END CTaste;

BEGIN
  LOOP
    CTaste;
    IF IO.KeyPressed() THEN
      c := IO.RdKey();
      IF c = CHR(27) THEN EXIT;END;
      IO.WrChar(c);
    END;
  END;
END tast.
```

9.6 Die Typen *BYTE*, *WORD* und *LONGWORD*

Die Typen *BYTE*, *WORD* und *LONGWORD* können als *formale* Parameter von Prozeduren eingesetzt werden, um die Typenprüfung zu umgehen. Diese drei Typen sind zu allen anderen Typen kompatibel, die den gleichen Speicherplatz beanspruchen. D.h. wenn der formale Parameter vom Typ *WORD* ist, kann der aktuelle Parameter von jedem Typ sein, der ebenfalls 2 Bytes belegt: das sind die Typen *CARDINAL*, *INTEGER* und *BITSET*. Die folgende Tabelle zeigt die 'Verträglichkeiten'.

Typ	belegt	kompatibel zu
BYTE	1 Byte	SHORTINT, SHORTCARD, CHAR, BOOLEAN
WORD	2 Bytes	CARDINAL, INTEGER, BITSET
LONGWORD	4 Bytes	LONGCARD, LONGINT, REAL

Tabelle 9-2 zeigt die Kompatibilität der Typen BYTE, WORD, LONGWORD mit den verschiedenen Standardtypen

In Ausdrücken können einander z.B. die Typen *WORD* und *CARDINAL* nicht zugewiesen werden, weil Modula in Ausdrücken Typenbindung verlangt!

An eine Prozedur die ein *ARRAY OF BYTE* erwartet, also im Grunde einen Speicherbereich, können Sie praktisch 'alles' übergeben. Die folgende Prozedur *clear* füllt Strings, Records etc. mit Null-Zeichen auf:

```
PROCEDURE clear(VAR s:ARRAY OF BYTE);
VAR x:CARDINAL;
BEGIN
  FOR x := 0 TO HIGH(s) DO
    s[x] := 0;
  END;
END clear;
```

Hinweis: Sie können dieser Prozedur, die ein *ARRAY OF BYTE* erwartet, *sämtliche* Datenstrukturen übergeben. Das bedeutet aber nicht, daß Sie *Ihre* ursprüngliche Interpretation dieser Daten (als Strings, Records, Zahlen usw.) aufgeben müssen! Die aktuellen Parameter solcher Prozeduren sind (auch wenn es Variablen-Parameter sind) vom ursprünglichen Typ. Sie können der Prozedur einen *String* übergeben und über einen Variablenparameter einen *String* zurückerhalten. Bei der Benutzung solcher Prozeduren wird das Abstraktionsniveau also gehalten. Nur beim Programmieren der Prozedur wird die Perspektive evtl. gewechselt: Sie arbeiten dann nicht mehr mit bestimmten Datentypen, sondern mit deren 'Rohmaterial'.

10 Coroutinen (Einführung)

Hier lesen Sie, wie Sie Coroutinen
- *erzeugen, aktivieren,*
- *ihren Output in ein bestimmtes Fenster leiten und*
- *als Interrupthandler einsetzen können*

Coroutinen, quasiparallele Prozesse mit Modula-2 - das ist ein ebenso interessantes wie komplexes Thema, in das hier nur in aller Kürze eingeführt wird. Ich möchte aber auf das, ebenfalls im Vieweg Verlag erschienene, Buch "Parallele Programmierung mit Modula-2" von Ernst A. Heinz verweisen, das sich ausschließlich mit diesem Thema befaßt.

10.1 Coroutinen

Überlegen wir, was passiert, wenn ein Programm eine Prozedur aufruft: Ihre Anweisungen werden, mit der ersten beginnend, eine nach der anderen ausgeführt, bis die Prozedur beendet ist oder verlassen wird. Danach wird das aufrufende Programm weiter abgearbeitet. Die Werte lokaler Variablen der Prozedur sind verloren. Wird die Prozedur ein weiteres Mal aufgerufen, wird sie wieder von Anfang an abgearbeitet.

Coroutinen sind ebenfalls Prozeduren. Allerdings werden sie nicht im eigentlichen Sinn aufgerufen, vielmehr wird die gesamte Programmsteuerung an sie übertragen. Die Coroutine kann diese Steuerung wiederum an andere Coroutinen oder das Hauptprogramm abgeben.

Wenn die Coroutine ein nächste Mal aktiviert wird, werden ihre Anweisungen nicht wieder von Anfang an abgearbeitet (wie bei Prozeduren), sondern hinter dem Befehl, mit dem die Routine die Kontrolle an eine andere übergegeben hat. Der gesamte Zustand der Prozedur und die Werte ihrer lokalen Variablen werden zwischenzeitlich gespeichert - die gesamte Routine, in dem Moment in dem sie die Kontrolle abgibt, quasi konserviert.

Coroutinen sind Prozeduren, die zwei Bedingungen erfüllen müssen:

- es müssen parameterlose Prozeduren sein (also auch keine Funktionen),

- es dürfen keine Prozeduren sein, die lokal zu anderen deklariert wurden.

Coroutinen dürfen aber lokale Moduln und Prozeduren enthalten und andere Prozeduren, inklusive sich selbst aufrufen.

Coroutinen erzeugen

In einem sehr simplen Beispiel sollen zwei Coroutinen erzeugt werden. Die eine zählt eine Variable hoch, die andere gibt das Alphabet aus - nichts aufregendes, aber für Demonstrationszwecke soll das zunächst genügen.

Bevor eine Coroutine erzeugt und aktiviert werden kann, muß ein sogenannter Arbeitsbereich für sie angelegt werden. Der Zustand einer Coroutine wird ja in dem Moment komplett gespeichert, in dem sie die Kontrolle an eine andere abgibt. Dafür wird ein Speicherplatz benötigt, der allein dieser Routine vorbehalten bleibt. Die Größe dieses Bereiches sollte mindestens 1000 Bytes betragen. Wenn die Coroutine ihrerseits zahlreiche Prozeduren aufruft und viele lokale Variablen deklariert wurden, muß der Bereich größer gewählt werden (weil auch lokale Variablen und der Stack der Coroutine hier plaziert werden). Der Arbeitsbereich kann entweder statisch (wie im folgenden Beispiel) oder dynamisch auf dem Heap angelegt werden (wie im letzten Beispiel des Kapitels). Wenn Sie ihn auf dem Heap plazieren, hat das den Vorteil, daß er für andere Aufgaben freigegeben werden kann, sobald die Coroutine nicht mehr benötigt wird (aber niemals früher!).

1000 Bytes reichen als Arbeitsbereich normalerweise aus. Wir definieren dafür zunächst einen Typ

```
TYPE WorkSpace = ARRAY[1..1000] OF BYTE;
```

Da *jeder* Coroutine ein eigener Arbeitsbereich zugewiesen werden muß, definieren wir zwei Variablen

```
WSpace_1,            (* Arbeitsbereich für 1. Corout. *)
WSpace_2: WorkSpace;(* Arbeitsbereich für 2. Corout. *)
```

Das System arbeitet intern mit Zeigern auf Prozeduren, die uns als Referenzen für jede Coroutine dienen. Dafür werden weitere Variablen definiert:

```
VAR CoRout_1,
    CoRout_2 : ADDRESS; (* Referenz für Coroutinen    *)
    Start    : ADDRESS; (* Referenz für Hauptprogramm *)
```

In den Variablen *CoRout_1* und *CoRout_2* werden die Adressen der Prozeduren abgelegt. Nach dem Erzeugen der Coroutinen werden diese nur noch über diese Referenz angesprochen. Mit *Start* wurde auch für das Hauptprogramm eine Referenz angegeben. Wozu diese benötigt wird, wird noch gezeigt. Der Bezeichner *Start* ist nicht verbindlich.

Nachdem Arbeitsbereiche und Referenzen definiert wurden, kann man mit der Prozedur *NEWPROCESS* aus dem Modul *SYSTEM* eine Coroutine erzeugen

```
PROCEDURE NEWPROCESS(P:PROC; A:ADDRESS; S:CARDINAL;
                     VAR R:ADDRESS);
```

P ist der Name der Prozedur, *A* die Anfangsadresse ihres Arbeitsbereiches, *S* die Größe des Arbeitsbereiches (also *SIZE*(*WorkSpace*)). Mit dem Variablenparameter *R* wird die Referenz der Routine zurückgegeben. In unserem Beispiel sieht der Aufruf von *NEWPROCESS* für eine Prozedur mit dem Namen *P_1* so aus:

```
SYSTEM.NEWPROCESS(P_1,ADR(WSpace_1),SIZE(WorkSpace), CoRout_1);
```

P_1 wird darin der Arbeitsbereich *WSpace_1* mit der Größe *SIZE*(*WorkSpace*) reserviert.

Mit *NEWPROCESS* wurde jetzt eine Coroutine *erzeugt*, die mit *CoRout_1* angesprochen werden kann - mehr nicht. Die eigentliche *Aktivierung* erfolgt mit der Prozedur *TRANSFER*, die ebenfalls von *SYSTEM* bereitgestellt wird:

```
PROCEDURE TRANSFER(VAR P1,P2: ADDRESS);
```

Mit dem Aufruf von *TRANSFER* wird die Programmsteuerung von der Coroutine mit der Referenz *P1*, an jene mit der Referenz *P2* übergeben. Wenn das Hauptprogramm die Referenz *Start* hat (wofür kein Aufruf von *NEWPROCESS* nötig ist, weil das System das Hauptmodul von sich aus als Coroutine bzw. "Prozeß" interpretiert), erfolgt von dort aus die Aktivierung der Prozedur *P_1* mit:

```
SYSTEM.TRANSFER(Start,CoRout_1);
```

Damit hat das Hauptprogramm die Kontrolle an *P_1* (mit der Referenz *CoRout_1*) abgegeben. Da irgendeine andere Coroutine die Steuerung an das Hauptprogramm zurückgeben kann, z.B. mit

```
TRANSFER(CoRout_1,Start);
```

kann man sagen, daß das Hauptprogramm, in dem Moment, in dem es eine Coroutine aktiviert, selbst zur Coroutine wird. Man erkennt darin einen wichtigen Unterschied zu Prozeduren oder *Sub*routinen, der sich im Begriff der *Co*routine wiederfindet: Coroutinen sind einander gleichberechtigt.

Sehen wir nun, wie die Prozedur *P_1* aussieht, die als Coroutine kreiert wurde:

```
PROCEDURE P_1;
VAR c:CARDINAL;
BEGIN
  c := 0;
```

```
    LOOP
      INC(c); WrCard(c,-5);
      IF KeyPressed() OR (c > 60000) THEN
        TRANSFER(CoRout_1,Start);       (* -> Hauptprogamm *)
      END;
      TRANSFER(CoRout_1,CoRout_2);        (* -> P_2 *)
    END;
  END P_1;
```

P_1 zählt lediglich die Variable *c* hoch. Wird eine Taste gedrückt, gibt die Prozedur die Kontrolle an das Hauptprogramm zurück (womit hier das Programm beendet ist). Bis dahin aktiviert *P_1*, nach jedem Erhöhen von *c* (dessen Wert - obgleich es eine lokale Variable ist - nicht verloren geht), die Prozedur *P_2*.

```
PROCEDURE P_2;
VAR c:CARDINAL;
BEGIN
  c:= 64;
  LOOP
    IF c < 90 THEN INC(c) ELSE c:=65;END;
    WrChar(CHR(c));WrLn;
    TRANSFER(CoRout_2,CoRout_1);        (* -> P_1*)
  END;
END P_2;
```

Diese gibt das Alphabet aus, indem sie ebenfalls eine lokale Variable inkrementiert und mit *CHR* in ein ASCII-Zeichen umwandelt. Nach der Ausgabe wird die Kontrolle wieder an *P_1* zurückgegeben.

Vielleicht ist Ihnen aufgefallen, daß beide Routinen nie ihr Ende erreichen, sondern aus Endlosschleifen heraus mit *TRANSFER* andere aktivieren. Das ist unbedingt notwendig! Wird nicht festgelegt, welche Routine als nächstes abzuarbeiten ist, fällt das Programm am Ende einer Coroutine ins Leere, weil der Anknüpfungspunkt für weitere Operationen fehlt. Es bricht dann mit der Meldung

```
"FATAL ERROR: Return from process"
```

ab. Solche Programme werden deshalb entweder mit *HALT* abgebrochen, oder eine Anweisung wie

```
TRANSFER(CoRout_1,Start);
```

gibt die Kontrolle an das Hauptprogramm zurück, in dem dann für einen ordentlichen Abschluß gesorgt wird.

Es folgt das Listing des Beispielprogrammes, das Ihnen zeigen soll, wie Coroutinen erzeugt werden, wie der Kontrolltransfer zwischen den Routinen funktioniert und wie ein solcher Kreislauf wieder beendet wird. Im übrigen wird demonstriert, daß die Werte einer lokalen Variablen einer Coroutine (wie bei lokalen Moduln) tatsächlich nicht verloren gehen.

In dem Programm wird die Prozedur *Use* aus dem Modul *Window* benutzt, um die Ausgabe einer Coroutine in ein bestimmtes Fenster zu leiten. Mit

```
Window.Use(Win1);
```

wird der Output der aktuellen Coroutine z.B. in das erste der beiden Fenster *Win1* und *Win2* gelenkt. Sie können mit *Use* jedes Fenster ansprechen, auch wenn es gerade nicht aktiv ist. Mit der Funktion *Window.Used*:

```
PROCEDURE Used(): WinType;
```

können Sie ermitteln, welches Fenster die momentan laufende Routine benutzt. Die Benutzung von Fenstern ist natürlich keine Bedingung für die Arbeit mit Coroutinen.

```
MODULE co1;
FROM SYSTEM IMPORT TRANSFER, NEWPROCESS;
FROM IO     IMPORT WrCard, WrChar, KeyPressed;
FROM Window IMPORT Open, WinDef, WinType, Color, SingleFrame,
                   SetTitle, TitleMode, Use;
TYPE WorkSpace = ARRAY[1..1000] OF BYTE;       (* Arbeitsbereich *)
VAR  CoRout_1,
     CoRout_2 : ADDRESS;        (* Referenz für Coroutinen       *)
     Start    : ADDRESS;        (* Referenz für Hauptprogramm    *)
     WSpace_1,                  (* Arbeitsbereich für 1. Corout. *)
     WSpace_2 : WorkSpace;      (* Arbeitsbereich für 2. Corout. *)

     Win_1, Win_2: WinDef;      (* Fensterbeschreibungen         *)
     Win1, Win2  : WinType;     (* Fenster                       *)

PROCEDURE MakeWin;              (* erzeugt zwei Ausgabefenster   *)
BEGIN
  Win_1:=WinDef(0,0,70,5,White,Black,TRUE,TRUE,
                   FALSE,TRUE,SingleFrame,White,Black);
  Win1 := Open(Win_1);
  Win_2:= WinDef(0,10,70,15,White,Black,FALSE,TRUE,
                   FALSE,TRUE,SingleFrame,White,Black);
  Win2 := Open(Win_2);
  SetTitle(Win1,"P_1",CenterUpperTitle);
  SetTitle(Win2,"P_2",CenterUpperTitle);
END MakeWin;
```

```
PROCEDURE P_1;
VAR c:CARDINAL;
BEGIN
  c := 0;
  LOOP
    Use(Win1);                          (* Ausgabe in Fenster 1      *)
    INC(c); WrCard(c,-5);
    IF KeyPressed() OR (c > 60000) THEN     (* Abbruch               *)
      TRANSFER(CoRout_1,Start);             (* -> Hauptprogamm *)
    END;
    TRANSFER(CoRout_1,CoRout_2);                      (* -> P_2 *)
  END;
END P_1;

PROCEDURE P_2;
VAR c:CARDINAL;
BEGIN
  c:= 64;
  LOOP
    Use(Win2);                          (* Ausgabe in Fenster 2      *)
    IF c < 90 THEN INC(c) ELSE c:=65;END;
    WrChar(CHR(c));
    TRANSFER(CoRout_2,CoRout_1);                      (* -> P_1 *)
  END;
END P_2;

BEGIN
  MakeWin;
  NEWPROCESS(P_1,ADR(WSpace_1),SIZE(WorkSpace),CoRout_1);
  NEWPROCESS(P_2,ADR(WSpace_2),SIZE(WorkSpace),CoRout_2);
  TRANSFER(Start,CoRout_1);                           (* -> P_1 *)
END co1.
```

Mit Coroutinen können Sie in einem Programm mehrere voneinander unabhängige Komponenten erzeugen, zwischen denen in beliebiger Reihenfolge und zu jeder Zeit gewechselt werden kann. Dabei bleibt der jeweils letzte Zustand jeder Komponente erhalten. Das ist natürlich auch 'irgendwie' mit 'normalen' Prozeduren und globalen Variablen machbar. Aber Coroutinen können, da ihre lokalen Variablen erhalten bleiben, 'versiegelt' werden. Dadurch wird das Risiko von Seiteneffekten verringert und eine klare Struktur des Programmes gewährleistet. Coroutinen kommen so bei bestimmten Problemstellungen als Alternative zu Prozeduren in Frage. Gegenüber lokalen Moduln sind sie unter Umständen etwas einfacher und flexibler zu handhaben.

Wenn Sie das abgedruckte Programm gestartet haben, werden Sie gesehen haben, daß der Wechsel zwischen Coroutinen bei dem hohen Arbeitstempo Ihres Computers eine weitere Einsatzmöglichkeit für Coroutinen eröffnet: Sie können für die Programmierung quasi gleichzeitig laufender Prozesse benutzt werden.

Diese Prozesse laufen natürlich nicht wirklich parallel ab, auch kann nicht von Multitasking gesprochen werden. Aber es ist möglich, so schnell zwischen verschiedenen Coroutinen hin und her zu schalten, daß für den Benutzer der *Eindruck* entsteht, diese würden gleichzeitig ablaufen. Bei dem obigen Programm kann man den Wechsel zwischen *P_1* und *P_2* schon nicht mehr wahrnehmen.

Ein Beispiel für Programme, die mehrere Aufgaben 'gleichzeitig' erledigen, sind z.B. Editoren, die einen Text 'im Hintergrund' drucken können, während man einen anderen bearbeitet. Für solche Aufgaben stellt Ihnen TopSpeed Modula-2 einen leistungsfähigen Scheduler bereit, der für das blitzschnelle Umschalten zwischen den Prozessen sorgt. Auf diesen wird hier nicht eingegangen.

Wie man sehr einfache Programme dieser Art (ohne den Scheduler) schreiben kann, soll im folgenden Beispiel nur *skizziert* werden. Wenn Sie derartige Programme entwickeln möchten, sollten Sie sich freilich unbedingt mit den weitergehenden Möglichkeiten auseinandersetzen, die Modula Ihnen bietet.

In diesem Programm wird ein Drucken im Hintergrund simuliert. Im Zentrum stehen die Routinen *Edit* und *Print*. Der ersten geben Sie (im oberen Fenster) einen 'Text' ein. Die zweite druckt eine ASCII-Datei aus. Die Datei wird im Hintergrund zeilenweise eingelesen. Der gefüllte kleine Zeilenpuffer wird zeichenweise gedruckt und zugleich im zweiten Fenster ausgegeben.

Nach der Erzeugung der beiden Coroutinen schaltet das Hauptprogramm mit der Referenz *Main* in einer Schleife ständig zwischen beiden hin und her. Da in der Routine *Edit* nur dann Daten verarbeitet werden, wenn auch wirklich etwas eingegeben wird, nutzt das Programm auch Eingabepausen und die relative Langsamkeit des Benutzers aus, um seinen Hintergrundjob zu erledigen: wenn keine Taste gedrückt wird, wird die Kontrolle sofort an das Hauptprogramm zurückgegeben. Das Warten auf einen Anschlag mit *RdKey()* hätte das System jedesmal blockiert.

Das Hauptprogramm schaltet nach jeweils 50 Schleifendurchläufen auf die Druckprozedur um, um die Eingabe von Tastatur nicht zu verzögern und die Druckerausgabe etwas zu bremsen.

```
MODULE co3;
FROM IO     IMPORT WrStr, KeyPressed, RdKey;
FROM FIO    IMPORT File, EOF, PrinterDevice, Open, RdStr, WrChar;
            IMPORT IO,FIO;                     (* f. qualif. Importe *)
FROM Str    IMPORT Length;
FROM SYSTEM IMPORT NEWPROCESS, TRANSFER;
FROM Window IMPORT WinDef, WinType, Color, SingleFrame,
                   SetTitle, TitleMode, Use;
            IMPORT Window;                     (* f. qualif. Importe *)
TYPE WorkSpace = ARRAY[1..1000] OF BYTE;       (* Arbeitsbereich     *)
     String    = ARRAY[0..80] OF CHAR;
VAR  CoRout_1, CoRout_2, Main: ADDRESS;        (* Coroutinen         *)
     WSpace_1, WSpace_2: WorkSpace;            (* Arbeitsbereiche    *)
     Win_1,Win_2       : WinDef;               (* Fensterbeschr.     *)
     Win1,Win2         : WinType;              (* Fenster für Ausg.  *)
CONST Lst ::= PrinterDevice;                   (* Drucker            *)

PROCEDURE MakeWin;                   (* erzeugt zwei Ausgabefenster *)
BEGIN
  Win_1:=WinDef(0,0,70,5,White,Black,TRUE,TRUE,
                   FALSE,TRUE,SingleFrame,White,Black);
  Win1 := Window.Open(Win_1);
  Win_2:= WinDef(0,10,70,15,White,Black,FALSE,TRUE,
                   FALSE,TRUE,SingleFrame,White,Black);
  Win2 := Window.Open(Win_2);
  SetTitle(Win1,"EDIT",CenterUpperTitle);
  SetTitle(Win2,"PRINT",CenterUpperTitle);
END MakeWin;

PROCEDURE Print;
VAR  c : CARDINAL;
  Zeile: String;                       (* Puffer für eine Zeile     *)
  Leer : BOOLEAN;                      (* Puffer ist leer           *)
  f    : File;                         (* zu druckende Datei        *)
BEGIN
  c := 0;  Leer := TRUE;
  f := Open ("co3.bak");               (* Beispiel-Datei            *)
  LOOP
    Use(Win2);                         (* Ausgabe in Fenster 2      *)
    IF NOT EOF THEN                    (* bis Dateiende             *)
      IF Leer THEN                     (* wenn der Puffer leer ist *)
        RdStr(f,Zeile);                (* eine Zeile lesen          *)
        Leer := FALSE;                 (* Puffer ist voll           *)
      END;
```

```
        IF c < Length(Zeile) THEN     (* komplette Zeile          *)
          WrChar(Lst,Zeile[c]);       (* zeichenweise drucken     *)
          WrStr(Zeile[c]);            (* und ausgeben             *)
          INC(c)
        ELSE                          (* anschließend             *)
          Leer := TRUE; c := 0;       (* Vorschub etc.            *)
          IO.WrLn; FIO.WrLn(Lst);
        END;
      END;
      TRANSFER(CoRout_2, Main);       (* --> Hauptprozeß *)
    END;
  END Print;

  PROCEDURE Edit;
  VAR c:CHAR;
  BEGIN
    LOOP
      IF KeyPressed() THEN            (* wenn Taste gedrückt wird *)
        c := RdKey();                 (* Zeichen lesen            *)
        IF c = CHR(27) THEN HALT END; (* ESC: ENDE                *)
        Use(Win1);                    (* Ausgabe in Fenster 1     *)
        WrStr(c);                     (* Zeichen ausgeben         *)
      END;
      TRANSFER(CoRout_1,Main);        (* --> Hauptprozeß *)
    END;
  END Edit;

  VAR x:CARDINAL;
  BEGIN
    MakeWin;                          (* Fenster erzeugen         *)
    NEWPROCESS(Edit,ADR(WSpace_1),SIZE(WorkSpace),CoRout_1);
    NEWPROCESS(Print,ADR(WSpace_2),SIZE(WorkSpace),CoRout_2);
    x := 0;
    LOOP
      INC(x);
      TRANSFER(Main,CoRout_1);        (* Editieren                *)
      IF x MOD 50 = 0 THEN            (* nach 50 Durchgängen      *)
        TRANSFER(Main,CoRout_2);      (* Drucken                  *)
        x := 0;
      END;
    END;
  END co3.
```

10.2 Coroutinen und Interruptbehandlung

In den zwei vorgestellten Programmen hing die Aktivierung der Coroutinen von genau formulierten Bedingungen ab, die im *Quelltext* vorgegeben wurden. Es ist aber auch möglich, die Aktivierung einer Coroutine von unvorhergesehenen Ereignissen, von Unterbrechungen abhängig zu machen, d.h., um ein gebräuchlicheres Wort zu benutzen, von Interrupts. Man kann also dafür sorgen, daß eine Coroutine immer dann aktiviert wird, wenn ein ganz bestimmter Interrupt ausgelöst wird. Die Coroutine tritt dann praktisch an die Stelle der Interruptverwaltungsroutine.

Schauen wir uns zunächst den prinzipiellen Aufbau eines solchen Programmes an. Wie gewohnt wird mit *NEWPROCESS* die Coroutine erzeugt:

```
SYSTEM.NEWPROCESS(IntRout,ADR(WSpace),SIZE(WSpace),Co);
```

dann wird ihr in bekannter Weise *sofort* die Kontrolle übertragen:

```
SYSTEM.TRANSFER(Main,Co);
```

Der Aufbau der Coroutine mit der Referenz *Co*, für die ein Arbeitsbereich *WSpace* reserviert wurde, sieht folgendermaßen aus:

```
PROCEDURE IntRout;
...   (* lokale Variablen    *)
BEGIN
  ... (* Initialisierungsteil *)
  LOOP
    SYSTEM.IOTRANSFER(Co,Main,IntNo);
    ...
      (* Anweisungsteil      *)
    ...
    END;
  END;
END IntRout;
```

Wenn die Kontrolle an die Routine geht, initialisiert sie gegebenenfalls ihre Variablen usw., dann tritt sie in die *LOOP*-Schleife ein. Sie sehen dort eine neue Anweisung *IOTRANSFER* aus dem Modul *SYSTEM*. *IOTRANSFER* gibt die Kontrolle an die Hauptroutine (das Programm) zurück und bewirkt zugleich, daß die Routine mit der Referenz *Co* künftig immer dann aktiviert wird, wenn der Interrupt mit der Nummer *IntNo* auftritt.

Ein expliziter Aufruf von *Co* wird im Programm jetzt nicht mehr vorkommen, die Aktivierung erfolgt, ohne unser Zutun, durch den von uns angegebenen Interrupt. Angenommen wir hätten als Interruptnummer 05H angegeben, also die Nummer des Interrupts, mit dem eine Hardcopy initiiert wird. Das hat nach der obigen Anweisungssequenz die Folge, daß in diesem Programm künftig immer dann, wenn die PRTSCR-Taste gedrückt wird, unsere

Prozedur *IntRout* ausgeführt wird. Durch die *IOTRANSFER*-Anweisung verhält sich das Programm so, als würde im Hauptprogramm in diesem Moment ein *TRANSFER(Main,Co)* aufgerufen. Danach wird das Programm ganz normal fortgesetzt - die *IOTRANSFER*-Anweisung funktioniert dann praktisch wie eine *TRANSFER*-Anweisung, die zurück zum Hauptprozeß schaltet (*TRANSFER(Co,Main)*).

Ich möchte Ihnen jetzt ein Beispiel zeigen, das einerseits relativ einfach aufgebaut ist, andererseits aber die Lösung zweier Probleme verlangt, die auch bei anspruchsvolleren Interrupthandlern auftreten. Es geht um einen Bibliotheksmodul, der eine Prozedur bereitstellt, die in der oberen rechten Bildschirmecke permanent eine Uhr einblendet. Zu diesem Zweck werden wir eine entsprechende Coroutine in einen Interrupt 'einhängen'. Das bedeutet, daß immer dann, wenn der Timer den Interrupt mit der Nummer 1CH auslöst, unsere Routine aktiviert werden soll. Sie soll dann die Uhrzeit ausgeben und die Kontrolle an das Programm zurückgeben. Im Prinzip sieht die Routine so aus:

```
PROCEDURE IntRout;
BEGIN
  LOOP
    SYSTEM.IOTRANSFER(Co,Main,1CH);
    PrintTime;
  END;
END IntRout;
```

Die Angelegenheit hat zwei Haken. Der erste heißt MS-DOS. Wir dürfen in der Prozedur *PrintTime* keine DOS-Funktionen benutzen, weil DOS nicht reentrant ist. Tut man das doch, erhält man, wenn man Glück hat, die Fehlermeldung

```
"Fatal error: DOS reentered"
```

Wenn man weniger Glück hat, hilft nur der Griff zur Resettaste. Wir müssen also sehen, daß wir

- die aktuelle Uhrzeit auf anderen Wegen (statt z.B. mit der DOS-Funktion 2CH) in Erfahrung bringen und
- die Bildschirmausgabe ohne DOS abwickeln.

Das zweite Problem ist bereits gelöst. Die Prozedur *PrintString* aus dem Modul *scr*, der in Kapitel 9 entwickelt wurde, schreibt ohne DOS direkt in den Bildschirmspeicher und kann hier gefahrlos eingesetzt werden, das gleiche gilt für dir *Window*-Prozedur *DirectWrite* (Kapitel 7.9).

Die Uhrzeit ermitteln

Die Uhrzeit kann man ohne DOS-Kontakt durch Auslesen einer BIOS-Variablen erfahren. An der Speicherstelle 40H:6CH ist in 4 Bytes der Stand eines Zählers gespeichert, der ungefähr 18,2 mal pro Sekunde hochgezählt wird. Um die Zeit auslesen zu können, deklarieren wir diese absolute Variable:

```
time[40H:6CH]: LONGCARD;
```

Sie enthält (bei richtig gestellter Uhr) die 'Ticks', die seit Mitternacht 'gezählt' wurden. Durch 18,2 geteilt, liefert *time* die Zahl die vergangenen Sekunden, durch 18,2 * 60 geteilt die der Minuten. So läßt sich die Zeit, für eine Uhr, die die Minuten anzeigen soll, so errechnen:

```
m := time DIV 1092; (* Minuten total        *)
h := m DIV 60;      (* Stunden              *)
m := m MOD 60;      (* verbleibende Minuten *)
```

Danach müssen die Zahlen in Strings verwandelt und via *PrintString* ausgegeben werden. Die komplette Prozedur *PrintTime* finden Sie im Listing des Moduls. Ebenso die Routine *Null*, mit der einzelnen Ziffern eine Null vorangestellt wird ("07:05" sieht besser aus als "7 :5 ").

Sichern der Interruptvektoren

Kommen wir zum zweiten Haken. Unser Programm könnte nun so aussehen:

```
...
VAR    WSpace  : ARRAY[1..1000] OF BYTE;
       Co, Main: ADDRESS;
       ...
PROCEDURE PrintTime;  (* Zeit ausgeben *)
...
END PrintTime;

PROCEDURE ClockInt; (* die Coroutine *)
...
END ClockInt;

BEGIN
  SYSTEM.NEWPROCESS(IntRout,ADR(WSpace),SIZE(WSpace),Co);
  SYSTEM.TRANSFER(Main,Co);
  ...
```

Wenn man das Programm kompiliert und startet, wird es die Uhrzeit korrekt anzeigen. Das Problem ist: Wenn Sie das Programm wieder verlassen und in die Arbeitsumgebung oder ins DOS zurückkehren, bleibt die Uhr weiterhin aktiv. Sobald dann an der Stelle im Speicher der Code eines anderen Programmes abgelegt wird, stürzt das System mit ziemlicher Sicherheit ab. Sie müssen deshalb vor dem Verlassen des Programmes in der Interruptvektor-Tabelle die Adresse der *alten* Interruptservice-Routine eintragen, die mit der Adresse Ihres Interrupthandlers überschrieben wurde. Dazu muß die Originaladresse zuvor zwischengespeichert werden. Hier zwei Prozeduren, die den übergebenen Interruptvekor mit Hilfe der DOS-Funktion 35H sichern:

```
PROCEDURE SaveVect(No:SHORTCARD);
```

und mit der DOS-Funktion 25H restaurieren:

```
PROCEDURE RestoreVect(No:SHORTCARD);
```

Den Text finden Sie weiter unten im Listing. Der Segment- und der Offsetteil der Adresse der Interruptverwaltungsroutine werden in einem Record gespeichert:

```
OrigVector : RECORD  (* für Original Interruptvektor *)
                Segm, Offs: CARDINAL;
             END;
```

Sie können freilich auch mit absoluten Variablen arbeiten, etwa so:

```
VAR  IntXY[...:...], OrigVector: ADDRESS
...
  OrigVector := IntXY;  (* Sichern *)
```

Es folgen jetzt die Listings des Bibliotheksmoduls *Clock*. Hier zunächst der Definitionsmodul:

```
DEFINITION MODULE Clock;
  PROCEDURE Clock_On;
  PROCEDURE Clock_Off;
END Clock.
```

Mit der ersten Funktion wird die Uhr 'eingeschaltet'. Der Arbeitsbereich für die Coroutine *ClockInt* ist diesmal nicht statisch, sondern als Zeiger definiert. In der Prozedur *Clock_On* wird der Arbeitsbereich mit

```
NEW(WSpace);
```

reserviert. Wenn Sie die Uhr nicht mehr benötigen oder ausblenden möchten, müssen Sie *Clock_Off* aufrufen. Dann wird der Interruptvektor restauriert und der reservierte Arbeitsbereich mit *DISPOSE* wieder freigegeben. Sie dürfen auf keinen Fall versäumen, *Clock_Off* vor Verlassen des Programmes aufzurufen, weil sonst der Vektor nicht restauriert wird!

Die Prozedur *PrintTime* zur Ausgabe der Zeit wird von *ClockInt* übrigens nicht jedesmal aufgerufen. Das ist nicht nötig, da die Uhr lediglich Minuten, keine Sekunden anzeigt. Außerdem verringert diese Maßnahme das Flimmern der inversen Ausgabe - Sie können das nach Belieben verändern.

Der Modul soll Ihnen auch zeigen, daß man Coroutinen nicht unbedingt im Anweisungsteil des Hauptmoduls erzeugen und aktivieren muß, sondern auch in Prozeduren, die in externen Moduln untergebracht sein können.

```
IMPLEMENTATION MODULE Clock;
FROM Storage IMPORT ALLOCATE, DEALLOCATE;
FROM SYSTEM  IMPORT Registers, NEWPROCESS, TRANSFER, IOTRANSFER;
FROM Lib     IMPORT Intr;
FROM scr     IMPORT PrintString, invers, normal;
FROM Str     IMPORT CardToStr;
TYPE WorkSpace    = ARRAY[1..1000] OF BYTE;
VAR  WSpace       : POINTER TO WorkSpace;
     Co, Main     : ADDRESS;
     regs         : Registers;
     OrigVector   : RECORD
                      Segm,
                      Offs:CARDINAL ;
                    END;
     time[40H:6CH]: LONGCARD;

PROCEDURE SaveVect(No:SHORTCARD);
BEGIN
  WITH regs DO
    AH := 35H;                (* Interruptvektor lesen  *)
    AL := No;                 (* Nummer des Interrupts  *)
  END;
  Intr(regs,21H);
  WITH regs DO
    OrigVector.Segm := ES;
    OrigVector.Offs := BX;
  END;
END SaveVect;

PROCEDURE RestoreVect(No:SHORTCARD);
BEGIN
  WITH regs DO
    AH := 25H;                  (* Interruptvektor setzen *)
    AL := No;                   (* Nummer des Interrupts  *)
    DS := OrigVector.Segm;
    DX := OrigVector.Offs;
  END;
  Intr(regs,21H);
END RestoreVect;
```

```
PROCEDURE Null(VAR s:ARRAY OF CHAR);(* einzelnen Ziffern *)
BEGIN                              (* 0 voranstellen    *)
  s[1] := s[0]; s[0] := "0";
END Null;

PROCEDURE PrintTime;  (* Zeit ausgeben *)
VAR string : ARRAY[0..2]OF CHAR;
    m,h    : LONGCARD;
    b      : BOOLEAN;
BEGIN
  m := time DIV 1092; (* Minuten total        *)
  h := m DIV 60;      (* Stunden              *)
  m := m MOD 60;      (* verbleibende Minuten *)
  PrintString("  :  ",76,1,invers);
  CardToStr(h,string,10,b);         (* Stunden *)
  IF h < 10 THEN Null(string); END;
  PrintString(string,76,1,invers);
  CardToStr(m,string,10,b);         (* Minuten *)
  IF m < 10 THEN Null(string); END;
  PrintString(string,79,1,invers);
END PrintTime;

PROCEDURE ClockInt;
VAR c:CARDINAL;
BEGIN
  c := 19;
  LOOP
    IOTRANSFER(Co,Main,1CH);
    INC(c);
    IF c = 20 THEN
      PrintTime;
      c := 0;
    END;
  END;
END ClockInt;

PROCEDURE Clock_On;
BEGIN
  NEW(WSpace);                 (* Arbeitsbereich reservieren *)
  SaveVect(1CH);               (* Interruptvektor sichern    *)
  NEWPROCESS(ClockInt,WSpace,SIZE(WSpace),Co);
  TRANSFER(Main,Co);
END Clock_On;
```

```
PROCEDURE Clock_Off;
BEGIN
  RestoreVect(1CH);             (* Intr.-vektor restaurieren *)
  PrintString("     ",76,1,normal);
  DISPOSE(WSpace);              (* Arbeitsbereich freigeben  *)
END Clock_Off;

END Clock.
```

Und hier ein kleines Testprogramm:

```
MODULE ClockTst;
FROM Clock IMPORT Clock_On, Clock_Off;
IMPORT IO;
VAR x : CARDINAL;
BEGIN
  Clock_On;
  REPEAT
    INC(x);
    IO.WrCard(x,5); IO.WrStr(CHR(13));
  UNTIL IO.KeyPressed() OR (x > 65000);
  IO.WrLn;
  Clock_Off;
  IO.WrStr("***Ende***");
END ClockTst.
```

Hinweis: Während der Abarbeitung von Coroutinen können Hardwareinterrupts mit der Prozedur *DI* (Disable Int.) gesperrt und mit der Prozedur *EI* (Enable Int.) wieder zugelassen werden. Beide Prozeduren müssen Sie aus *SYSTEM* importieren.

11 Tracing

In diesem Kapitel lesen Sie, wie man mit Prozeduren aus dem Bibliotheksmodul ProcTrace
- *Variablen und*
- *Prozedur-Aufrufe beobachten und*
- *einen Modul schreiben kann, der das Tracing etwas komfortabler macht.*

Vielleicht haben Sie Ihre Pascal-Programme auch schon mit solchen Zeilen

```
writeln('x nach Aufruf von XYZ: ',x);
```

'verfolgt'. In TopSpeed Modula wurde diese Art der Fehlersuche etwas verbessert: Der Bibliotheksmodul *ProcTrace* stellt Prozeduren zum Verfolgen von Wertänderungen von Variablen und für das Beobachten von Prozedur-Aufrufen bereit.

Hinweis: Beim Import aus *ProcTrace* gab es zunächst Schwierigkeiten in Form einer Fehlermeldung des Linkers. Das lag daran, daß der betreffende Modul *ProcTrace* heißt, die Dateien aber PROCTRAC.* (weil unter DOS maximal acht Zeichen zulässig sind). Für dieses Problem gibt es zwei Lösungen. Man kann die Modulnamen im DEF- und MOD-File in "*ProcTrac*" umändern und das Ganze dann neu kompiliert (wie das für den Modul in diesem Kapitel geschah). Die andere Möglichkeit ist, vor dem Kompilieren im OPTIONEN-Menü (ALT+O) im Untermenü COMPILER die MODULNAMEN-ÜBERPRÜFUNG auf OFF zu schalten.

11.1 Verfolgen von Prozedur-Aufrufen

Die Prozeduren, deren Aufrufe beobachtet werden sollen, müssen mit der Compilerdirektive (**$Q+*) übersetzt werden. Wenn Sie alle Prozedur-Aufrufe in einem Programm beobachten möchten, kompilieren Sie auch das ganze Programm mit dieser Einstellung. Einzelne Prozeduren können Sie dann mit der Direktive *(*$Q-*)* aus dem Tracing heraushalten:

```
(*$Q-*)
PROCEDURE ... (* der Aufruf dieser Prozedur *)
...           (* wird nicht angezeigt       *)
END...
(*$Q+*)
```

Um das Tracing zu starten, muß die Prozedur *Install* aus *ProcTrac* aufgerufen werden. Dazu ein einfaches Beispiel.

```
MODULE trdem1; IMPORT IO,ProcTrac;
VAR c:CARDINAL;
(*$Q+*)    (* ! Voraussetzung für die Beobachtung ! *)

PROCEDURE Count;BEGIN INC(c); END Count;

PROCEDURE div;   (* gibt alle Vielfachen von 317 aus *)
BEGIN
  IF c MOD 317 = 0 THEN IO.WrCard(c,8);IO.WrLn;END;
END div;

BEGIN
  c := 0;
  ProcTrac.Install;           (* Tracing aktivieren *)
  REPEAT Count; div; UNTIL c > 2000;
END trdem1.
```

Wenn Sie dieses Programm nun starten, werden Sie nach dem Map-File gefragt. Geben Sie den Namen *mit* der Extension ein.

```
TRDEM1.MAP
```

Nun werden die folgenden Meldungen über den Bildschirm rauschen:

```
"Entering ProcTrace reading MAP-File..."
```

und dann

```
"trdem1$count Exiting $count"
"Entering trdem1$div Exiting $div"
```

etc. Sie können so erkennen, welche Prozedur gerade aufgerufen wird und wann sie wieder verlassen wird.

Die Funktion *Get_Name* gibt Ihnen den Namen der Prozedur zurück, die gerade abgearbeitet wird. Ausgeben können Sie ihn dann z.B. mit

```
IO.WrStr(ProcTrac.Get_Name());
```

Wozu man diese Prozedur verwenden kann, wird weiter unten gezeigt.

Der Modul *Trace*

Bei Programmen, deren Oberfläche nicht zerstört werden soll, ist diese Art der Ausgabe natürlich nicht optimal. Es soll deshalb jetzt ein Modul *Trace* entwickelt werden, der das Beobachten von Aufrufen und Variablen vereinfacht und den Bildschirmaufbau nicht ruiniert. Es wird darin auf den im Kapitel 9 entwickelten Bildschirmmodul *SCR.MOD* zurückgegriffen.

Die Beobachtung von Prozedur-Aufrufen soll mit den Prozeduren *TrOn* und *TrOff* abgewickelt werden. Nach der Aktivierung mit *TrOn* soll in der untersten Bildschirmzeile die Meldung

```
"Enter:Prozedurname"
```

oder

```
"Exit:Prozedurname"
```

erscheinen. *TrOff* soll die Verfolgung beenden. Ferner soll man zwischen einem Einzelschritt- und einem "Durchlaufmodus" umschalten können.

Für die Ausgabe der Meldungen sind in *ProcTrac* die zwei Prozedurtypen *Entry* und *Exit* definiert.

```
VAR Entry, Exit:PROC;
```

Das gibt uns die Möglichkeit, andere Prozeduren zu schreiben und diese dann *Entry* und *Exit* zuzuweisen. *Entry* ist für die "Entering"-Meldung, *Exit* für die "Exit"-Meldung zuständig. Eine Alternativprozedur könnte folgendermaßen aussehen:

```
PROCEDURE Proc_Enter;     (* welche Prozedur wird abgearbeitet *)
BEGIN
  SaveScreen;                          (* Bildschirminhalt sichern *)
  PrintString('Enter:',1,25,hell);
  PrintString(Get_Name(),6,25,invers);        (*Prozedurnamen *)
  Pause;                               (* auf Tastendruck warten   *)
  RestoreScreen;                       (* Bildschirm restaurieren  *)
END Proc_Enter;
```

Pause ist eine Prozedur, die auf einen Tastendruck wartet. Sie tut das aber nur, wenn eine globale, in *TRACE.DEF* deklarierte boolesche Variable *Step* auf *TRUE* gesetzt ist.

Wenn das Tracing mit *TrOff* ausgeschaltet wird, wird den beiden Prozedurvariablen *Entry* und *Exit* die Prozedur *Dummy* zugewiesen. *Dummy* tut nichts. Entsprechend passiert auch nichts, wenn die Prozeduren aus *ProcTrac Exit* oder *Enter* aufrufen. Nicht sehr elegant, aber es funktioniert.

ProcTrac.Install wird im Anweisungsteil des Moduls aufgerufen. Damit wird das Tracing bereits beim Programmstart vorbereitet. Es wird mit *TrOff* allerdings sofort abgeschaltet. Damit ist es möglich, Variablen zu beobachten, ohne das Tracing mitlaufen zu lassen. Außerdem kann *TrOn* auch erst ab einem bestimmten Punkt im Quelltext oder zur Laufzeit aufgerufen werden. Wenn Sie alle Aufrufe während eines Programmes beobachten wollen, genügt es

- das komplette Programm mit der Direktive *(*$Q+*)* zu übersetzen und
- am Anfang des Programmes *TrOn* aufzurufen.

11.2 Beobachten von Variablen

ProcTrac stellt zwei Prozeduren zum Überwachen von 2-Byte Variablen bereit. Mit *Monitor* wird die Verfolgung der übergebenen Variable aufgenommen.

```
PROCEDURE Monitor(VAR W:WORD);
```

Eine Variable *v* wird mit

```
ProcTrac.Monitor(WORD(v));
```

beobachtet. *Monitor* verändert die Variablen

```
MonAdr : ADDRESS;    MonWrd : WORD;
```

aus *ProcTrac*. In *MonAdr* ist die Adresse der observierten Variable abgelegt, in *MonWrd* ihr Wert. Angenommen *c* ist die beobachtete Variable vom Typ *CARDINAL*. Nach dem Aufruf von

```
ProcTrac.Monitor(WORD(c));
```

gibt die folgende Zeile

```
IO.WrCard(CARDINAL(MonWrd,6));
```

den derzeitigen Wert von *c* aus. Ob die Variable Ihren Wert *verändert* hat, zeigt Ihnen die Prozedur *Check* an.

```
PROCEDURE Check(S:ARRAY OF CHAR);
```

Sie übergeben an *Check* den Namen der Variablen oder einen Kurzkommentar. Die Anweisung

```
ProcTrac.Check("C:");
```

hat zur Folge, daß immer dann, wenn *c* seinen Wert *ändert*, die Meldung

```
"!!!!!!!!!!!!! Check: C:"
```

auf dem Monitor erscheint. Für die Ausgabe des Variablenwertes müssen Sie selbst sorgen. *Check* muß (im Gegensatz zu Install) im Programm immer wieder aufgerufen werden:

```
...
  ProcTrac.Monitor(WORD(x));
  REPEAT
    Count;
    ProcTrac.Check("Var X:");
    ...
```

Check und *Monitor* arbeiten unabhängig von *Install*. Die Direktive *$Q* hat keine Auswirkungen auf diese beiden Prozeduren.

So praktisch die Prozedur *Check* auch ist - sie zerstört ebenfalls den Bildschirmaufbau. Der *Trace*-Modul enthält deshalb auch eine umgebaute *Check*-Prozedur für positive Zahlen. Es wurde die Originalprozedur aus dem Modul *ProcTrac* kopiert und der Teil der Prozedur, der das `"!!!!!!!!!!!!!! Check:"` ausgibt, umgeschrieben. Vor jeder Ausgabe wird nun der Bildschirminhalt gerettet, dann wird oben links der übergebene Name und der Wert der Variablen ausgegeben. Die Prozedur *Check* sieht in *Trace* nun so aus:

```
PROCEDURE Check(VName:ARRAY OF CHAR);  (* Veränderte Original- *)
VAR lc:LONGCARD;                       (* prozedur             *)
    s :ARRAY[0..10] OF CHAR; ok:BOOLEAN;(* f. Stringumwandlung *)
BEGIN                                                  (* JPI *)
  IF (MonAdr # NIL) AND (WORD(MonAdr^) # MonWrd) THEN  (* JPI *)
    lc := LONGCARD(MonWrd);            (* Wert umwandeln und *)
    CardToStr(lc,s,10,ok);             (* in String konvert. *)
    IF ok THEN
      SaveScreen;
      PrintString(VName,1,1,hell);   (* Name der Variablen    *)
      PrintString(s,1+Length(VName),1,invers);        (* Wert *)
      Pause;                         (* Auf Tastendruck warten *)
      RestoreScreen;
    ELSE                   (* Konvertierung hat nicht geklappt *)
      PrintString("??",1,1,invers);
    END;
    MonWrd := MonAdr^;                                 (* JPI *)
  END;                                                 (* JPI *)
END Check;
```

*Die aus der Originalprozedur übernommenen Zeilen sind mit (*JPI*) gekennzeichnet.*

Die Prozedur *Monitor* wird beim Gebrauch von *Trace* unverändert benutzt. Um zu vermeiden, daß man außer *Trace* zusätzlich auch noch *ProcTrac* in eigene Programme importieren muß, wird Monitor mit der folgenden Alias-Deklaration in der Definitionsdatei nach *Trace* übernommen:

```
CONST Monitor ::= ProcTrac.Monitor;
```

Wenn Sie nun *Trace.Monitor* aufrufen, wird tatsächlich *ProcTrac.Monitor* aufgerufen. Hier nun die Listings.

```
DEFINITION MODULE Trace;
  IMPORT ProcTrac;
  VAR Step: BOOLEAN;             (* Einzelschrittmodus ein/aus *)
  PROCEDURE TrOn;                (* Tracing einschalten        *)
  PROCEDURE TrOff;               (* Tracing ausschalten        *)

  CONST Monitor ::= ProcTrac.Monitor; (* Übernahme v.ProcTrace *)
  (*PROCEDURE Monitor(VAR W: WORD);      beobachte Variable W  *)
  PROCEDURE Check(VName:ARRAY OF CHAR);(*Ausgabe b.Wertänderung*)
END Trace.

IMPLEMENTATION MODULE Trace;
FROM ProcTrac IMPORT Install,Get_Name,Entry,Exit,MonAdr,MonWrd;
FROM scr IMPORT SaveScreen,RestoreScreen,PrintString,hell,invers;
FROM IO  IMPORT RdKey;
FROM Str IMPORT CardToStr,Length;

PROCEDURE Pause;
VAR t:CHAR; BEGIN IF Step THEN t := RdKey();END END Pause;

PROCEDURE Proc_Enter;(*welche Prozedur wird jetzt abgearbeitet *)
BEGIN
  SaveScreen;
  PrintString('Enter:',1,25,hell);
  PrintString(Get_Name(),7,25,invers);
  Pause; RestoreScreen;
END Proc_Enter;

PROCEDURE Proc_Exit;    (* welche Prozedur wird jetzt verlassen *)
BEGIN
  SaveScreen;
  PrintString('Exit:',1,25,hell);
  PrintString(Get_Name(),6,25,invers);
  Pause; RestoreScreen;
END Proc_Exit;

PROCEDURE Dummy;        (* zum Deaktivieren der Ausgabeprozeduren *)
END Dummy;              (* Exit und Entry aus ProcTrac            *)
```

```
PROCEDURE TrOn;              (* Ausgabeprozeduren von         *)
BEGIN                        (* Proctrace gegen eigene ersetzen *)
  Entry:=Proc_Enter;         (* Entry neudefinieren           *)
  Exit:=Proc_Exit;           (* Exit     "   "                *)
END TrOn;

PROCEDURE TrOff;                        (* Tracing abschalten    *)
BEGIN                                   (* Ausgabeprozeduren     *)
  Entry := Dummy;  Exit := Dummy        (* gegen Dummy ersetzen *)
END TrOff;                              (* der "nichts tut"      *)

PROCEDURE Check(VName:ARRAY OF CHAR);   (* veränderte Original *)
VAR lc:LONGCARD;                                    (* Prozedur *)
    s :ARRAY[0..10] OF CHAR; ok:BOOLEAN; (* f.Stringumwandlung *)
BEGIN                                                    (* JPI *)
  IF (MonAdr # NIL) AND (WORD(MonAdr^) # MonWrd) THEN    (* JPI *)
    lc := LONGCARD(MonWrd);                    (* Wert umwand. u. *)
    CardToStr(lc,s,10,ok);                     (* in String konv. *)
    IF ok THEN
      SaveScreen;
      PrintString(VName,1,1,hell);                      (* Name *)
      PrintString(s,1+Length(VName),1,invers);          (* Wert *)
      Pause; RestoreScreen;
    ELSE
      PrintString("??",1,1,invers);
    END;
    MonWrd := MonAdr^;                                   (* JPI *)
  END;                                                   (* JPI *)
END Check;

BEGIN                                   (* Anweisungsteil        *)
  Install;                              (* bei Programm - Start *)
  Step := TRUE;                         (* Einzelschrittmodus    *)
  TrOff;                                (* Tracing abschalten    *)
END Trace.
```

12 Anhang

In diesem Anhang finden Sie
- *eine Liste mit Compilerdirektiven und*
- *Hinweise für die Arbeit im Batchbetrieb.*

12.1 Compilerdirektiven (Auswahl)

In der unten abgedruckten Tabelle finden Sie eine Liste jener Compilerdirektiven, die für die in diesem Buch besprochenen Themen von Belang sind.

Wie in Turbo Pascal werden die Direktiven in Kommentarklammern eingeschlossen und im Quelltext plaziert. Sie gehen den Einstellungen in der Entwicklungsumgebung vor. Eine Direktive wird durch ein *$*-Zeichen kenntlich gemacht. Beachten Sie, daß auch bei diesen Compileranweisungen zwischen Groß- und Kleinschreibung unterschieden wird: *(*$r-*)* sagt dem Compiler nichts. Das Pluszeichen sorgt, wie gewohnt, für das Wirksamwerden der Direktive, das Minuszeichen hebt sie auf. Compilerdirektiven im Quelltext wirken vom Punkt Ihrer Plazierung an, bis zum Ende des Textes oder bis zu ihrer Aufhebung.

```
(*$I+*) (* schaltet Index-Prüfung ein *)
...
(*$I-*) (* schaltet Indexprüfung wieder aus *)
```

Das Gleichheitszeichen schaltet auf die Einstellung vor dem letzten - oder + zurück. Wenn Sie Direktiven aufzählen wollen, müssen Sie sie durch Kommata trennen:

```
(*$R-,I-*)
```

Tabelle 12-1 zeigt eine Auswahl der Compilerdirektiven. Es ist jeweils die Voreinstellung angegeben.

Direktive	Funktion
B+	Programm kann/kann nicht durch CTRL+BREAK abgebrochen werden. Direktive muß im Hauptmodul stehen
H-	Aggregate dürfen/dürfen nicht wie Variablen verändert werden
I-	Array-Index-Prüfung ein/aus.
O-	Überlauf-Prüfung bei Operationen mit ganzen Zahlen ein/aus.
Q-	Tracing ermöglichen/ausschließen.
R-	Unterbereichsprüfung ein/aus.
S-	Stacküberprüfung ein/aus.
W-	Volatible Variablen: diese Variablen werden umgehend in den Speicher geschoben, statt solange wie möglich in den den Registern gehalten zu werden.
Z-	Überprüfung der Dereferenzierung von NIL-Pointern ein/aus. $Z+ sorgt für eine Initialisierung lokaler oder globaler Objekte mit Null.

Tabelle 12-1 TopSpeed Modula-2 Compilerdirektiven (Auswahl)

Einen kompletten Run-Time-Check erreichen Sie mit der Direktive:

```
(*$I+,R+,O+,S+,Z+*)
```

Mit der Direktive (*$S x*) können Sie einem Programm einen größeren Stack reservieren. Mit *x* wird die Bytezahl als Hexwert angegeben. Als Voreinstellung ist ein 16KByte großer Stack eingerichtet.

12.2 TopSpeed Modula im Batchbetrieb

Wenn Sie mit Ihrem gewohnten Editor weiterarbeiten möchten, integrierte Arbeitsumgebungen hassen oder extrem umfangreiche Programme entwickeln, die in der Umgebung nicht mehr zu kompilieren und auszutesten sind, können Sie das System auch im Batchbetrieb benutzen. Der Compiler wird mit

```
M2/C <Dateiname> /Optionen
```

der Linker mit

```
M2/L <Dateiname> /Optionen
```

aufgerufen. Um ein *EXE*-File zu produzieren, müssen Sie Compiler *und* Linker aufrufen. Die Make-Option des Compilers schließt im Batchbetrieb keinen Linklauf mit ein. Es folgt eine Tabelle mit einigen Optionsschaltern für den Compiler.

Option	Funktion
F	File- und Modulnamen dürfen verschieden sein.
L	Kompiliergeschwindigkeit wird angezeigt.
M	Bewirkt den Aufruf der Make-Funktion
P	Der Name der gerade kompilierten Prozedur wird angezeigt.
R	Bewirkt zusammen mit der /M-Option das komplette Kompilieren des Programmes ('Build').

Tabelle 12-2 Compileroptionen für den Batchbetrieb (Auswahl)

Beim Aufruf des *Linkers* bewirkt die Option */M*, daß ein Map-File angelegt wird. Auch im Batchbetrieb wird das Redirectionfile berücksichtigt.

MC.BAT ist eine für den Programmeditor *QEDIT* geschriebene Batchdatei, die den Turnaroundzyklus etwas vereinfachen soll. Der Editor wird mit dem Befehl *Q* aufgerufen. Die Stapeldatei kann ohne Aufwand an andere Editoren angepaßt werden. Für die Bedienung des Menüs wird das Programm *Wait* aus Kapitel 7.11 benutzt:

```
ECHO OFF
CLS
IF "%1"=="" GOTO Help
IF "%1"=="?" GOTO Help
IF NOT EXIST %1.MOD GOTO Fehler
:Menu
CLS
ECHO MODULE: %1.MOD
ECHO==========================================================
ECHO Make+Run Run Editieren Compilieren Build Linken  ESC:DOS
ECHO==========================================================
Wait
IF ERRORLEVEL 114 GOTO Run
IF ERRORLEVEL 109 GOTO Make
IF ERRORLEVEL 108 GOTO Link
IF ERRORLEVEL 101 GOTO Edit
IF ERRORLEVEL 99 GOTO Compile
IF ERRORLEVEL 98 GOTO Build
IF ERRORLEVEL 27 GOTO Ende
GOTO Menu
:Make
ECHO Make: %1
M2/C %1 /M >ERR.TXT
IF ERRORLEVEL 1 ECHO "FEHLER!"
```

```
IF ERRORLEVEL 1 GOTO EDIT
M2/L %1/M
:Run
ECHO %1 %2 %3
%1 %2 %3
IF EXIST ERR.TXT GOTO Del_Err
GOTO Menu
:Del_Err
DEL ERR.TXT
GOTO Menu
:Edit
IF EXIST ERR.TXT GOTO EDIT2
Q %1.MOD
GOTO Menu
:Edit2
Q %1.MOD ERR.TXT
GOTO Menu
:Compile
M2/C %1 /LP
GOTO Menu
:Link
ECHO Linke: %1
M2/L %1/M
GOTO Menu
:Build
ECHO Build: %1
M2/C %1 /MPRL
GOTO Link
:FEHLER
ECHO %1.MOD nicht gefunden
GOTO Ende
:Help
CLS
ECHO AUFRUF: mc FileName [Param1] [Param2]
:Ende
ECHO ***ENDE***
```

Die Stapeldatei wird so aufgerufen:

```
mc <Modulname> <P1> <P2>
```

Der Programmname wird *ohne Extension* eingegeben. *P1* und *P2* sind Parameter, die Sie dem gestarteten Programm via Kommandozeile übergeben können. Ein Beispiel: Sie haben ein Programm *CONV* geschrieben, das eine Datei *A.TXT* in die Datei *B.TXT* konvertiert. Die beiden Namen werden dem

Programm beim Aufruf über die Kommandozeile übergeben. *MC* wird dann folgendermaßen aufgerufen:

```
mc conv a.txt b.txt
```

Wenn der Compiler beim Make+Run-Lauf Fehler findet, werden die Meldungen in eine Fehlertextdatei *ERR.TXT* geleitet. Daraufhin wird der Editor gestartet und die Quelltextdatei in ein, *ERR.TXT* in ein anderes Textfenster geladen. Sie können den oder die Fehler dann korrigieren und anschließend im Hauptmenü einen neuen Make-Lauf veranlassen. Ist das Programm fehlerfrei, wird es gelinkt und dann mit den beiden Parametern gestartet.

13 Prozedurverzeichnis

In diesem Kapitel finden Sie
- *ein Verzeichnis der in diesem Buch besprochenen Prozeduren,*
- *ein Verzeichnis der Standardprozeduren und -funktionen.*
- *eine Liste der Turbo Pascal-Prozeduren und Funktionen mit Verweisen auf vergleichbare Modula-Prozeduren.*

13.1 Bibliotheksprozeduren

Nicht erfaßt sind die Bereiche Grafik, 80x87-Support und parallele Prozesse. Wenn eine Prozedur oder Funktion - *zumindest in ähnlicher (!) Form* - auch in Turbo Pascal existiert, ist deren Bezeichnung in Klammern angegeben.

Modul FIO *(Datei- und Directory-Operationen)*

Append(Name:ARRAY OF CHAR):File; **S.137**
Öffnet Datei für das Anhängen von Daten und gibt Dateireferenz zurück.
Turbo Pascal → **Append**

AssignBuffer(F:File;VAR Buf:ARRAY OF BYTE); **S.157**
Weist Datei mit Referenz F Puffer Buf zu.
Turbo Pascal → **SetTextBuf**

ChDir(Name:ARRAY OF CHAR); **S.166**
Wechselt in das Verzeichnis Name.
Turbo Pascal → **ChDir**

Close(F:File); **S.136**
Schließt die Datei mit der Referenz F. Leert evtl. vorhandenen Puffer.
Turbo Pascal → **Close**

Create(Name:ARRAY OF CHAR):File; **S.136**
Erzeugt Datei mit der Bezeichnung Name.
Turbo Pascal → **Rewrite**

Erase(Name:ARRAY OF CHAR); **S.141**
Löscht die Datei mit der Bezeichnung Name.
Turbo Pascal → **Erase**

Exists(Name:ARRAY OF CHAR):BOOLEAN; **S.136**
Ermittelt, ob Datei mit Bezeichnung Name existiert.

GetDir(Drive:SHORTCARD;VAR Name:ARRAY OF CHAR); **S.165**
Ermittelt das aktuelle Verzeichnis.
Turbo Pascal → **GetDir**

GetPos(F:File):LONGCARD; **S.143**
Ermittelt die Position des Dateizeigers.
Turbo Pascal → **FilePos**

IOresult():CARDINAL; **S.155**
Gibt DOS-Fehlercode nach Open usw. zurück. IOcheck muß auf FALSE gesetzt sein.
Turbo Pascal → **IOResult**

MkDir(Name:ARRAY OF CHAR); **S.166**
Erzeugt ein neues Unterverzeichnis.
Turbo Pascal → **MkDir**

Open(Name:ARRAY OF CHAR):File; **S.136**
Öffnet Datei mit der Bezeichnung Name und gibt File-Referenz zurück.
Turbo Pascal → **Assign/Reset**

RdBin(F:File;VAR Buf:ARRAY OF BYTE;Count:CARDINAL):CARDINAL; **S.146**
Liest Count unformatierte Bytes aus Datei F in Buf ein.
Turbo Pascal → **BlockRead**

RdBool(F:File):BOOLEAN; **S.141**
Gibt TRUE zurück, wenn "TRUE" aus Datei F gelesen wird.

RdCard(F:File):CARDINAL; **S.140**
Liest CARDINAL-Wert aus Datei.

RdChar(F:File):CHAR; **S.141**
Liest ein Zeichen aus Datei.

RdHex(F:File):CARDINAL; **S.141**
Liest CARDINAL-Wert in Hex-Notation aus Datei.

RdInt(F:File):INTEGER; **S.140**
Liest INTEGER-Wert aus Datei.

RdItem(F:File;VAR V:ARRAY OF CHAR); **S.138**
Liest solange Zeichen aus Datei, bis ein Zeichen aus der Menge Separators gelesen wird, und legt sie in String V ab.

RdLngCard(F:File):LONGCARD; **S.140**
Liest LONGCARD-Wert aus Datei.

RdLngHex(F:File):LONGCARD; **S.141**
Liest LONGCARD-Wert in Hex-Notation aus Datei.

RdLngInt(F:File):LONGINT; **S.140**
Liest LONGINT-Wert aus Datei.

RdLngReal(F:File):LONGREAL; **S.141**
Liest LONGREAL-Wert aus Datei.

RdReal(F:File):REAL; **S.141**
Liest REAL-Wert aus Datei.

RdShtCard(F:File):SHORTCARD; **S.140**
Liest SHORTCARD-Wert aus Datei.

RdShtHex(F:File):SHORTCARD; **S.141**
Liest SHORTINT-Wert in Hex-Notation aus Datei.

RdShtInt(F:File):SHORTINT; **S.140**
Liest SHORTINT-Wert aus Datei.

RdStr(F:File;VAR V:ARRAY OF CHAR); **S.137**
Liest String aus Datei.

ReadFirstEntry(DirName:ARRAY OF CHAR;Attr:FileAttr;VAR D:DirEntry):
BOOLEAN; **S.163**
Sucht ersten Eintrag in Directory, der DirName entspricht.
Turbo Pascal → **FindFirst**

ReadNextEntry(VAR D:DirEntry):BOOLEAN; **S.163**
Sucht weitere Einträge in Directory, die der Suchmaske in ReadFirstEntry entsprechen.
Turbo Pascal → **FindNext**

Rename(Name,NewName:ARRAY OF CHAR); **S.141**
Benennt Datei um.
Turbo Pascal → **Rename**

RmDir(Name:ARRAY OF CHAR); **S.166**
Löscht ein Verzeichnis.
Turbo Pascal → **RmDir**

Seek(F:File;Pos:LONGCARD); **S.142**
Positioniert Dateizeiger an Position Pos.
Turbo Pascal → **Seek**

Size(F:File):LONGCARD; **S.141**
Ermittelt die Länge der Datei in Bytes.
Turbo Pascal → **FileSize**

Truncate(F:File); **S.141**
Schneidet Datei hinter der Position des Dateizeigers ab.
Turbo Pascal → **Truncate**

WrBin(F:File;Buf:ARRAY OF BYTE;Count:CARDINAL); **S.146**
Schreibt Count Bytes aus Buf unformatiert in Datei.
Turbo Pascal → **BlockWrite**

WrBool(F:File;V:BOOLEAN;Length:INTEGER); **S.140**
Schreibt "TRUE" formatiert in Datei.

WrCard(F:File;V:CARDINAL;Length:INTEGER); **S.139**
Schreibt CARDINAL-Wert mit Ausgabeformat Length in Datei. Negative Längenangabe hat linksbündige Speicherung zur Folge.

WrChar(F:File;V:CHAR); **S.140**
Schreibt Zeichen in Datei.

WrCharRep(F:File;V:CHAR;Count:CARDINAL); **S.140**
Schreibt Zeichen V Count Male in Datei.

WrHex(F:File;V:CARDINAL;Length:INTEGER); **S.139**
Schreibt CARDINAL-Wert formatiert in Hex-Notation in Datei.

WrInt(F:File;V:INTEGER;Length:INTEGER); **S.139**
Schreibt INTEGER-Wert formatiert in Datei.

WrLn(F:File); **S.138**
Schreibt Zeilenvorschub in Datei.

WrLngCard(F:File;V:LONGCARD;Length:INTEGER); **S.139**
Schreibt LONGCARD-Wert formatiert in Datei.

WrLngHex(F:File;V:LONGCARD;Length:INTEGER); **S.139**
Schreibt LONGCARD-Wert formatiert in Hex-Notation in Datei.

WrLngInt(F:File;V:LONGINT;Length:INTEGER); **S.139**
Schreibt LONGINT-Wert formatiert in Datei.

WrLngReal(F:File;V:LONGREAL;Precision:CARDINAL;Length:INTEGER); **S.139**
Schreibt LONGREAL-Wert formatiert in Datei. (Precision: Mantissenformat. Length: Ausgabebreite)

WrReal(F:File;V:REAL;Precision:CARDINAL;Length:INTEGER); **S.139**
Schreibt REAL-Wert formatiert in Datei.(Precision: Mantissenformat. Length: Ausgabebreite)

WrShtCard(F:File;V:SHORTCARD;Length:INTEGER); **S.139**
Schreibt SHORTCARD-Wert formatiert in Datei.

WrShtHex(F:File;V:SHORTCARD;Length:INTEGER); **S.139**
Schreibt SHORTCARD-Wert formatiert in Hex-Notation in Datei.

WrShtInt(F:File;V:SHORTINT;Length:INTEGER); **S.139**
Schreibt SHORTINT-Wert formatiert in Datei.

WrStr(F:File;V:ARRAY OF CHAR); **S.138**
Schreibt String in Datei.

WrStrAdj(F:File;S:ARRAY OF CHAR;Length:INTEGER); **S.138**
Schreibt String formatiert in Datei. Negative Längenangabe hat linksbündige Speicherung zur Folge.

Modul IO *(Datenein- und -ausgabe, Ein-/Ausgabeumleitung)*

EndOfRd(Skip:BOOLEAN):BOOLEAN; **S.110**
Prüft, ob beim Einlesen mehrerer Strings in einer Zeile Return eingegeben wurde.

KeyPressed():BOOLEAN; **S.109**
Gibt TRUE zurück, wenn eine Taste gedrückt wurde.
Turbo Pascal → **KeyPressed**

RdBool():BOOLEAN; **S.108**
Gibt TRUE zurück, wenn "TRUE" eingegeben wird.

RdCard():CARDINAL; **S.107**
Liest CARDINAL-Wert.

RdChar():CHAR; **S.108**
Liest ein einzelnes Zeichen.

RdHex():CARDINAL; **S.107**
Liest CARDINAL-Wert in Hex-Notation.

RdInt():INTEGER; **S.107**
Liest INTEGER-Wert.

RdItem(VAR V:ARRAY OF CHAR); **S.109**
Liest String. Speicherung in V, bis ein Zeichen aus der Menge Separators eingelesen wird.

RdKey():CHAR; **S.108**
Nimmt Zeichen von Tastatur entgegen.
Turbo Pascal → **ReadKey**

RdLn; **S.111**
Ignoriert weitere Eingaben innerhalb einer Zeile.

RdLngCard():LONGCARD; **S.107**
Liest LONGCARD-Wert.

RdLngHex():LONGCARD; **S.107**
Liest LONGCARD-Wert in Hex-Notation.

RdLngInt():LONGINT; **S.107**
Liest LONGINT-Wert.

RdLngReal():LONGREAL; **S.107**
Liest LONGREAL-Wert.

RdReal():REAL; **S.107**
Liest REAL-Wert.

RdShtCard():SHORTCARD; **S.107**
Liest SHORTCARD-Wert.

RdShtHex():SHORTCARD; **S.107**
Liest SHORTCARD-Wert in Hex-Notation.

RdShtInt():SHORTINT; **S.107**
Liest SHORTINT-Wert.

RdStr(VAR S:ARRAY OF CHAR); **S.109**
Liest String.

RedirectInput(FileName:ARRAY OF CHAR); **S.132**
Leitet Eingabe auf Datei FileName um.

RedirectOutput(FileName:ARRAY OF CHAR); **S.132**
Leitet Ausgabe auf Datei/Gerät FileName um.

WrBool(V:BOOLEAN;Length:INTEGER); **S.115**
Gibt Wert einer BOOLEAN-Variable formatiert aus.

WrCard(V:CARDINAL;Length:INTEGER); **S.113**
Gibt CARDINAL-Wert formatiert aus.

WrChar(V:CHAR); **S.114**
Gibt ein Zeihen aus.

WrCharRep(V:CHAR;Count:CARDINAL); **S.114**
Gibt ein Zeichen Count Male aus.

WrHex(V:CARDINAL;Length:INTEGER); **S.113**
Gibt CARDINAL-Wert formatiert in Hex-Notation aus.

WrInt(V:INTEGER;Length:INTEGER); **S.113**
Gibt INTEGER Wert formatiert aus.

WrLn; **S.112**
Gibt Zeilenvorschub aus.

WrLngCard(V:LONGCARD;Length:INTEGER); **S.113**
Gibt LONGCARD-Wert formatiert aus.

WrLngHex(V:LONGCARD;Length:INTEGER); **S.113**
Gibt LONGCARD-Wert formatiert in Hex-Notation aus.

WrLngInt(V:LONGINT;Length:INTEGER); **S.113**
Gibt LONGINT-Wert formatiert aus.

WrLngReal(V:LONGREAL;Precision:CARDINAL;Length:INTEGER); **S.113**
Gibt LONGREAL-Wert formatiert aus. (Precision: Mantissenformat. Length: Ausgabebreite)

WrReal(V:REAL;Precision:CARDINAL;Length:INTEGER); **S.113**
Gibt REAL-Wert formatiert aus. (Precision: Mantissenformat. Length: Ausgabebreite)

WrShtCard(V:SHORTCARD;Length:INTEGER); **S.113**
Gibt SHORTCARD-Wert formatiert aus.

WrShtHex(V:SHORTCARD;Length:INTEGER); **S.113**
Gibt SHORTCARD-Wert formatiert in Hex-Notation aus.

WrShtInt(V:SHORTINT;Length:INTEGER); **S.113**
Gibt SHORTINT-Wert formatiert aus.

WrStr(S:ARRAY OF CHAR); **S.115**
Gibt String S aus.

WrStrAdj(S:ARRAY OF CHAR;Length:INTEGER); **S.115**
Gibt String S formatiert aus.

Modul Lib *(Verschiedenes: Speicheroperationen, Interruptaufrufe, Kommandozeile, Environment, Sortieren, Zufallszahlen, Programmabbruch, Sound, etc.)*

AddAddr(A:ADDRESS;increment:CARDINAL):ADDRESS; **S.238**
Liefert Adresse des Bytes increment Byte hinter A zurück.

Compare(Source,Dest:ADDRESS;Len:CARDINAL):CARDINAL; **S.239**
Vergleicht zwei Speicherbereiche über die Distanz Len.

DecAddr(VAR A:ADDRESS;decrement:CARDINAL); **S.238**
Dekrementiert die Adresse A um den Wert decrement.

Delay(Time:CARDINAL); **S.200**
Verzögerung um Time Millisekunden.
Turbo Pascal → **Delay**

DisableBreakCheck; **S.193**
Deaktiviert CTRL-BREAK-Prüfung.
Turbo Pascal → **SetCBreak**

Dos(VAR R:SYSTEM.Registers); **S.249**
Aufruf von DOS-Funktionen des Int 21H.
Turbo Pascal → **MsDos**

EnableBreakCheck; **S.193**
Reaktiviert CTRL-BREAK-Prüfung.
Turbo Pascal → **SetCBreak**

Environment(N:CARDINAL):CommmandType; **S.187**
Gibt Zeiger auf Eintrag Nummer N der Environment-Tabelle zurück.
Turbo Pascal → **EnvStr**

Execute(Name:ARRAY OF CHAR;CommandLine:ARRAY OF CHAR;StoreAddr:
ADDRESS;StoreLen:CARDINAL):CARDINAL; **S.193**
Startet externes Programm.
Turbo Pascal → **Exec**

FatalError(S:ARRAY OF CHAR); **S.188**
Gibt String S aus und bricht Programmausführung ab.

Fill(Dest:ADDRESS;Count:CARDINAL;Value:BYTE); **S.242**
Belegt den Speicher ab Dest über Count Bytes mit dem Wert Value.
Turbo Pascal → **FillChar**

HSort(N:CARDINAL;Less:CompareProc;Swap:SwapProc); **S.194**
Sortiert Array mit Heapsort.

IncAddr(VAR A:ADDRESS;increment:CARDINAL); **S.237**
Inkrementiert Adresse A um den Wert increment.

Intr(VAR R:SYSTEM.Registers;I:CARDINAL); **S.245**
Löst Software-Interrupt mit Nummer I aus.
Turbo Pascal → **Intr**

LongJmp(VAR Lbl:LongLabel;result:CARDINAL); **S.60**
Prozedurübergreifender Sprung in eine Prozedur, deren Zustand mit SetJmp gespeichert wurde.

Move(Source,Dest:ADDRESS;Count:CARDINAL); **S.242**
Kopiert von der Adresse Source Count Bytes zur Adresse Dest.
Turbo Pascal → **Move**

NoSound; **S.200**
Schaltet Lautsprecher aus.
Turbo Pascal → **NoSound**

ParamCount():CARDINAL; **S.186**
Gibt Zahl der Kommandozeilenargumente zurück, die dem Programm übergeben wurden.
Turbo Pascal → **ParamCount**

ParamStr(VAR S:ARRAY OF CHAR;N:CARDINAL); **S.186**
Legt Kommandozeilenargument Nummer N in String S ab.
Turbo Pascal → **ParamStr**

QSort(N:CARDINAL;Less:CompareProc;Swap:SwapProc); **S.194**
Sortiert Array mit Quicksort.

RAND():REAL; **S.199**
Gibt Zufallszahl vom Typ REAL zurück (0.0 <= r < 1.0).

RANDOM(Range:CARDINAL):CARDINAL; **S.199**
Gibt Zufallszahl vom Typ CARDINAL zwischen 0 und Range-1 zurück.
Turbo Pascal → **Random**

RANDOMIZE; **S.199**
Aktiviert Zufallszahlen-Generator.
Turbo Pascal → **Randomize**

ScanL(Dest:ADDRESS;Count:CARDINAL;Value:BYTE):CARDINAL; **S.238**
Sucht den Speicherbereich ab Dest über die Distanz Count (in Richtung tieferer Adressen) nach dem ersten Auftreten eines Bytes mit dem Wert Value ab.

ScanNeL(Dest:ADDRESS;Count:CARDINAL;Value:BYTE):CARDINAL; **S.239**
Sucht den Speicherbereich ab Dest über die Distanz Count (in Richtung tieferer Adressen) nach dem ersten Auftreten eines Bytes ab, das sich von Value unterscheidet.

ScanNeR(Dest:ADDRESS;Count:CARDINAL;Value:BYTE):CARDINAL; **S.239**
Wie ScanNeL in Richtung höhere Adressen.

ScanR(Dest:ADDRESS;Count:CARDINAL;Value:BYTE):CARDINAL; **S.238**
Wie ScanL in Richtung höhere Adressen.

SetJmp(VAR Lbl:LongLabel):CARDINAL; **S.60**
Speichert Prozedurzustand für späteren Rücksprung mit LongJmp.

SetReturnCode(code:SHORTCARD); **S.188**
Setzt DOS-Exitcode eines Programmes.
Turbo Pascal → **Halt**

Sound(FreqHz:CARDINAL); **S.200**
Erzeugt Ton mit FreqHz Herz.
Turbo Pascal → **Sound**

SubAddr(A:ADDRESS;decrement:CARDINAL):ADDRESS; **S.238**
Gibt Adresse des Bytes decrement Speicheradressen vor A zurück.

Terminate(P:PROC;VAR C:PROC); **S.189**
Definiert Exit-Prozedur(en).

UserBreak; **S.188**
Beendet Programm mit Laufzeitfehler User Break.
Turbo Pascal → **RunError**

WordFill(Dest:ADDRESS;Count:CARDINAL;Value:WORD); **S.242**
Legt ab der Adresse Dest Count 2-Byte-Worte mit dem Wert Value ab.

WordMove(Source,Dest:ADDRESS;WordCount:CARDINAL); **S.242**
Kopiert übergebene Anzahl von 2-Byte-Worten von Source nach Dest.

Modul MATHLIB *(Mathematische Operationen)*

ACos(A:LONGREAL):LONGREAL; **S.198**
Gibt Arcus-Cosinus von A zurück.

ASin(A:LONGREAL):LONGREAL; **S.198**
Gibt Arcus-Sinus von A zurück.

ATan(A:LONGREAL):LONGREAL; **S.198**
Gibt Arcus-Tangens von A zurück.
Turbo Pascal → **ArcTan**

ATan2(X,Y:LONGREAL):LONGREAL; **S.198**
Gibt Arcus-Tangens von Y/X zurück.

Cos(A:LONGREAL):LONGREAL; **S.198**

Gibt Cosinus von A zurück.
Turbo Pascal → **Cos**

CosH(A:LONGREAL):LONGREAL; **S.198**

Gibt Cosinus-Hyperbolicus von A zurück.

Exp(A:LONGREAL):LONGREAL; **S.198**

Gibt e hoch A zurück.
Turbo Pascal → **Exp**

Log(A:LONGREAL):LONGREAL; **S.198**

Gibt natürlichen Logarithmus von A zurück.
Turbo Pascal → **Ln**

Log10(A:LONGREAL):LONGREAL; **S.198**

Gibt Logarithmus zur Basis 10 von A zurück.

Mod(X,Y:LONGREAL):LONGREAL; **S.199**

Gibt den Rest einer LONGREAL-Division zurück.

Pow(X,Y:LONGREAL):LONGREAL; **S.198**

Gibt X hoch Y zurück.

Rexp(VAR I:INTEGER;A:LONGREAL):LONGREAL; **S.198**

Zerlegt A in Mantissen- und Exponentialteil.

Sin(A:LONGREAL):LONGREAL; **S.198**

Gibt Sinus von A zurück.
Turbo Pascal → **Sin**)

SinH(A:LONGREAL):LONGREAL; **S.198**

Gibt Sinus-Hyperbolicus von A zurück.

Sqrt(A:LONGREAL):LONGREAL; **S.198**

Gibt Quadratwurzel von A zurück.
Turbo Pascal → **Sqrt**

Tan(A:LONGREAL):LONGREAL; **S.198**

Gibt Tangens von A zurück.

TanH(A:LONGREAL):LONGREAL; **S.198**

Gibt Tangens-Hyperbolicus von A zurück.

Modul ProcTrace *(Beobachtung von Variablen, Verfolgen von Prozeduraufrufen)*

Check(S:ARRAY OF CHAR); **S.273**

Gibt String S aus, wenn sich der Wert der mit Monitor beobachteten Variable verändert.

Get_Name():Name; **S.271**
Gibt den Namen Prozedur zurück, die gerade abgearbeitet wird.

Install; **S.271**
Ermöglicht Verfolgen von Prozeduraufrufen.

Monitor(VAR W:WORD); **S.273**
Initiiert Beobachtung der Variablen W.

Modul Storage *(Speicherverwaltung, Zeigeroperationen)*

ALLOCATE(VAR a:ADDRESS;size:CARDINAL); **S.231**
Reserviert size Bytes Speicher für die dynamische Variable a.
Turbo Pascal → **FreeMem**

Available(size:CARDINAL):BOOLEAN; **S.233**
Gibt TRUE zurück, wenn size Bytes Speicher verfügbar sind.

DEALLOCATE(VAR a:ADDRESS;size:CARDINAL); **S.231**
Gibt mit ALLOCATE reservierten Speicher wieder frei. Setzt a auf NIL.
Turbo Pascal → **GetMem**

HeapAvail(Source:HeapRecPtr):CARDINAL; **S.233**
Gibt die Größe des größten auf dem Heap reservierbaren Speicherblockes in Paragraphen zurück.
Turbo Pascal → **MaxAvail**

HeapTotalAvail(Source:HeapRecPtr):CARDINAL; **S.233**
Gibt die Größe des freien Heaps in Paragraphen zurück.
Turbo Pascal → **MemAvail**

Modul Str *(Stringhandling, Konvertierung Zahlen in Strings und umgekehrt)*

Append(VAR R:ARRAY OF CHAR;S:ARRAY OF CHAR); **S.117**
Kopiert String S an das Ende von R.
Turbo Pascal → **Concat, +**

Caps(VAR S:ARRAY OF CHAR); **S.119**
Wandelt Kleinbuchstaben von S in Großbuchstaben um.

CardToStr(V:LONGCARD;VAR S:ARRAY OF CHAR;Base:CARDINAL;VAR OK:
BOOLEAN); **S.123**
Konvertiert LONGCARD-Wert in Stringdarstellung.

Compare(S1,S2:ARRAY OF CHAR):INTEGER; **S.118**
Vergleicht Strings S1 und S2. Gibt 0 bei Gleichheit zurück, 1 wenn S1 göBer ist als S2, sonst -1.

Concat(VAR R:ARRAY OF CHAR;S1,S2:ARRAY OF CHAR); **S.117**
Verbindet Strings S1 und S2 und legt sie in R ab.

Copy(VAR R:ARRAY OF CHAR;S:ARRAY OF CHAR); **S.117**
Kopiert String S in String R. R wird überschrieben.
Turbo Pascal → **:=**

Delete(VAR R:ARRAY OF CHAR;P,L:CARDINAL); **S.120**
Löscht aus String R L Zeichen ab R[P].
Turbo Pascal → **Delete**

FixRealToStr(V:LONGREAL;Precision:CARDINAL;VAR S:ARRAY OF CHAR;VAR OK :BOOLEAN); **S.126**
Konvertiert LONGREAL-Wert in Stringdarstellung.
Turbo Pascal → **Str**

Insert(VAR R:ARRAY OF CHAR;S:ARRAY OF CHAR;P:CARDINAL); **S.120**
Fügt den String S in String R ab der Position R[P] ein.
Turbo Pascal → **Insert**

IntToStr(V:LONGINT;VAR S:ARRAY OF CHAR;Base:CARDINAL;VAR OK: BOOLEAN); **S.124**
Konvertiert INTEGER-Wert in Stringdarstellung.
Turbo Pascal → **Str**

Item(VAR R:ARRAY OF CHAR;S:ARRAY OF CHAR;T:CHARSET; N:CARDINAL); **S.121**
Legt in R den Teilstring Nummer N von S ab. Die Teilstrings sind durch Zeichen aus der Menge T getrennt.

ItemS(VAR R:ARRAY OF CHAR;S:ARRAY OF CHAR;T:ARRAY OF CHAR;N :CARDINAL); **S.122**
Legt in R den Teilstring Nummer N von S ab. Die Teilstrings sind durch Zeichen aus dem Array T getrennt.

Length(S:ARRAY OF CHAR):CARDINAL; **S.117**
Ermittelt Länge des Strings S.
Turbo Pascal → **Length**

Match(Source,Pattern:ARRAY OF CHAR):BOOLEAN; **S.120**
Gibt TRUE zurück, wenn in String Source der Suchstring bzw. das Muster Pattern gefunden wird. Pattern kann Wildcards und Joker enthalten.

Pos(S,P:ARRAY OF CHAR):CARDINAL; **S.120**
Ermittelt die Position des ersten Zeichens des Teilstrings P im String S.
Turbo Pascal → **Pos**

RealToStr(V:LONGREAL;Precision:CARDINAL;Eng:BOOLEAN;VAR S:ARRAY OF CHAR;VAR OK:BOOLEAN); **S.126**
Konvertiert LONGREAL-Wert in Stringdarstellung.
Turbo Pascal → **Str**

Slice(VAR R:ARRAY OF CHAR;S:ARRAY OF CHAR;P,L:CARDINAL); **S.122**
Legt in R einen L Zeichen langen Teilstring aus S ab der Position S[P] ab.
Turbo Pascal → **Copy**

StrToCard(S:ARRAY OF CHAR;Base:CARDINAL;VAR OK:BOOLEAN)
:LONGCARD; **S.124**
Konvertiert Stringdarstellung einer LONGCARD-Zahl in LONGCARD-Zahl.
Turbo Pascal → **Val**

StrToInt(S:ARRAY OF CHAR;Base:CARDINAL;VAR OK:BOOLEAN):LONGINT; **S.124**
Konvertiert Stringdarstellung einer LONGINT-Zahl in LONGINT-Zahl.
Turbo Pascal → **Val**

StrToReal(S:ARRAY OF CHAR;VAR OK:BOOLEAN):LONGREAL; **S.127**
Konvertiert Stringdarstellung einer REAL-Zahl in REAL-Zahl.
Turbo Pascal → **Val**

Modul SYSTEM *(Systembezogene Operationen, Coroutinen)*

DI; **S.269**
Sperrt Hardwareinterrupts.

EI; **S.269**
Läßt Hardwareinterrupts wieder zu.

In(P:CARDINAL):SHORTCARD; **S.162**
Nimmt Wert von Port P entgegen.
Turbo Pascal → **Port[]**

IOTRANSFER(VAR P1,P2:ADDRESS;I:CARDINAL); **S.263**
Unterbricht nach Interrupt I Coroutine P1 und aktiviert P2.

NEWPROCESS(P:PROC;A:ADDRESS;S:CARDINAL;VAR P1:ADDRESS); **S.256**
Erzeugt einen neuen Prozeß mit der Prozedur P. Dessen S Byte großer Arbeitsbereich beginnt an der Adresse A. P1 enthält die Referenz der Coroutine.

Ofs(A:ARRAY OF WORD):CARDINAL; **S.240**
Ermittelt Offset der Adresse von A.
Turbo Pascal → **Ofs**

Out(P:CARDINAL;V:SHORTCARD); **S.162**
Gibt Wert V an Port P aus.
Turbo Pascal → **Port[]**

Seg(A:ARRAY OF WORD):CARDINAL; **S.240**
Ermittelt Segment der Ardresse von A.
Turbo Pascal → **Seg)**

TRANSFER(VAR P1,P2:ADDRESS); **S.256**
Unterbricht Coroutine P1 und aktiviert P2.

Modul WINDOW *(Bildschirmoperationen, Window-Manager)*

At(X,Y:AbsCoord):WinType; **S.179**
Gibt Referenz des Fensters zurück, das die abs. Koordinaten X,Y bedeckt.

Change(W:WinType;X1,Y1,X2,Y2:AbsCoord); **S.176**
Verändert Koordinaten des Fensters W.

Clear; **S.175**
Leert das aktive Fenster.
Turbo Pascal → **ClrScr**

Close(VAR W:WinType); **S.173**
Schließt das Fenster W.

ClrEol; **S.175**
Löscht von Cursor-Position bis Zeilenende.
Turbo Pascal → **ClrEol**

ConvertCoords(W:WinType;X,Y:RelCoord;VAR XO,YO:AbsCoord); **S.180**
Konvertiert relative Koordinaten (X,Y) des Fensters W in absolute Koordinaten (X0,Y0),

CursorOff; **S.176**
Schaltet Cursor ab.

CursorOn; **S.176**
Schaltet Cursor an.

DelLine; **S.175**
Entfernt eine Zeile an Cursorposition.
Turbo Pascal → **DelLine**

DirectWrite(X,Y:RelCoord;A:ADDRESS;Len:CARDINAL); **S.174**
Gibt String mit der Adresse A an den Koordianten X,Y des aktuellen Fensters aus.

GotoXY(X,Y:RelCoord); **S.175**
Bewegt Cursor an die Position X,Y im aktuellen Fenster.
Turbo Pascal → **GotoXY**

Hide(W:WinType); **S.179**
Versteckt Fenster W.

Info(W:WinType;VAR WD:WinDef); **S.178**
Legt Fensterbeschreibung des Fensters W in WD ab.

InsLine; **S.175**
Fügt eine Zeile an Cursorposition ein.
Turbo Pascal → **InsLine**

ObscuredAt(W:WinType;X,Y:RelCoord):BOOLEAN; **S.179**
Ermittelt, ob ein Fenster W an der Position X,Y von einem anderen überdeckt wird.

Open(WD:WinDef):WinType; S.172
Öffnet Fenster gemäß der Beschreibung WD und gibt Referenz zurück.

PutBeneath(W:WinType;WA:WinType); S.179
Plaziert Fenster W unter Fenster WA.

PutOnTop(W:WinType); S.178
Legt das Fenster W ganz oben auf einen Fensterstapel.

SetFrame(W:WinType;Frame:FrameStr;Fore,Back:Color); S.177
Verändert Rahmen des Fensters W.

SetTitle(W:WinType;Title:ARRAY OF CHAR;Mode:TitleMode); S.177
Legt Titel des Fensters W fest.

SetWrap(on:BOOLEAN); S.174
Aktiviert/deaktiviert Umbruch im aktiven Fenster.

SnapShot; S.180
Kopiert Bildschirminhalt in Fenster.

TextBackground(c:Color); S.175
Legt Hintergrundfarbe fest.
Turbo Pascal → **TextBackground**

TextColor(c:Color); S.175
Legt Farbe der Textzeichen fest.
Turbo Pascal → **TextColor**

Top():WinType; S.180
Ermittelt die Referenz des obersten Fensters.

Use(W:WinType); S.174
Bestimmt, in welches Fenster die Ausgabe geleitet werden soll.

Used():WinType; S.174
Ermittelt das Fenster, in das die Ausgabe geleitet wurde.

WhereX():RelCoord; S.175
Ermittelt horizontale Corsorposition.
Turbo Pascal → **WhereX**

WhereY():RelCoord; S.175
Ermittelt vertikale Corsorposition.
Turbo Pascal → **WhereY**

13.2 Standardprozeduren

Funktionen

ABS(i) **S.31**

Gibt den absoluten Wert von i (vom Typ INTEGER oder REAL) zurück.
Turbo Pascal → **Abs**

ADR(x) **S.239**

Gibt die Adresse der Variablen x zurück.
Turbo Pascal → **Addr, @**

CAP(c) **S.35**

Gibt c als Großbuchstaben zurück.
Turbo Pascal → **UpCase**

CHR(c) **S.35**

Gibt das Zeichen mit der Ordnungszahl c zurück.
Turbo Pascal → **Chr**

FLOAT(n) **S.32**

Gibt CARDINAL- oder INTEGER Zahl als REAL-Wert zurück.

HIGH(a) **S.42**

Gibt obere Grenze des offenen Array-Parameters a zurück.

MAX(n) **S.31**

Gibt Maximalwert des Typs n zurück.

MIN(n) **S.31**

Gibt Minimalwert des Typs n zurück.

ODD(n) **S.31**

Gibt TRUE zurück, wenn n ungerade ist.
Turbo Pascal → **Odd**

ORD(x) **S.33**

Gibt Ordnungszahl von x zurück (auch Aufzählungstypen).
Turbo Pascal → **Ord**

SIZE(x) **S.47**

Gibt die Anzahl von Bytes zurück, die x im Speicher belegt.
Turbo Pascal → **SizeOf**

TRUNC(r) **S.33**

Gibt CARDINAL-Wert einer REAL-Zahl zurück.
Turbo Pascal → **Trunc**

VAL(t,x) **S.33**

Gibt x nach Umwandlung in Typ t zurück.

VSIZE(Rec.Komp) **S.47**

Ermittelt die Anzahl Bytes, die ein Record vom Typ Rec bis zu seiner Komponente Rec.Komp belegt.

Prozeduren

DEC(v) **S.31**

Dekrementiert v um 1. Bei Aufzählunstypen wird der Vorgänger von v in v abgelegt.
Turbo Pascal → **Dec,Pred**

DEC(v,i) **S.31**

Dekrementiert v um i. Bei Aufzählunstypen wird der i. Vorgänger von v in v abgelegt.
Turbo Pascal → **Dec**

DISPOSE(z) **S.206**

Gibt den für z mit NEW reservierten Speicherplatz wieder frei. Setzt z auf NIL.
Turbo Pascal → **Dispose**

EXCL(m,e) **S.54**

Entfernt Element e aus der Menge m.

HALT **S.188**

Bricht die Programmausführung ab.
Turbo Pascal → **Halt**

INC(v) **S.31**

Inkrementiert v um 1. Bei Aufzählungstypen wird der Nachfolger von v in v abgelegt.
Turbo Pascal → **Inc,Succ**

INC(v,i) **S.31**

Inkrementiert v um i. Bei Aufzählungstypen wird der i. Nachfolger von v in v abgelegt.
Turbo Pascal → **Inc**

INCL(m,e) **S.54**

Fügt Element e in Mege m ein.

NEW(z) **S.203**

Reserviert für die dynamische Variable z Speicherplatz gemäß ihrer Typdefinition.
Turbo Pascal → **New**

13.3 Turbo Pascal-Prozeduren und -Funktionen

Die folgende Liste soll Ihnen bei der Portierung Ihrer Pascal-Programme helfen, Modula-Prozeduren zu finden, die einer bestimmten Pascal-Prozedur bzw. -Funktion entsprechen *oder ihr zumindest ähneln*. Außerdem wird angegeben, wo die jeweilige Prozedur zur Sprache kommt. In der Spalte Modul ist erwähnt, aus welchem Modul die Prozedur zu importieren ist.

Pascal	TopSpeed Modula	Modul	siehe S.
Abs	ABS	-	31
Addr	ADR	-	239
Append	Append	FIO	137
ArcTan	ATan	MATHLIB	198
Assign	Open	FIO	136
BlockRead	RdBin	FIO	146
BlockWrite	WrBin	FIO	146
ChDir	ChDir	FIO	166
Chr	CHR	-	35
Close	Close	FIO	136
ClrEol	ClrEol	WINDOW	175
ClrScr	Clear	WINDOW	175
Concat	Concat,Append	Str	117
Copy	Slice	Str	122
Cos	Cos	MATHLIB	198
CSeg	GetCsIp	ProcTrace	
Dec	DEC	-	31
Delay	Delay	Lib	200
Delete	Delete	Str	120
DelLine	DelLine	WINDOW	175
DiskFree	-	-	250
DiskSize	-	-	
Dispose	DISPOSE	-	206
DosExitCode	Execute	Lib	193
DosVersion	-	-	
DSeg	-	-	
EnvCount	-	-	187
EnvStr	Environment	Lib	187
Eof	EOF (Typ)	FIO	138
Eoln	-	-	
Erase	Erase	FIO	141
Exec	Execute	Lib	193

Exit	RETURN	-	65
Exp	Exp	MATHLIB	298
FExpand	-	-	
FilePos	GetPos	FIO	143
FileSize	Size	FIO	141
FillChar	Fill	Lib	242
FindFirst	ReadFirstEntry	FIO	163
FindNext	ReadNextEntry	FIO	163
Flush	-	-	
Frac	-	-	
FreeMem	DEALLOCATE	Storage	231
FSearch	-	-	
FSplit	-	-	
GetCBreak	-	-	
GetDate	-	-	
GetDir	GetDir	FIO	165
GetEnv	-	-	187
GetFAttr	-	-	163
GetFTime	-	-	163
GetIntVec	-	-	
GetMem	ALLOCATE	Storage	231
GetTime	-	-	
GetVerify	-	-	
GotoXY	GotoXY	WINDOW	175
Halt	HALT	-	188
Hi	-	-	
HighVideo	-	-	
Inc	INC	-	31
Insert	Insert	Str	120
InsLine	InsLine	WINDOW	175
Int	-	-	
Intr	Intr	Lib	245
IOResult	IOresult	FIO	155
Keep	-	-	
KeyPressed	KeyPressed	IO	109
Length	Length	Str	117
Ln	Log	MATHLIB	298
Lo	-	-	
LowVideo	-	-	
Mark	-	-	
MaxAvail	HeapAvail	Storage	233
MemAvail	HeapTotalAvail	Storage	233
MkDir	MkDir	FIO	166
Move	Move	Lib	242

MsDos	Dos	Lib	249
New	NEW	-	203
NormVideo	-	-	
NoSound	NoSound	Lib	200
Odd	ODD	-	31
Ofs	Ofs	SYSTEM	240
Ord	ORD	-	33
PackTime	-	-	
ParamCount	ParamCount	Lib	186
ParamStr	ParamStr	Lib	186
Pi	-	-	
Pos	Pos	Str	120
Pred	DEC	-	37
Ptr	-	-	
Random	RANDOM	Lib	199
Randomize	RANDOMIZE	Lib	199
Read	Rd*	FIO/IO	140ff, 107ff
ReadKey	RdKey	IO	108
ReadLn	-	-	
Release	-	-	
Rename	Rename	FIO	141
Reset	Open	FIO	136
Rewrite	Create	FIO	136
RmDir	RmDir	FIO	166
Round	-	-	
RunError	UserBreak	Lib	194
Seek	Seek	FIO	142
SeekEof	-	-	
SeekEoln	-	-	
Seg	Seg	SYSTEM	240
SetCBreak	EnableBreakCheck	Lib	193
SetDate	-	-	
SetFAttr	-	-	
SetFTime	-	-	
SetIntVec	-	-	
SetTextBuf	AssignBuffer	FIO	157
SetTime	-	-	
SetVerify	-	-	
Sin	Sin	MATHLIB	198
SizeOf	SIZE	-	47
Sound	Sound	Lib	200
SPtr	-	-	
Sqr	Pow	MATHLIB	198
Sqrt	Sqrt	MATHLIB	198

14 Sachwortverzeichnis

Q

R

V

W

X

Z